高等职业教育房地产类专业精品教材

物业环境管理

主　编　张雪玉
副主编　李　娜　张雪燕　裴艳慧
参　编　吴晨欣　尚　英　张丹媚
主　审　简贵来

北京理工大学出版社
BEIJING INSTITUTE OF TECHNOLOGY PRESS

内容提要

本书在编写过程中吸取了现有物业环境管理教材的优点,增加了近年来物业管理学科理论研究成果、实用技术和工具等内容。全书共分为九个模块,主要内容包括物业环境管理基础知识、物业环境绿化管理、物业环境水景管理、物业环境卫生管理与服务、物业交通管理与服务、物业环境保护管理与服务、物业公共区域秩序维护服务、物业消防管理与服务、物业社区文化环境建设与管理。

本书可作为高等院校物业管理及相关专业的教学用书,也可作为物业管理人员职业资格考试和物业管理企业日常培训用书。

版权专有　侵权必究

图书在版编目(CIP)数据

物业环境管理 / 张雪玉主编. --北京:北京理工大学出版社,2022.1(2022.3重印)
ISBN 978-7-5763-0912-6

Ⅰ.①物… Ⅱ.①张… Ⅲ.①物业管理-环境管理-高等学校-教材 Ⅳ.①F293.33 ②X322

中国版本图书馆CIP数据核字(2022)第015330号

出版发行 / 北京理工大学出版社有限责任公司
社　　址 / 北京市海淀区中关村南大街5号
邮　　编 / 100081
电　　话 / (010)68914775(总编室)
　　　　　 (010)82562903(教材售后服务热线)
　　　　　 (010)68944723(其他图书服务热线)
网　　址 / http://www.bitpress.com.cn
经　　销 / 全国各地新华书店
印　　刷 / 河北鑫彩博图印刷有限公司
开　　本 / 787毫米×1092毫米　1/16
印　　张 / 14.5　　　　　　　　　　　　　　　　　责任编辑 / 钟　博
字　　数 / 370千字　　　　　　　　　　　　　　　文案编辑 / 钟　博
版　　次 / 2022年1月第1版　2022年3月第2次印刷　　责任校对 / 周瑞红
定　　价 / 45.00元　　　　　　　　　　　　　　　 责任印制 / 边心超

图书出现印装质量问题,请拨打售后服务热线,本社负责调换

出版说明

Publisher's Note

物业管理是我国实施住房制度改革过程中,随着房地产市场不断发展及人们生活水平不断提高而产生的一种住房管理模式。物业管理在小区公共设施保养维护、社区服务、小区建设,以及提升城市住宅的整体管理水平方面都有千丝万缕的关联。物业管理行业,作为极具增长潜力的新兴服务产业,被称作"房地产的第二次开发"。同时,物业管理又是一个劳动密集型行业,可以吸纳大量的劳动力就业,而物业管理的优劣关键在于物业管理服务的品质,服务品质提升的关键又在于企业是否拥有先进的管理体制和优秀的人才。

随着我国经济的不断发展,人民生活水平进一步提高,物业管理行业的发展更加规范化、市场化,市场竞争也日趋激烈。高等职业教育以培养生产、建设、管理、服务第一线的高素质技术技能人才为根本任务,加强物业管理专业高等职业教育,对于提高物业管理人员的水平、提升物业管理服务的品质、促进整个物业管理行业的发展都会起到很大的作用。

为此,北京理工大学出版社搭建平台,组织国内多所建设类高职院校,包括甘肃建筑职业技术学院、山东商务职业学院、黑龙江建筑职业技术学院、山东城市建设职业学院、广州番禺职业技术学院、广东建设职业技术学院、四川建筑职业技术学院、内蒙古建筑职业技术学院、重庆建筑科技职业学院等,共同组织编写了本套"高等职业教育房地产类专业精品教材(现代物业管理专业系列)"。该系列教材由参与院校院系领导、专业带头人组织编写团队,参照教育部《高等职业学校专业教学标准》要求,以创新、合作、融合、共赢、整合跨院校优质资源的工作方式,结合高职院校教学实际以及当前物业管理行业形势和发展编写完成。

本系列教材共包括以下分册:
1.《物业管理法规》
2.《物业管理概论(第 3 版)》
3.《物业管理实务(第 3 版)》

4. 《物业设备设施管理（第3版）》
5. 《房屋维修与预算》
6. 《物业财务管理》
7. 《物业管理统计》
8. 《物业环境管理》
9. 《智慧社区管理》
10. 《物业管理招投标实务》
11. 《物业管理应用文写作》

本系列教材的编写，基本打破了传统的学科体系，教材采用案例引入，以工作任务为载体进行项目化设计，教学方法融"教、学、做"于一体，突出以学生自主学习为中心、以问题为导向的理念，教材内容以"必需、够用"为度，专业知识强调针对性与实用性，较好地处理了基础课与专业课、理论教学与实践教学、统一要求与体现特色以及传授知识、培养能力与加强素质教育之间的关系。同时，本系列教材的编写过程中，我们得到了国内同行专家、学者的指导和知名物业管理企业的大力支持，在此表示诚挚的谢意！

高等职业教育紧密结合经济发展需求，不断向行业输送应用型专业人才，任重道远。随着我国房地产与物业管理相关政策的不断完善、城市信息化的推进、装配式建筑和全装修住宅推广等，房地产及物业管理专业的人才培养目标、知识结构、能力架构等都需要更新和补充。同时，教材建设是高等职业院校教育改革的一项基础性工程，也是一个不断推陈出新的过程。我们深切希望本系列教材的出版，能够推动我国高等职业院校物业管理专业教学事业的发展，在优化物业管理及相关专业培养方案、完善课程体系、丰富课程内容、传播交流有效教学方法方面尽一份绵薄之力，为培养现代物业管理行业合格人才做出贡献！

北京理工大学出版社

前言

PREFACE

随着经济社会的发展，人们越来越注重对工作、居住环境及生活品质的追求，对物业服务的要求也日益提高。物业环境管理是物业服务的重要内容之一，其涉及面广，专业性比较强，涉及环保、绿化等多个学科。如何做好物业环境管理，提升物业服务质量，是物业管理从业者面临的重要理论和实践课题。

本书定位于高等院校物业管理和房地产经营与管理等专业，结合物业环境管理的实际工作经验，从物业环境管理的概念、内容、原则和管理机构等基本知识入手，详细介绍了物业环境管理中环境保护、卫生、绿化、交通、治安和消防管理等几方面的知识和技能，具有理论性适中、覆盖面广、实用性强、材料丰富、形式多样等优点。

全书共分为九个模块：物业环境管理基础知识、物业环境绿化管理、物业环境水景管理、物业环境卫生管理与服务、物业交通管理与服务、物业环境保护管理与服务、物业公共区域秩序维护服务、物业消防管理与服务、物业社区文化环境建设与管理。每个模块前均设置了学习目标、能力目标、案例引入，模块后设置了模块小结、复习与思考等，构建了一个"引导—学习—总结—练习"的教学全过程，给学生的学习和教师的教学做出了引导，并帮助学生从更深的层次思考、复习和巩固所学的知识。

本书编写依据物业环境管理现行相关标准规范，结合高等教育教学的要求，以社会需求为基本依据，以就业为导向，以学生为主体，在内容选择上注重与岗位实际要求紧密结合，符合国家对技能型人才培养的要求，体现教学组织的科学性和灵活性；在编写过程中，注重理论性、基础性、现代性，强化学习概念和综合思维，有助于学生知识与能力的协调发展。本书在编写时倡导先进性，注重可行性，注意淡化细节，强调对学生思维能力的培养。

本书由内蒙古建筑职业技术学院张雪玉担任主编，由内蒙古建筑职业技术学院李娜、海口经济学院张雪燕、内蒙古建筑职业技术学院裴艳慧担任副主编，内蒙古建筑职业技术学院吴晨欣、内蒙古恩泽物业服务有限责任公司尚英、重庆建筑科技职业学院张丹媚参与编写。全书由内蒙古三C集团有限公司创始人简贵来主审。本书在编写过程中参阅了大量的文献，在此致以诚挚的谢意！

  由于编写时间仓促，编者的经验和水平有限，书中难免存在不妥和疏漏之处，恳请广大读者批评指正。

编　者

目录
CONTENTS

模块一　物业环境管理基础知识 ··············1
  单元一　物业管理与物业环境概述 ··············2
  单元二　物业环境管理概述 ··············6
  单元三　物业环境管理的手段 ··············17

模块二　物业环境绿化管理 ··············21
  单元一　物业绿化管理概述 ··············22
  单元二　物业环境绿化的前期介入与接管验收 ··············31
  单元三　物业环境绿化植物的配置 ··············33
  单元四　物业环境绿化植物栽培与养护 ··············47
  单元五　物业环境绿化管理工作内容 ··············57

模块三　物业环境水景管理 ··············71
  单元一　水景概述 ··············72
  单元二　水景养护与管理 ··············75

模块四　物业环境卫生管理与服务 ··············79
  单元一　物业环境卫生管理与服务基础知识 ··············80
  单元二　物业环境的保洁管理与服务 ··············85
  单元三　物业水环境的管理与服务 ··············108

目录

模块五　物业交通管理与服务 ... 113
单元一　城市与居住区道路 ... 114
单元二　物业道路交通设施类型 ... 119
单元三　停车场管理与服务 ... 127

模块六　物业环境保护管理与服务 ... 136
单元一　物业环境保护基础知识 ... 137
单元二　物业大气污染及其防治 ... 141
单元三　物业水污染及其防治 ... 147
单元四　物业噪声污染及其防治 ... 152

模块七　物业公共区域秩序维护服务 ... 158
单元一　物业安全管理 ... 158
单元二　物业公共秩序维护服务的基本配备 ... 164
单元三　公共秩序维护服务的运行 ... 171

模块八　物业消防管理与服务 ... 182
单元一　火灾概述 ... 183
单元二　物业消防管理与服务工作 ... 187
单元三　消防设施设备管理 ... 200

模块九　物业社区文化环境建设与管理 ... 206
单元一　社区文化环境建设概述 ... 207
单元二　社区文化环境配套设施建设 ... 210
单元三　社区文化活动的组织与管理 ... 213
单元四　社区精神文明建设 ... 217

参考文献 ... 224

模块一 物业环境管理基础知识

学习目标

通过本模块的学习，了解物业、物业管理的基本概念，物业环境的含义、特点，物业环境管理的概念、原则；掌握物业环境的影响因素，物业环境管理的内容、目标、特点，物业环境管理机构的设置，物业环境管理早期介入，物业环境管理的手段。

能力目标

对物业环境管理的内容有确切的认识，能组建物业环境管理机构，能使用正确的管理手段对物业环境进行管理。

案例引入

人民日报读者论坛："物管"莫成"无人管"

为确保住宅小区居民住得安心、舒心，各地多数住宅小区均设立了物业管理公司。但是，由于管理不善，一些地方诸如供电、供水、供气不畅，公共设施损坏修理不及时，环境卫生清扫不彻底等服务不到位，致使"物管"变成"无人管"，由此产生的矛盾屡见不鲜。

为何"物管"变成"无人管"？除管理不善外，主要原因是物业管理公司承诺兑现难。一些物业管理公司虽然制订了物管人员职责，煤气、水、电承诺服务等，但只是停留在口头上，而且用各种借口来推脱其服务职责。

时代发展到今天，住宅小区物业管理应该走法治化、规范化、集约化、安全化、科学化的管理道路。

问题与思考：

什么是物业管理？什么是物业环境？什么是物业环境管理？物业环境管理的好坏对居民生活又有何影响？

单元一　物业管理与物业环境概述

一、物业与物业管理

(一)物业的概念

"物业"一词原出于我国香港、澳门地区及东南亚一带的地区和国家，指单元性的房地产。现实中所称的物业，是指已建成并交付使用的住宅、工业建筑、公共建筑用房等建筑物及其附属的设施、设备和相关场地。

物业可大可小，可以是群体建筑物，也可以是单体建筑物，一个完整的物业，应包括以下几个部分：

(1)建筑物。建筑物包括房屋建筑、构筑物(如桥梁、水塔等)、道路、码头等。

(2)设备。设备是指配套的专用机械、电气、消防等设备系统，如电梯、空调、备用电源等。

(3)设施。设施是指配套的公用管、线、路等，如上下水管、消防、强电(供变电等)、弱电(通信、信号网络等)、路灯以及室外公建设施(幼儿园、医院、运动设施等)等。

(4)场地。场地是指开发待建、露天堆放货物或运动休憩场地，包括建筑地块、庭院、停车场、运动场、休憩绿地等。

(二)物业管理的概念

物业管理是指受物业所有人的委托，依据物业管理委托合同，对物业的房屋建筑及其设备、市政公用设施、绿化、卫生、交通、治安和环境容貌等管理项目进行维护、修缮和整治，并向物业所有人和使用人提供综合性的有偿服务。

物业管理是市场经济国家对存量房地产普遍采用的一种管理模式，迄今已有一百多年的历史。从20世纪80年代开始，随着我国改革开放进程的加快，房地产业得到了长足的发展，对国民经济的贡献率不断提高，已经成为支撑经济增长的重要支柱产业。与此同时，包括住宅在内的房地产市场上形成了多元化的产权结构。在这种大的背景下，适应房地产市场发展要求和特点的现代物业管理模式也就应运而生并逐步走向成熟。

二、环境与物业环境

(一)环境

环境是人类进行生产和生活活动的场所，是人类生存和发展的物质基础。从广义上说，就是作用于"人类"这一主体的所有外界事物与力量的总和，也就是指与"人"有关的周围地方或者所处的情况和条件。人类环境，是指为人类提供生存和发展空间的各种自然因素，是人类赖以生存的各种物质条件的总和。其环境可分为自然环境和社会环境两大类。

人与生态环境

1. 自然环境

自然环境是指地球发展演化过程中自然形成、未受人类活动干预或只受人类轻微干预的环境。如空气、水、土壤、动植物、岩石、矿物、太阳辐射等。

2. 社会环境

社会环境是人类通过长期有意识的社会劳动，在自然环境的基础上，加工和改造的自然物质、创造的物质生产体系、积累的物质文化等所形成的环境体系,是与自然环境相对的概念。社会环境一方面是人类精神文明和物质文明发展的标志,另一方面又随着人类文明的演进而不断地丰富和发展,所以也有人把社会环境称为文化社会环境。

社会环境按环境功能可分为聚落环境(又分为院落环境、村落环境和城市环境)、工业环境、农业环境、文化环境、医疗休养环境等。

马克思和恩格斯认为,人与环境之间具有双向互动性,其具体表现是人能够创造环境,但同样环境也能够制约和影响人,人与环境的发展是同步的,作用也是相互的。

(二)物业环境

1. 物业环境的含义

物业环境是城市环境的一部分。城市环境是一种人群集中的聚落环境,主要是指在一个城市范围内的大环境。物业环境则主要是指城市中某个物业管理区域内的环境,它是与业主和使用人的生活和工作密切相关的各种条件和外部变量因素的综合。相对于整个社会环境和城市环境而言,居住环境是一个相对独立的小环境,同时又是整个社会环境、城市环境的组成部分。

2. 物业环境的特点

(1)物业环境是城市环境的一部分。城市环境是城市范围内的大环境,物业环境则是城市范围内某个物业辖区(楼)的小环境,是与业主和使用人生活和工作有关的,直接影响其生存、发展和享受的各种必须条件和外部变量因素的总和。物业环境是城市环境的一部分,它的环境条件如何,总是与城市范围的大环境息息相关,不可分割。

(2)物业环境是一个复合交叉的综合体。物业环境实际上是室内与室外环境,硬环境与软环境,自然与社会环境等多种类型环境的复合交叉统一。这一个复合交叉综合体的统一,主要表现在以下三个方面:

1)室内环境与室外环境的统一。室内环境是指房屋建筑及其附属设备、内部居住和工作环境,如面积大小、质量好坏、楼层高低、隔声、隔热、保温、光照、通风、室内小气候等。室外环境则是指区域的居住密度、公共设施、庭园绿化、建筑小品、相关场地的空气质量、噪声强度等外部环境。两者是相互融合统一的。

2)硬环境与软环境的统一。所谓硬环境是指与业主和使用人有关或所处的外部物质要素的总和,它是物化的、有形的、可见的、可以触知的生活和工作必要的物质条件,也是房地产综合开发的物质成果,即物业——房屋建筑、附属设备、水体、花草树木、公共设施和相关场地。所谓软环境是指与业主和使用人有关或所处的外部精神要素总和,它是无形的,不可触知的。但可感知的能对人们的工作和生活施加一定影响的环境。如邻里之间和睦相处的人文环境、行为良好的文明环境、夜不闭户的安全环境等。两者是不可分割的。

3)自然环境与社会环境的统一。物业环境不仅包含了自然物质要素,如空气、水、阳光、森林、草原等,也包含了政治、经济、文化等各社会要素,如环境宣传、教育、执法监督与管理等。

(3)物业环境包含多种不同的环境类型。物业环境按物业用途的不同,可包含生活居住环境、生产环境、商业环境和办公环境等多种环境类型。

3. 物业环境的类型

(1)居住环境。居住环境是指提供给人们居住的物业环境,包括内部居住环境和外部居住环境两个方面。居住环境的特点是每个单元的室内面积相对较小、单元个数相对较多,而室外面积相对较大。

(2)生产环境。生产环境是指提供企业及其生产者从事产品生产所需的相关设施与条件的场所。企业生产的产品不同，对物业环境的要求不同。

(3)商业环境。商业环境是指用于商业目的的物业，包括商店(商场、购物中心、商铺、市场等)、旅馆(宾馆、饭店、酒店、招待所、旅店等)、餐馆(饭庄、酒楼、酒家、茶楼等)、游艺场馆(娱乐城、歌舞厅等)和商务写字楼等。

(4)办公环境。办公环境是指用于机关、事业单位及大型企业等工作的场所、空间。因为其工作类型的不同，故需要不同办公室环境，其标准、面积大小、空气流通、办公设备等都不同。

(三)物业环境的影响因素

1. 居住环境的影响因素

(1)内部居住环境。它包括住宅的内部构造、面积、高度等方面。

1)住宅标准主要有面积标准和质量标准。面积标准一般是指平均每套或每户建筑面积和平均每人居住面积的大小；而质量标准是指设备的完善程度，如卫生设备、供水、供电、供气、供热等设施的完善程度。

2)住宅类型涉及住宅的高度和层高。住宅有低层、多层和高层之分。

3)住宅建筑的居室上下或前后左右要有良好的隔声效果，对电梯或楼梯、管道及外部噪声要有良好的防护效果。

4)住宅建筑在夏季具有良好的隔热效果，在冬季具有良好的保温功能。这是改善居住环境的重要条件。

5)居住建筑室内必须具有适宜的光照时间和强度，包括自然采光和人工照明两种情形。

6)居住建筑室内必须能够获得适时与适量的太阳光的直接照射。日照有自然状态下的日照和受到人为因素影响下的日照两种情形。

7)住宅建筑室内应具有良好的通风(指自然通风)条件，特别是在炎热地区而没有空调的情况下，居室更应具有良好的通风条件。另外，风向与风力也是影响居室环境的重要因素。

8)住宅建筑室内要具有适宜的温度、相对湿度和空气对流速度，确保室内居住环境空气清新，温度、湿度适宜，不损害人身健康，保持居室内环境的舒适性。

9)居住建筑室内要保持足够的新鲜空气量，尽量降低对人身心健康有害的二氧化碳及其他有害、有毒的气体含量，使人们居住在一个安全、舒适的室内环境之中。

(2)外部居住环境。

1)居住密度。居住密度是指单位用地面积上居民和建筑的密集程度，通常用单位用地面积所容纳的居民人数和单位用地面积所建造的住宅建筑面积两个指标来衡量。从居住的舒适性角度考虑，居住密度以低为优。

2)公共建筑。公共建筑是指为居民生活服务的各类公共建筑，包括中小学、幼儿园、托儿所、医院、电影院、商店、邮局、银行等文教、卫生、商业服务、公安、行政管理等方面的公共建筑。居住物业的公共建筑能够配套完善，是保证居住物业具有良好外部环境的基本物质条件。

3)市政公共设施。市政公共设施市政公共设施是指居住物业的居民生活服务的设施，如道路、各种工程管线、公共交通等。一般来说，完善、便利的市政公共设施能够给居住物业提供一个良好的外部居住环境。

4)绿化。绿化是指居住物业的室外公共绿化面积和绿化种植。绿化不仅有利于调节小气候，而且还能美化居住环境，有利于人们的身心健康。

5)室外庭院。室外庭院主要是指住户独用的室外庭院和公用的生活用地。居住物业的活动场所主要包括儿童游乐和成年人、老年人休息活动的场所。这些都是居民生活居住所不可缺少的组成部分。

6）室外环境小品。室外环境小品主要包括建筑小品、装饰型公共标志、公共小设施、公共游憩小设施以及地面铺砌等。

7）声视环境。为了确保一个良好的居住环境，应尽可能降低噪声强度和住户相互间视线的干扰程度。

8）邻里和社会环境。居住区内的社会风尚、治安状况、邻里关系、居民的文化水平和艺术修养等，都会直接影响居住环境。

9）大气环境。居住物业区域内，空气中有害气体和有害物质的浓度与气味，直接影响着居民的身心健康。因此要保持良好的室外大气环境，应消除空气中的有害、有毒气体的气味，或者最大限度地降低其浓度，确保居民人身安全和身心健康。

10）气候环境。应做好居住区内的气温、日照、防晒、通风或防风等状况的维护工作，确保居住区内优雅、舒适的小气候环境。

11）环境卫生状况。居住区的卫生状况好，能够净化环境，给居民提供一个清洁宜人的生活环境。

2. 生产环境的影响因素

（1）物业用途及类型是否与使用该物业生产的产品相一致，是影响生产环境的首要问题。

（2）生产用房对隔热和保温要求较高，在夏天能防止室内温度急剧上升，在冬天能防止室内温度急剧下降，确保生产者在一个适宜的环境中从事生产活动。

（3）生产用房之间有隔声要求，生产用房与外界不造成噪声污染，确保生产者在生产工作时不受噪声的干扰，同时保证不影响外界他人的活动。

（4）生产用房有光照与通风要求，生产者能在具有足够的自然采光或人工照明和良好的通风条件的生产用房内从事生产。

（5）生产用房的环境卫生状况，是指具备良好的环境卫生条件，能够确保生产者在一个清洁、卫生的环境中从事生产，是高效率生产高质量产品的重要条件。

（6）生产区域内绿化状况，若有足够的绿地面积和绿化种植，不仅有利于厂区小气候的调节，而且能够美化厂区环境，有利于生产者的身心健康，树立良好的企业形象。

（7）企业生产对基础设施的依赖性较强，生产用房的电力供应情况、生产用水是否能够满足需要、排污及污染治理的可能性、通信条件等，都是影响生产环境的因素。

（8）生产型企业通常需要大量运进原材料及燃料，运出产品。因此必须有便捷的交通条件。

（9）直接为生产型企业服务的公安、银行、工商、税务、环卫等行政服务机构的设置，对于确保企业生产有一个良好的生产环境，起着十分重要的作用。

3. 商业环境的影响因素

（1）物业类型与档次，是指商业物业有低层、多层和高层之分，同时其物业档次也不相同。一般来说，其档次越高，相关的商业物业环境就越好。客户对商业环境的要求相对来说也要高一些。

（2）隔声，是指商业物业应有较好的隔声效果，以免影响他人或外界，造成噪声污染。

（3）光照与通风，是指商业物业在使用中，其室内应有足够的自然采光和人工照明；同时应具有较好的通风效果。

（4）室内空气要具有足够的含氧量，最大限度地降低有毒、有害、有异味的气体或物质，确保使用人的人身安全和身心健康。

（5）要求室内具有适宜的温度，相对湿度和空气流动速度。

模块一　物业环境管理基础知识

(6)要有足够的绿化面积、绿化种植或盆花种类。

(7)良好的环境卫生状况,有利于商业活动的开展和吸引顾客。

(8)美观、合适的环境小品,能给商业活动的开展营造一个良好的情景和氛围。

(9)完善、配套和便捷的商业设施,能为商业活动的开展奠定基础。

(10)对于商业物业来说,应考虑两个方面的交通条件:一是顾客方面,主要是公共交通的通达度,自行车、摩托车和汽车的停车场地问题;二是经营方面,要考虑进货和卸货的交通便利程度。

(11)商业物业的服务态度越好、服务水平越高,其商业服务环境就越佳,相应的商业效益就越好。

4. 办公环境的影响因素

(1)办公室标准与类型。办公室面积较大、室内净空高度较高,则办公的空间环境优越,无压抑感。

(2)隔声。良好的隔声效果,既起到了保密作用,又不干扰他人和外界。

(3)隔热和保温。良好的隔热保温功能是工作人员最基本的工作环境。

(4)光照与日照。人工照明和自然采光相结合,既能节约成本同时也能营造温馨的氛围。

(5)通风。拥有良好的通风条件对提高办公环境也很重要。

(6)室内小气候。办公环境的室内小气候要适合办公,不能过冷、过热,空气质量要好。

(7)室内空气氧含景和二氧化碳含量。办公环境的二氧化碳含量要符合相关要求。

(8)室内景观。办公室的盆景、小饰物、壁画、雕塑等小景观的合理布置,构成了一个优美的的办公室内环境。

(9)办公设备。配套、完善的办公设备是构造一个优美的办公环境的基本条件。

(10)室外绿化。绿化设计要结合办公实际,合适的点缀和安排能缓解办公人员的疲劳。

(11)室外环境小品。与办公环境相匹配的一些小品能增添办公区的人情味,增加员工对办公场所的喜爱,有利于愉快工作,同时还可以利用小品营造企业文化。

(12)大气环境。确保室外大气环境安全,保护办公人员健康。

(13)声环境和视环境。没有外界的噪声干扰和良好的视觉环境,是办公条件的要求。

(14)环境卫生状况。干净整洁的环境卫生有利于提高工作效率。

(15)办公区域的治安状况。良好的治安状况是办公环境的基本要求之一。

(16)办公人员的基本素质。其主要包括思想文化素质、艺术修养以及人际关系等。

单元二　物业环境管理概述

一、物业环境管理的概念

物业环境管理是指物业服务企业依据物业服务合同约定,对所管辖区域的物业环境进行管理的活动。物业环境管理是物业管理常规性服务的内容,是物业管理系统中十分重要的一个环节。物业环境管理的主体一般是企业性质的物业公司,还包括一些物业公司聘用的专业清洁公司或保安公司等。物业环境管理作为物业管理的一部分,也是一种市场行为和有偿活动。

物业环境管理的任务主要是保护和维持物业管理区域内的面貌,防止人为破坏和自然损坏,维护物业管理区域内正常的公共秩序,为管理区域的居住人群提供良好的生活、办公和生产环境。

二、物业环境管理的基本内容

（一）物业环境管理的原则

1. 综合平衡原则

环境管理具有生态经济属性，环境管理必须遵循生态经济规律，力求做到生态与经济的协调和平衡。在物业环境管理中，遵循综合平衡原则具体表现为以下三个方面：

（1）物业环境管理要有预见性和长远性，开展物业环境评价和环境预测工作，尤其要开展经济建设中的环境影响评价工作，并使之制度化和规范化。

（2）把物业区域内的生态保护和环境管理纳入城市经济和社会发展计划，从而协调和综合平衡城市社会经济发展与环境保护的关系，在整个城市乃至整个社会发展的基础上搞好物业区域内的环境管理。

（3）要制定和实施综合有效的制度、条例和规范，强化物业环境管理。在制定环境管理制度与措施时，既要考虑诸如大气、水体、土壤、生物和非生物之类的环境因素，又要考虑社会、政治、经济、文化、科学技术、法律等方面的情况，并对这些情况进行综合考虑、统一决策、分工协作、协调发展。

2. 效益最优原则

物业环境管理要遵循全局和整体效益最优的原则。这条原则表明了物业环境管理必须遵循生态规律，可从以下三个方面来说明：

（1）在制定物业环境管理方案和组织实施方案时，要对物业区域内的各组成要素或功能性群体进行定性和定量分析，把不同层次与不同部门的管理工作有机联系和协调起来，避免决策失误和管理不善等情况的发生，促进环境管理的整体效益与全面效益不断提高。

（2）既要把物业环境问题作为城市和社会经济建设中的一个有机组成部分，又要把环境问题作为一个有机联系的整体，正确处理全局与局部、局部与局部之间的关系，取得最大的全局和整体效益。

（3）加强物业环境规划和物业区域内的综合治理工作，实现物业环境管理的最佳整体效益。

3. 保值增值原则

环境管理属于资源管理，要求环境管理者实施谁损害谁担责、受益与使用者付费、保护与建设者得利的原则。

环境管理应遵循保值增值的原则，有助于建立各种指标体系，把环境管理工作定量化、科学化，有助于把环境管理通过物业环境管理真正落实到各项具体工作中去。环境管理遵循保值增值的原则是物业环境管理的基础和前提。

4. 用户参与原则

在环境管理中，要通过宣传教育的方式引导物业用户提高环境管理意识，注意物业的清洁，不乱丢垃圾，不随意乱画，爱护物业的绿化等。

5. 可持续发展原则

可持续发展要以提高人类生活质量为目标，同社会进步、发展相适应。对于居住类物业来说，环境管理的最终目的是为居民创造一个舒适、宁静、高雅、安逸的高质量生活环境，并在此基础上为用户提供一种从物质到精神，既具有现代风貌，又具有个性特征的生活环境。与社会服务相结合的、功能完善的物业服务是以"物业"为中心的一个"微型社会"。因此，良好的物

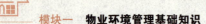

业环境管理在充分保障用户的合法权益的同时，应增强用户的睦邻友好意识，创造互相尊重、和乐共处的氛围，从而达到居住环境和社会关系、社会发展的和谐统一和协调发展。从这个意识上来说，物业管理不仅是改善市民居住条件、提高居住水平的物质基础，而且也是人类居住区可持续发展的重要前提。

(二)物业环境管理的内容

物业环境管理主要是协调业主或物业使用人与物业环境的关系，按照物业服务合同约定服务业主或物业使用人的生产和生活，保护和维护物业服务区域环境，防止人为破坏和自然损坏的行为。一般来说，物业环境管理主要包括以下几个方面的内容。

1. 物业环境绿化美化

物业环境绿化美化是由绿化和美化两部分组成的，统一归到物业环境绿化管理的内容中。

环境绿化主要是在物业管理的公共场所种植和养护花草树木，在楼宇公共场地布置和维护绿化景观。

环境美化主要是增设人文景观、建设各种环境小品。环境小品具有美化环境、组织空间和方便实用的功能，就其性质来说，可以分为功能性：电话亭、标示牌、儿童游戏设施、休息厅廊等；装饰性：花架、花坛、水池、人工喷泉、假山等；分隔空间小品：围墙、栏杆、台阶等三类。

通过环境绿化管理，尽量扩大绿地面积和保持绿化效果，保养和维持好各种环境小品，可达到调节物业区域内的环境气候、保持空气清新、防治地面扬尘、消声防噪、保证各种小品性能完好的作用，从而创造一个和谐、舒适的自然环境。

2. 物业环境卫生管理

物业环境卫生管理是一项经常性的管理服务工作，主要内容包括两点：一是对管理区域的卫生情况进行保洁管理，包括清扫内外环境卫生、清除公共设施和楼宇的污渍、收集和清运生活垃圾、维护和保养卫生设施等；二是灭杀公共场所的"四害"等害虫，对公共场所设施进行消毒管理等。良好的环境卫生不但可以保持物业区域的整洁，而且对于减少疾病、促进身心健康十分有益，同时对社会精神文明建设也具有重要作用。

3. 物业交通管理

物业交通管理，主要是对物业区域内的车辆的管理。车流是人流和物流的载体，道路是人流和物流的通道，物业辖区是一个相对独立的区域，所以区域内的车辆道路是其对外联系的主要载体和通道，搞好车辆道路管理，在物业环境管理中具有特殊的意义和重要的作用。

4. 物业环境保护管理

物业服务企业执行国家有关环境保护法律、法规，采取各种可行、有效的措施，防治物业管理区域内的大气污染、水体污染、固体废弃物污染、噪声污染、电磁波污染。环境污染包括以下污染：

(1)大气污染。造成空气污染的原因有直接燃煤，排放过多二氧化硫气体；机动车排放的尾气经强紫外线照射形成光化学烟雾污染；基建扬尘形成的尘烟污染。

(2)水体污染。造成水体污染的原因有工业废水和生活废水等含有大量有毒、有害污染物，进入水体后造成水体污染。

(3)固体废弃物污染。固体废弃物是人们在生产和生活中扔弃的固体物质。影响物业环境的固定废弃物主要有生产与生活垃圾、粪便、沟泥等。其中，垃圾包括无机垃圾(砖瓦碎石、炉灰、渣土等)和有机垃圾(动植物残体、废纸、塑料、碎布等)。固体废弃物如不及时加以处理，也会对环境造成污染。

(4)噪声污染。造成噪声污染的原因有交通噪声、生产噪声和生活噪声等。

1)交通噪声，主要来源于物业区域以外的城市道路。机动车进入物业区域内部也会产生噪声。距离城市道路的远近不同，受到交通噪声的干扰不同。

2)生产噪声，主要来源于工厂加工噪声和工程施工噪声等。

3)生活噪声，主要来源有商业噪声、保育教育噪声、日常生活噪声等。商业噪声，主要来源于居住区和小区的商业中心等人流集中、气氛热烈的公共场所。特别是附近的农贸市场，其叫卖声、讨价还价声、人群熙熙攘攘声等不绝于耳，对居住和办公产生严重干扰。保育教育噪声，主要来源于如学生上学与放学的嘈杂声；做操、上体育课的口哨声；儿童的哭闹嬉戏声等，都会影响附近物业业主和使用人的工作和休息。日常生活噪声种类繁多，如居民播放音乐、家庭影院、家庭舞会等娱乐声响；家庭厨房噪声、家庭纠纷的争吵声、家庭聚会的喧哗声、走家串户的叫喊叫卖声等。

(5)电磁波污染。目前，由于电器、电信等具有强大电磁波污染因素的产品走入家庭和被消费者广泛使用，造成电磁波污染严重，极大地损害人们的身心健康。

5. 物业公共区域治安管理

公共区域内的公共秩序与维护是指物业管理企业为防止意外及人为突发事故而对所管物业项目进行的一系列管理与服务活动。公共区域的安全管理工作是物业管理中环境综合管理的主要任务之一。在整个物业管理中占有举足轻重的地位，公共秩序的好坏直接影响到整个社区的社会安定。为了保证物业项目有一个正常的运行秩序，文明安全的环境，就需要物业管理企业根据自己所管物业项目的不同，制订出不同的管理方案，为做好安全环境管理，奠定坚实的基础。

6. 物业区域内的违章搭建管理

违章搭建是对整个物业区域和谐环境的破坏。它既有碍观瞻，又影响人们的日常工作和生活，还可能带来交通、消防等方面的问题。因此，物业公司一定要协助有关部门，认真做好清除和防止物业区域内违章搭建的管理工作。

知识链接

违章建筑

违章建筑是指未取得拟建工程规划许可证（原址、选址建房意见书），在规划区以外建设，违反《中华人民共和国土地管理法》《中华人民共和国城乡规划法》《村庄和集镇规划建设管理条例》等相关法律法规的规定动工建造的房屋及设施。

违章建筑主要包括：

(1)未申请或申请未获得批准，未取得建设用地规划许可证和建设工程规划许可证而建成的建筑；

(2)擅自改变建设工程规划许可证的规定而建成的建筑；

(3)擅自改变使用性质建成的建筑；

(4)擅自将临时性建筑改建为永久性建筑。

违章建筑存在侵占安全通道和非法占用耕地等、影响城市公共空间、破坏生态环境等特点，并且很多违章建筑还隐匿在合法建筑里面。违法建筑损害了政府公信力，破坏了城市风貌，并制约城市健康发展和城乡规划执行，也影响了城市的未来发展。

模块一　物业环境管理基础知识

国家有关法规规定，违章建筑不仅要被拆除，违建当事人还要承担拆除违建所花费的全部费用。

2020年5月27日，自然资源部印发《关于加强国土空间规划监督管理的通知》，要求规范规划编制审批，严格规划许可管理，实行规划全周期管理，对新增违法违规建设"零容忍"，一经发现，及时严肃查处。

7. 物业消防管理

物业管理中最常见的意外事故是火灾，它将会给物业使用人的生命及财产带来极大的危害。因此，搞好消防管理工作是物业安全使用和社会安定的重要保证。消防管理工作是物业管理中环境综合管理的主要任务之一。物业服务企业要针对所管项目的不同，制订出合理、科学的消防管理制度，熟悉消防设施、器材的配置与管理，并把工作重点放在宣传教育方面，贯彻"预防为主，防治结合"的方针，做好防火和灭火两个主要方面的消防工作。使全体物业管理人员和所有业主的工作及生活有一个安全、舒适的环境。这也是物业服务企业一项专门性的管理与服务工作。

8. 社区人文环境管理

物业服务企业的企业形象及物业管理从业人员的基本素质能充分反映出物业管理工作的管理水平。特别是在市场经济条件下，每个物业管理企业都要参与到市场竞争中去，那么企业的形象设计和创造企业的品牌是非常重要的，倡导优质的服务，树立良好的企业形象是社会精神文明的具体体现。

居住区的环境，除了前边所涉及的安全、卫生、绿化、消防等诸多因素外，社区文化建设也是反映一个社区精神风貌的重要因素，社区文化建设最重要的目标是以中国传统文化为背景，以居民精神风貌、文化心态为基础，营造出特有的社区氛围，使居住区内的业主有认同感、归属感、自豪感。这样，对物业管理企业与业主之间的沟通和交流也会起到举足轻重的作用。

（三）物业环境管理的目标

物业环境管理的总目标实质是：遵循社会经济发展规律和自然规律，采取有效的手段（行政、法律、经济、教育科技）来影响与限制物业的业主、使用人和受益人行为，对危害与破坏环境的人为活动进行监督、控制，协调经济发展与环境保护的关系，使人为的活动与环境质量达到较佳的平衡，保证物业良好地运行，达到经济效益、社会效益、环境效益的统一。

按照这一总目标，物业环境管理具体目标如下。

1. 维护物业区域的生态平衡

合理开发和利用物业区域的自然资源，维护物业区域的生态平衡，防止物业区域的自然环境和社会环境受到破坏和污染，使之更好地适合人类的劳动、生活和自然界的生存发展。要达到这一目标，就必须把物业环境的管理与治理有机地结合起来。即合理利用资源，防止环境污染；在产生环境污染后，做好综合治理的补救性工作。这是防止环境污染和生态破坏的两个重要方面。在实际管理工作中要以防为主，把环境管理放在首位。通过环境管理促进治理，为物业业主、使用人、受益人创造一个有利于生产、营商和生活的优良环境。

2. 制定所管物业的环保标准与规范

有效贯彻国家关于物业环境保护的政策、法规、条例、规划等，制定物业环境管理的具体方案措施，选择切实可行能保护和改善物业环境的途径，正确处理好社会和经济可持续发展与保护的关系。

由于不同的物业区域，其环境保护的要求或标准有所不同。这就需要物业公司根据物业的不同和物业区域的不同，客观地拟定所管物业的环保标准与规范；同时，物业公司还应组织有关部门定时进行物业环境监测，掌握所管物业区域的环境状况和发展趋势。有条件的还应该会同有关部门开展对所管物业区域的环境问题进行科学研究。

3. 做好日常环境管理工作

建立物业环境的日常管理机构，做好物业环境的日常管理工作。如物业区域内的卫生保洁、绿化、治安、消防、车辆交通等方面的维护和监督工作，使物业区域内的环境经常得到净化、美化、绿化，保证正常的工作和生活秩序。

4. 构建物业环境文化

积极开展环境保护的宣传教育，引导公众参与物业环境管理，构建物业环境文化。

环境科学的发展、环境管理的提出与发展，孕育了一种新型的环境文化。这种环境代表了人与自然关系新的价值取向，认为人与自然本质上是一个整体，人与自然应和谐相处。这种新型的环境文化，标志着人类在现代社会中高文化水平的意识觉醒，提高和普及公众的环境意识，是现代文明建设的标志和尺度。这种环境意识使传统的伦理、道德发生变化。

现代环境伦理学认为，人的正当行为必须扩大到对自然的关心，道德标准必须扩大到人类维护环境质量的实体和过程，必须以维护基本生态过程和完善生命维持系统为标准，保护遗存的多样性和保护人类对环境资源的持续利用。因此，人类发展途径，只能选择社会、经济、环境全面综合发展的途径。

人们有时只强调环境对人类的影响。很少考虑人类对环境的破坏作用。因此，传统的文化沿着人统治自然的方向发展，必然产生人类生存与发展中自然环境的严重破坏。

物业环境是一个局部区域的环境，它的好坏直接影响城市乃至整个国家的整体环境，涉及人类的切身利益，甚至人类的生存与发展。为此，普及环境意识，引导人们自觉遵守和维护有关保护环境的政策、法律，唤起人们关心物业环境、关心社会公共利益与长远利益，把物业环境管理方面的要求和标准变成人们自觉遵守的行为准则和道德规范，是实施物业环境管理的根本和基础。总而言之，物业环境管理是协调人类经济发展与环境保护关系的重要途径和手段。其最终目的是使人和经济社会协调发展，使区域实现可持续发展。

（四）物业环境管理的特点

1. 物业环境质量关系到城市的可持续发展

随着全球性可持续发展战略的建立，新的居住环境观念正在成为规范人们社会行为的一种指导原则，今后人们更注重人和环境的和谐发展。城市是由一个个小的单元组成的，其中物业管理区域是今后城市发展的重要组成单元，物业环境管理的好坏，既关系到城市环境的好坏，也关系到城市形象的好坏，同时又关系到城市能否有序发展。因此，物业环境质量的好坏直接影响到一个城市的可持续发展问题。

2. 物业环境质量直接影响到人们的生活质量

在优美、安全的环境中居住、工作、生活，给人一种美的享受，使人感到舒适、方便、安全、顺心，这是外界环境给人的直接感受。同时，好的环境又能陶冶人们的情操，促进精神文明建设。可以说，居住环境既是物质文明的具体体现，又是精神文明建设的标志。作为人们居住、工作和生活的场所，物业环境的好坏是直接关系到社会能否稳定、人们能否安居乐业的大事。

3. 良好的物业环境管理可以实现一定的经济效益

从业主角度看，物业环境管理做得好，能延长房屋的主体结构、设备设施的使用寿命，使

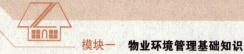

业主的经济利益得到保障；从开发企业角度看，物业环境管理不仅有利于房屋销售而且有利于开发企业以较高的价格售房，获取更大的利润；从物业服务企业角度看，物业环境管理部门可通过开展多种经营、提供各种有偿服务，弥补管理费不足，取得良好的经济效益；从政府角度看，如果没有小区物业管理，政府就要投入大量的人力、物力用于房屋维修和环卫、治安、绿化及市政设施管理。小区由物业公司管理后，政府不仅不需要投资，而且还可以向物业服务企业征税，经济效益是很明显的。

4. 物业环境管理质量具有品牌效应

通过物业管理改善和提升居住环境，成为开发商销售房屋的卖点。近年来，经历了从集团购买到散户时代的市场转型，国内的房地产市场已经发生了根本性变化，市场需求方的成熟带动了住宅产品的逐步成熟，楼市竞争逐渐演变成差异性的竞争，强调产品的个性化品质已经成为产品创新的主流，并很快反映到房地产市场的营销手段当中，而良好的物业管理品牌效应不仅具有较大的市场号召力，而且符合发展方向，成为物业管理企业迈向市场并制胜的法宝之一。

三、物业环境管理机构

（一）物业环境管理机构的设置

1. 机构设置

物业环境保护是一项涉及面广、专业性强、需要多个部门相互配合才能做好的工作。所以，一般要求成立专门负责物业环境保护工作的机构，把物业小区的环境保护工作真正抓起来，并落到实处。

2. 人员配备

这里的人员配备主要是指专门负责物业环境保护工作机构的人员配备的问题。根据物业区域规模的大小、环境保护工作量的多少，可以配备适量的人员。在物业区域规模小、环境保护工作量不大的情况下，可以不设专门的机构，但是要有专人负责；在物业区域规模比较大、环境保护工作量比较大的情况下，就应当设立专门的机构，并配备专门的人员，一般以3~5人负责此项工作为宜。

3. 明确职责

物业服务企业环境保护工作部门的具体职责如下：
(1)随时提出物业环境保护意见和建议，当好领导参谋。
(2)拟订物业区域内环境保护的标准和规范。
(3)组织环境监测，掌握所管物业区域内环境状况和发展趋势。
(4)会同有关部门组织所管物业区域的环境科学研究和环境教育。
(5)负责环境保护的具体指导工作，配合有关部门共同搞好物业区域的环境保护。

（二）物业环境管理机构的分类

根据物业公司的规模和管理区域的范围和复杂程度，可以设立不同的管理机构。作为一个正常规模的物业公司，其设立的物业环境管理机构一般包括绿化管理部、环境保洁部、安全保卫部等，其中，有一些小型物业公司的保洁和绿化是在一起进行管理的，可以合为保洁绿化部。

1. 绿化管理部

物业公司的环境绿化管理的管理模式同保洁管理模式基本相同。
(1)绿化管理部设置方式。
1)自主式。物业区域的环境绿化管理工作由物业公司负责。采用这种方式时，物业公司要建立自己的绿化管理机构，其规模大小要根据具体情况而定。如果物业区域规模小，绿化管理机构相对来说可以小一些，有一个绿化养护组就可以了；如果物业区域规模大、类型多、任务比较重，物业管理企业就需要建立一个比较完备的物业环境绿化管理机构。

2)委托式。物业管理区域的环境绿化管理工作委托给专业的绿化公司负责。采用这种方式时，物业企业一般采取承包的方式将绿化工作转包给专业的绿化公司，物业服务企业只需配备1～2名管理人员，根据承包议定书对绿化公司进行检查、监督和评议。

(2)绿化管理部的职责。

1)协助物业公司业务主管(或经理)管理好物业区域的绿化管理工作。

2)培育各种花卉苗木，不断学习新技术和引进新品种，以满足居住区绿化的需要。

3)负责种花、养花，满足节假日摆花、用花的需要。

4)负责组织绿化管理人员的岗位培训和技术培训工作。

5)负责编写物业区域绿化设计要求、建议，制定花草树木的购买计划以及维护、改进物业景观的计划。

6)负责绿地树木花草的养护工作，要及时浇水、施肥、清除病虫害及进行树木花草的补植、更新等。

7)负责清除绿地的杂草、枯枝败叶，铲埋乔灌木树坑，处理草地鼠洞，扑杀草地蚂蚁，维护园林小品、雕塑及绿地设施完好。

8)妥善保管和使用各种工器具和材料。

9)完成上级领导交办的其他相关工作。

2. 环境保洁部

为了搞好物业区域的环境保洁管理，物业服务企业应当确定物业区域的环境保洁管理模式，并在此基础上设置不同的保洁管理机构。

(1)环境保洁部设置方式。

1)自主式。物业管理区域的环境保洁管理工作由物业公司负责。当物业管理区域规模大、类型多、清洗高层楼宇外墙的任务也比较重时，物业公司需要建立一个比较完备的物业环境保洁管理机构，此时可采用这种模式。

2)委托式。物业区域的环境保洁管理工作委托给专业的保洁公司负责。采用这种模式时，物业公司一般要采取招标的方式选聘专业的保洁公司。物业企业只需配备1～2名管理人员，根据委托协议对保洁公司进行检查、监督、评议即可。

3)结合式。物业管理区域的环境保洁管理工作一部分自己负责、一部分由专业保洁公司负责，是自主与委托相结合的方式。这种模式主要用于物业区域规模小、清洗高层楼宇外墙的任务不多的情况。一般情况下，物业管理企业自己下设一个公共区域保洁班，主要负责公共区域的清扫与保洁的任务，清洗高层楼宇外墙的任务则交给具有一定设备的专业保洁公司来完成。

(2)物业环境保洁机构职责。物业环境保洁的机构主要负责完成物业管理区域各部位的清洁、防疫等工作，具体职责如下：

1)负责制定物业环境卫生保洁计划方案。

2)编制物业公司的各种保洁卫生用品和物料的使用计划。

3)负责物业的日常清洁工作。

4)负责物业公共区域及周边的绿化及环境布置。

5)负责对外接洽各种保洁服务业务，做好对外提供保洁服务的创收工作。

6)负责随时检查和保养保洁机构设备。

模块一　物业环境管理基础知识

7)负责物业的除虫灭害工作。

3. 安全保卫部

物业公司的安全保卫机构是负责对物业管理区域内的人身安全、财产安全、交通安全、消防安全等方面进行管理,也就是为保证物业管理区域内的正常生活和工作秩序而进行的防盗、防破坏、防火以及防止人为的各种突发事故等的一系列管理活动。在安保工作的实施中,可以聘用社会专业保安公司,也可自己组建保安部,或者部分岗位采用社会专用保安公司。采用何种方式应根据物业公司的运作特点和所管理区域的特点来决定。

(1)安全保卫部的组成。安全保卫部由经理、业务主管和保安员等组成。

(2)安全保卫部的服务范围。治安服务管理、消防管理、车辆服务管理等。

(3)安全保卫部的职责。负责物业的防火、防盗、防破坏和警卫工作;与政府公安、消防、司法部门保持良好的关系;成立义务消防队,定期举行消防演习;建立、健全、制定物业的各项安全规章制度;与业主签订"消防安全责任书";负责物业大型活动的警卫布置;负责物业的日常巡逻工作和固定岗位的安排;负责地上、地下停车场的安全秩序管理工作;负责监控室管理工作;负责安全管理员的管理、培训、考核工作;经理指派的其他工作。

四、物业环境管理早期介入

物业环境管理早期介入主要是指物业服务企业在正式接管物业之前对建筑物规划设计阶段的介入,并就建筑物及其环境规划设计是否符合国家有关规定,以及物业建成后是否能够满足业主和使用人对物业环境的需求参与决策。物业环境管理的早期介入,主要完成下列几项任务:

1. 参与物业项目主体建筑的规划设计

物业项目主体建筑一旦建成,它的朝向、布局、质量以及对环境的影响一般都很难改变了。所以,在规划设计阶段就要从环境保护的角度把好关。一方面,主体建筑的布局要合理,能够满足业主和使用人对日照、通风和私密性的需求;另一方面,主体建筑的使用材料要符合环境保护的要求,以免给业主和使用人带来伤害。

从环境保护和管理的角度对主体建筑的规划设计提出意见和建议,主要有下列几个方面的问题:

(1)居住面积密度。一般来说,人均居住面积不要过密。根据对一些居民区实例的分析,住宅平均层数为5~6层的居住区用地平均每人 15 m² 左右。

(2)建筑用地。在居住区各项用地中,建筑用地所占的比例应该是最大的。但是,按照国家有关规定,建筑用地要控制在一定的范围之内,居民区其他各项用地,特别是绿地要保持一定的比例。

(3)建筑材料。要使用符合环境保护要求的建筑材料,对含有毒素和放射性的建筑材料要慎用,能不用的不用。

(4)建筑间距。为了保证日照、通风和私密性的要求,住宅与住宅之间要保持一定的距离。一般房屋间距是 $1H$~$1.7H$(H,即房屋间距 L 和前排房屋高度的比值)。学校建筑一般为了保证更好的采光,间距应为 $2.5H$,最小不得少于 12 m;医院房屋之间的距离就应该更大一些,1~2 层之间要大于 25 m,传染病房之间要大于 40 m。

2. 协助做好环境防治配套设备建设

在规划设计中,对防治环境污染的配套设备、设施与主体工程要同时设计、施工、投入使用。防治环境污染的配套设备、设施主要有垃圾处理站的建设、停车场的建设、绿地的建设和一些专项设备、设施的建设。

(1)收集垃圾的设备和设施。一般高层住宅楼要有分类垃圾桶,一般平房室外要有垃圾池、箱、桶等。这里最主要的问题是,垃圾池、箱、桶的数量要能够满足业主和使用人的需求;同时垃圾池、箱、桶摆放的位置要方便业主和使用人的使用。

(2)集中垃圾的设备和设施。一般居住区都设有垃圾站,垃圾站设有垃圾楼或垃圾亭。垃圾楼一般是3开间的两层小楼,中间一间停放垃圾车,两边各一间放置集装箱,车进来后用带车将已堆满垃圾的集装箱吊到垃圾车上运走;垃圾亭是开敞式的垃圾站,构造简便,应用也比较广。但无论是垃圾楼,还是垃圾亭,在配置上都应该十分方便垃圾的收集与运输,在外观上应该与周围的建筑环境相协调。

(3)绿地的建设。绿地规划设计要满足环境保护的要求。绿地是物业环境最主要的组成部分,也是防治环境污染的最主要手段。所以,在物业项目的规划设计中一定要有绿地规划设计。而且这个绿地规划设计要满足环境保护的要求:

1)要保护绿地的规模。按照我国有关部门的规定,新建居住区绿化用地占建设用地面积的比例不得低于30%,也可按居住人均2 m^2 的标准建设公共绿地,居住小区按人均1 m^2 的标准建设公共绿地。

2)要有合理的植物配置。要根据不同的功能,包括保护环境的功能选择不同的植物种类。

3)要有合理的绿地规划。居住区要有居住区公园、居住小区要有中心公园、组团要有组团绿地;道路应包括居住区的主干道、分支道路、宅前小路,两旁都要进行绿化,做到点、线、面相结合,组成完整的绿化系统。

(4)停车场、车库的建设要满足环境保护的要求。停车场、车库的建设既是一个车辆管理的问题,同时也是防治环境污染的一项重要措施。车辆的噪声、尾气的排放,是造成噪声污染、大气污染的重要原因。所以,一定要搞好停车场、车库的建设。一般可以充分利用地下室,也可以充分利用坡地建底层车库。

(5)防治环境污染的专项设施建设要符合环境保护的要求。在物业小区中,按照防治环境污染的要求,还有一些专项设施。如建在公路旁,特别是高速公路旁的住宅区,噪声污染往往比较严重,这时就需要在靠近公路旁的地块设置隔离墙。

(6)配套设施要符合防治环境污染的要求。物业小区的配套设施,包括商店、饮食店、文化馆、电影院、运动场等。这些都是人们生活中不可或缺的重要设施,但往往也是污染环境的根源,如噪声的来源等。为了解决这个矛盾,这些配套设施,一方面要布置在居民上下班经常经过的地方,给人们以方便;另一方面又要同居住区保持一定的距离。对满足人们生活要求,同时又容易引起环境污染的一些专项配套设施,如锅炉房、供热供暖和二次供水设备等,要有防治污染的具体安排。

五、物业环境管理措施

(1)通过宣传教育提高物业用户的环保意识,同时使用户信赖物业公司的服务,提升品牌物业的信誉和知名度。

(2)告知社区成员熟悉垃圾分类处理的益处和具体实施方法,营造"环保社区、绿色家园"的良好氛围。

(3)定期在宣传栏上安排环保专刊,宣传爱护环境、保护自然的益处。

(4)开展环境保护知识讲座,提高业主环境保护意识。

(5)注重社区形象建设,形成强烈的社区视觉形象效果。

(6)对破坏环境的行为,及时制止,并对其进行教育。

(7)号召业主使用垃圾袋,并将垃圾投入指定地点,不可将垃圾随处乱丢。

(8)加强绿化管理及养护工作,减少地面黄土裸露,有效减少区内扬尘;严格控制,要求物业区内餐饮店铺提供环保部门的核准证明方可开业,以减少区内油烟污染;提倡使用节能环保产品,积极向用户推荐使用诸如无磷洗衣粉、无氟冰箱、环保空调、节水马桶等,减少业主对周边环境承载造成的压力。

(9)与城管和派出所等有关部门密切配合,同时对绿化工、清洁员等设定具体管理目标,加强巡查和清洁,杜绝居住区内的"乱张贴、乱摆卖、乱停放、乱搭建、乱堆放、乱拉挂"六乱现象,为用户营造舒适的居住环境。

(10)在物业内摆放功能小品和装饰小品,小品具有方便实用、美化环境、优化空间的功效。不同物业,环境小品的布置原则和方法不尽相同。环境小品的设计应从使用功能出发,在与整体环境协调统一的要求下,与建筑群体和绿化种植紧密配合,让其达到理想的效果。

六、物业环境管理的重要性

1. 提供良好的生活环境,保护居民身心健康

综合环境管理是通过环境卫生管理、绿化环境管理、车辆道路管理、治安环境管理、消防管理等不同方面对住宅小区及商贸楼宇进行全方位的服务,从而使广大业主及使用人拥有一个良好的居住环境,以满足生活、工作的需要。

2. 掌握规划设计原理

(1)通过对区域规划与需求方的调查,掌握居民对环境的需求,从而设计出居民满意的物业项目,实现经济效益与环境效益的统一。

(2)评价居住区质量的好坏,主要看它的综合环境。要充分考虑社会效益、经济效益和环境效益三个方面的要求,从而满足居民物质文明和精神文明的需求。

物业管理者只有充分掌握以上内容,才能达到早期介入的目标,对不利于今后管理的规划方案,应提出合理化建议,为后期物业管理扫清障碍。充分体现以服务为主,一切从居民利益出发,做到管理与服务相结合、服务与经营相结合,实现物质文明、精神文明的双丰收。

3. 综合环境管理的经济效益、社会效益、环境效益

随着城镇住房制度改革不断推进,已基本实现了住房商品化。人们对居住环境的要求越来越高。要满足人们对居住环境的需求,应从以下几方面开展研究:安全感、健康度、私密性、开放性、自主性、灵活性、方便性、趣味性、自然回归性、舒适性等。作为物业管理者要善于分析人们对居住环境的需求,通过专业化、科学化的管理手段和管理技术来实现社会效益、经济效益、环境效益的统一。

(1)社会效益。物业管理的社会效益首先表现在为居民提供一个安全、舒适、和谐、优美的生活环境。这一环境不仅是指居室、楼宇内的,而且还指整个社区的治安、交通、绿化、卫生、文化、娱乐等方面。它对于调节人际关系、维护安定团结,具有十分重要的意义。

(2)经济效益。物业服务企业对物业服务的好会从多方面产生经济效益具体内容可参见本书"物业环境管理的特点"相关内容。

(3)环境效益。小区内的水、电、绿化、通风、道路布局等各方面均与居民的身心健康密切相关。通过物业服务企业对环境的综合管理,有利于从根本上治理好脏、乱、差等问题,满足人民群众不断增长的对美好居住生活的需要。因此,搞好综合环境管理,不仅有助于人们的身心健康,还对整个社区环境乃至整个城市的环境美化产生积极影响。

单元三　物业环境管理的手段

一、技术手段

技术手段包括制定物业环境质量标准，组织开展环境影响评价，编写环境质量报告，总结推广防治污染的先进经验，开展物业环境管理的研究、交流与合作，为制定环保技术政策提供依据等。

（1）技术手段的发展，产生初步的环境管理概念。发展到今天，用生态经济观念、系统化、信息化、控制化等现代科学原理和方法，开展环境管理的基础理论研究。建立符合可持续发展战略要求的人类-环境-经济系统，大规模地开展环境预测、预报和评价工作，预测科技进步、生产技术革新和评价资源、能源给环境带来的影响及其效果等，这都是科学技术发展的产物。

（2）就宏观而言，许多西方国家已对环境管理的污染物体系以及有关评价人类-环境-经济系统的指标体系进行了大量系统研究，建立了许多定性和定量模型。就微观而言，环境管理已由局部的点源治理发展到今天提出的污染全过程控制，提出了在生产过程中消灭污染的"清洁生产"方案。这种"清洁生产"方案的特点是：生产上的投入量少，产出量大，既能取得近期效益，也能取得长远的效果；资源的消耗和利用最经济合理；生产者利益和整个社会利益协调一致，有最佳的环境效益。

（3）许多环境政策、法律、法规的制定、实施都涉及许多科学技术问题，所以环境问题解决得好坏，在很大程度上取决于科学技术。科学技术是实现环境科学管理的有效途径和必不可少的手段。

二、经济手段

经济手段是指国家依据生态规律和经济规律，运用价格、成本、利润、信贷、利息、税收等经济杠杆，以及环境责任制方法，影响和调节社会生产、分配、流通、消费，限制破坏环境的活动，促进合理利用环境资源，使经济与环境协调发展。同环境管理的其他手段相比，环境管理的经济手段更为有效。

经济手段的实质在于贯彻物质利益原则，从物质利益上来处理国家、企业、个人之间各种经济关系，调动各方面保护环境的积极性，从一定意义上说，是在国家宏观指导下，通过各种经济手段不断调整各种经济活动，把企业的局部利益同全社会的利益有机结合起来。

经济手段的主要措施包括对积极防治环境污染而在经济上有困难的单位给予资金援助，对排污单位，按污染物的种类、数量、浓度，征收排污费；对违反规定造成严重污染的单位或个人给予处罚；对排出污染物损害群众健康或造成财产损失的排污单位，责令其对受害者赔偿损失；对乱扔、乱倒垃圾的行为，除批评教育外，进行必要的罚款；对利用废弃物做生产原料的企业，不收原料费；对利用废弃物生产产品的企业给予减免税收或其他政策的优惠。此外，还有推行开发利用自然资源的征税制度等。对一些不讲公共道德、损害公众利益，将废弃物或垃圾随处乱倒，造成环境污染、损害公众利益的环境污染者要惩罚，与此同时也要奖励环境保护者。

经济手段的种类一般指：赔款、罚款，征收排污费，征收生态环境补偿费和资源税，政策优惠。

1. 赔款、罚款

"造成环境污染危害的，有责任排除危害，并对直接受到损害的单位和个人赔偿损失。""完全由于不可抗拒的自然灾害，并经及时采取合理措施，仍不能避免造成环境污染损害的，免于承担责任。"而罚款是对轻微违法行为的一个经济制裁。

2. 征收排污费

征收排污费就是对排入环境中的污染物征收一定的款额。这是国内外环保机构普遍采取的经济手段，最早施行于德国鲁尔工业区。

我国实施排污收费已有 20 年，实践证明，征收排污费为发展生产和保护环境发挥了重要作用，是环境管理重要的经济手段。

3. 征收生态环境补偿费和资源税

生态环境补偿费是指在资源开发过程中对资源开发做一些相应的补偿。在资源开发过程中，一般会对生态环境产生不同程度的破坏、影响，如果资源连续开发过程中或资源开发后不做相应的补偿和恢复，势必出现严重生态环境破坏的后果。生态环境补偿费，也是用于生态环境的恢复和整治的费用。如生态环境破坏调查费、生态环境恢复整治工程费、生态理论或研究工程研究费。

征收资源税是指对一些资源开采和严重污染的环境收税，这是通过采用经济手段，增强人们合理利用环境资源意识，节约使用环境资源，使可更新资源能永续利用，不可更新资源能节约和合理利用，以及寻求最佳利用方案等。《中华人民共和国资源税法》于 2020 年 9 月 1 日起正式施行。资源税由行政法规上升为法律，资源税法的制定践行了以纳税人为中心的服务理念，突出了有利于节约资源、保护生态环境功能。

4. 政策优惠

因为综合利用废弃物比直接利用天然资源困难得多，为了鼓励综合利用，我国出台了一系列有关政策及奖励办法。如企业自筹资金建设的综合利用项目，获益归企业所有，主管部门和行业归属部门应予以扶持，不得提取和摊派费用，不得调拨产品。综合利用项目的折旧资金全部留给企业，专项用于综合利用设施的更新和改造。对综合利用项目的设施给予减免固定资产占用费的优惠。

对开展综合利用的产品实行优惠。对价格增税（减免产品税）予以优惠，价格由企业自定，给予一定利润留成（五年内利润不上交），留给企业继续治理污染，开发综合利用。体现在经济形式上可分为收费、补贴、奖励、押金制度、市场经济的运用和财政的强制手段等。

当前，我国在市场经济条件下，由于市场经济是一种利益导向型经济运行机制，自主经营、自负盈亏、独立核算的企业和个体，为追求自身的经济利益，可能将生产经营造成的污染转嫁给社会，形成外部效应。

外部效应是企业或个人的行为对活动以外的企业或个人的影响，外部效应导致私人成本和社会成本的不一致，使市场实际价格不同于最优价格。外部效应有些是好的，也有些是坏的。好的外部效应如：一条流域上游植树造林、水土保持好，下游灌溉用水好，防止洪水泛滥、风沙灾害等。但是这样好的外部效应，上游的农民并不一定有主动做的积极性。坏的外部效应如：上游伐木破坏环境，使下游居民种植、灌溉、运输、工业、生活等用水难，同时，会产生如洪水泛滥、水土流失、生存环境恶化等不良影响。这对下游居民和全社会都是成本，但上游居民并不愿意承担这一成本，他们没动力考虑这一成本，并且停止伐木，还会减少上游居民的收益。

采用经济手段具有较大的作用。经济手段之所以有效，主要在于赔款、罚款会加重企业经济压力，可迫使企业主动减少污染。同时，采用经济手段，可为环保工作积累资金。收费、赔

模块一 物业环境管理基础知识

款、罚款的资金主要用于治理环境污染，保护环境。一般20%的排污费用于环保部门自身建设，促进环境保护的发展，其他用于治理污染，保护、改善环境。

人要生存、生产，社会要发展，生产活动必须进行，而目前又不能零排放，因而必然会产生不公平的现象。不公平主要表现在：开采公有的环境资源；向公有环境排放废弃物，一部分人受益，另一部分人受害。为了消除不公平现象，只有利用经济手段使受益者付出一定代价，受害者得到补偿。虽然不可能完全消除这种不公平性，但可以减少这种不公平性。

三、法律手段

法律手段是物业环境管理的强制性措施，是依法管理环境的基本手段，是防治污染、保障自然环境资源合理开发利用并维护生态平衡的措施。环境管理一方面要立法，把国家对环境保护的要求和做法全部以法律形式固定下来，强制执行；另一方面要执法，环境管理部门要协助、配合司法部门与违反环境法律的犯罪行为进行斗争，按环境法规、环境标准对严重污染和破坏环境的行为提起公诉，直到追究法律责任，也可依据环境法规对危害人民健康、污染和破坏环境的单位或个人直接给予各种形式的处罚、责令赔偿损失等。物业管理和物业环境管理的相关法律、法规的颁布，对物业环境、城市环境和整个地球的环境保护与污染防治起到了十分明显的效果。

作为物业服务企业要以国家颁布的环境管理法律法规为依据，不断完善物业环境管理规章制度。科学制定居住（前期）物业服务合同、（临时）管理规约中环境管理的条款，指导和规范物业环境管理、服务和使用各方主体行为。通过加大宣传和实施力度，提升各方物业环境保护意识，为物业环境健康发展提供保障。

四、行政干预手段

行政干预手段是物业所在区域的环境保护和管理部门，根据国家行政法规所赋予的组织和指挥权力，对环境资源保护工作实施的具体管理措施。主要包括以下工作：

（1）管理部门定期或不定期向政府相关部门报告本地区环保情况与工作，对如何贯彻国家环保方针、政策，提出具体的意见和建议。

（2）组织制定国家和地方以及各类物业在不同条件下的环境保护政策、工作计划与环境规划，并把这些计划和规划报请政府审批，使之具有行政法律效力。

（3）运用行政权力对某些区域采取特定的措施，如划定自然保护区、重点污染防治区、环境保护特区。

（4）对一些污染严重的工厂、企业要求限期治理，要勒令其关、停、并、转、迁。对易产生污染的建设项目和工程设施要采取行政制约手段，如审批开发项目环境评价，审批"三同时"（同时设计、同时施工、同时投产）的设计方案。

审批有毒、有害化学品的生产、进口、使用、管理，珍稀动、植物种类及产品的出口、贸易事宜等。值得注意的是，行政干预取决于以下两个条件：第一是行政干预的效果必须好于市场机制调节的效果；第二是行政干预的收益与效益必须大于干预的成本和代价。

模块小结

本模块主要介绍了物业管理与物业环境概述、物业环境管理概述、物业环境管理的

手段三部分内容。

一、物业管理与物业环境概述

1. 物业管理是指受物业所有人的委托，依据物业管理委托合同，对物业的房屋建筑及其设备，市政公用设施、绿化、卫生、交通、治安和环境容貌等管理项目进行维护、修缮和整治，并向物业所有人和使用人提供综合性的有偿服务。

2. 物业环境是指城市中某个物业管理区域内的环境，它是与业主和使用人的生活和工作密切相关的各种条件和外部变量因素的总合。

3. 物业环境的特点：物业环境是城市环境的一部分，物业环境是一个复合交叉的综合体、物业环境应包含多种不同的环境类型。

4. 物业环境的影响因素：居住环境、生产环境、商业环境、办公环境。

二、物业环境管理概述

1. 物业环境管理是指物业服务企业依据物业服务合同约定，对所管辖区域的物业环境进行管理的活动。

2. 物业环境管理的原则：综合平衡原则、效益最优原则、保值增值原则、用户参与原则、可持续发展原则。

3. 物业环境管理的内容：物业环境绿化美化、物业环境卫生管理、物业交通管理、物业环境保护管理、物业公共区域治安管理、物业区域内的违章搭建管理、物业消防管理、社区的人文环境等。

4. 物业环境管理机构的设置、分类及其早期介入管理。

三、物业环境管理的手段

物业环境管理的手段：技术手段、经济手段、法律手段以及行政干预手段等。

复习与思考

一、填空题

1. 物业环境的影响因素包括_____、_____、_____、_____等方面的影响因素。
2. 物业环境管理的原则包括_____、_____、_____、_____、_____。
3. 物业环境管理的手段包括_____、_____、_____、_____。

二、简答题

1. 物业环境的含义是什么？
2. 物业环境管理的总目标是什么？
3. 简述物业环境管理的特点。
4. 物业管理企业环境保护工作部门的具体职责有哪些？
5. 简述绿化管理部的职责。
6. 简述物业环境保洁机构职责。
7. 简述安全保卫部的职责。
8. 物业环境管理的措施有哪些？

模块二　物业环境绿化管理

学习目标

通过本模块的学习，了解绿化管理的内涵，园林规划设计原则，绿化管理方案，绿化方式，物业环境的绿化规划设计；掌握物业绿化管理的内容、岗位职责，物业环境绿化的前期介入与接管验收，物业环境绿化植物的配置，物业环境绿化植物的栽培与养护。

能力目标

能正确进行物业环境绿化的前期介入与接管验收，能合理配置物业环境绿化植物，能正确进行物业环境绿化植物的栽培与养护。

小区绿地成了菜地，物业劝导"私家菜园"全部退耕

"自己动手丰衣足食"，有些市民将这句话理解得有些过了，竟把公共绿地当成自家田地种上蔬菜，成为一些小区的常见之景，然而这却给其他居民带来不小烦恼，同时也破坏了小区的美观。近日，记者前往御景天下小区查看，只见一些居民选择在自家附近的绿化带里种菜，你圈一条，我圈一块，公共绿化带就这样被居民们开辟为"菜园子"，种上了小葱、白菜、小土豆等。

经过走访，记者得知小区里许多居民对把绿地变菜地这件事很有意见，纷纷表示，种菜者自己是方便了，却破坏了小区的环境，损害了大多数人的公共利益，非常不应该。"你看，我们小区原本多漂亮，要是个个都这样，你种一样菜，我铲一块地，这小区得成什么样子？直接就是菜园子。"一位业主在接受记者采访时表示。对此，作为御景天下小区的物业管理者，重庆速达物业服务公司十分重视，他们着手开展相关工作，在多次对相关人员进行劝导教育后，"种菜"的业主们纷纷表示会立即将绿化带里的蔬菜清理掉。

重庆速达物业服务公司相关负责人表示："在我们正式入驻小区管理之前，这样圈地种菜的情况就已经出现，入驻后我们对这项工作高度重视，因为这样不仅是损害了广大业主的利益，更是影响小区的整体风貌，所以当即与相关业主对接。起初我们劝导他们处理这些蔬菜的时候大家比较反感，后来经过我们比较耐心的做工作，他们都表示愿意自行地处理好。"为了尽快恢复小区的美丽容颜，物业服务公司方面也派出了不少人手，将小区绿化带里种植的蔬菜全部铲除。"我们准备买一些草种子，对绿化全部进行补种。希望广大业主也支持我们工作，共同来爱护小区环境。"物业服务公司相关负责人介绍。

问题与思考： 菜地就是绿化吗？物业服务企业该如何进行绿化管理？

单元一　物业绿化管理概述

一、绿化管理的内涵

（一）绿化管理的概念

绿化管理是指对物业内外及其附属设施的园林植物及园林建筑、园林小品等进行养护管理，保洁，更新，并对园林植物等采取浇水、施肥、修剪、中耕除草、病虫防治、防台防汛等养护管理措施，达到改善、美化环境，保持环境生态系统良性循环的效果，并使业主的物业得到保值和升值。

因为各种花木的性状、习性、生理生态、物候期、种植与繁殖方法、栽培措施和园林绿地营造与养护各有不同，所以绿化管理既是一年四季的日常工作，又具有阶段性的特点。物业绿化管理措施要因时、因地、因花木种类的不同而有所不同。

（二）环境绿化的分类

环境绿化一般是指围绕人们的日常生活所存在的各种绿化区域。2018年6月1日开始实施的《城市绿地分类标准》（CJJ/T 85—2017）中，将绿地按主要功能分为公园绿地、防护绿地、广场用地、附属绿地和区域用地五个大类。

1. 公园绿地

公园绿地是向公众开放，以游憩为主要功能，兼具生态、景观、文教和应急避险等功能，有一定游憩和服务设施的绿地。公园绿地是城市建设用地、城市绿地系统和城市绿色基础设施的重要组成部分，是表示城市整体环境水平和居民生活质量的一项重要指标。

"公园绿地"的名称直接体现的是这类绿地的功能。"公园绿地"并不是"公园"和"绿地"的叠加，而是对具有公园作用的所有绿地的统称，即公园性质的绿地。

《城市绿地分类标准》（CJJ/T 85—2017）结合实际工作需要，按各种公园绿地的主要功能，又将公园绿地分为综合公园、社区公园、专类公园和游园四个中类。

（1）综合公园。综合公园一般是指内容丰富，适合开展各类户外活动，具有完善的游憩和配套管理服务设施的绿地。综合公园的规模宜大于 10 hm^2。

（2）社区公园。社区公园一般是指用地独立，具有基本的游憩和服务设施，主要为一定社区范围内居民就近开展日常休闲活动服务的绿地。社区公园的规模一般应大于 1 hm^2。

（3）专类公园。专类公园一般是指具有特定内容或形式，有相应的游憩和服务设施的绿地。专类公园包括：动物园、植物园、历史名园、遗址公园、游乐公园、其他专类公园（如儿童公园、体育建设公园、纪念性公园、雕塑公园等）等。其中，游乐公园和其他专类公园的绿化占地比例应当大于或等于65%。

（4）游园。游园一般是指除以上各种公园绿地外，用地独立、规模较小或形状多样，方便居民就近进入，具有一定休憩功能的绿地。其中，带状游园的宽度应当大于 12 m，绿化占地比例应大于或等于65%。

2. 防护绿地

防护绿地是指用地独立，具有卫生、隔离、安全、生态防护功能，游人不宜进入的绿地，主要包括卫生隔离防护绿地、道路及铁路防护绿地、高压走廊防护绿地、公用设施防护绿地等。防护绿地的功能是对自然灾害或城市公害起到一定防护或减弱作用，因受安全性、健康性等因素的影响，防护绿地不宜兼做公园绿地使用。

3. 广场用地

广场用地是指以游憩、纪念、集会与避险等功能为主的城市公共活动场地（不包括以交通集散等功能为主的广场用地，该用地应划入"交通枢纽用地"范围内）。一般要求绿化占地比例大于或等于35%，绿化占地比例大于或等于65%的广场用地计入公园绿地。

4. 附属绿地

附属绿地是指附属于各类城市建设用地，包括居住用地附属绿地、公共管理与公共服务设施用地附属绿地、商业服务业设施用地附属绿地、工业用地附属绿地、物流仓储用地附属绿地、道路与交通设施用地附属绿地、公用设施用地附属绿地等。附属绿地一般不能单独参与城市建设用地平衡。

5. 区域绿地

区域绿地是指位于城市建设用地之外，具有城乡生态环境及自然资源和文化资源保护、游憩健身、旅游观光、安全防护隔离、物种保护、园林苗木生产等功能的绿地（不参与建设用地汇总，也不包括耕地）。区域绿地应当与城市建设用地内的绿地进行区分，突出该类绿地对城乡整体区域生态、景观、游憩各方面的综合效益。

区域绿地根据其主要功能不同，可以分为四个中类，即风景游憩绿地、生态保育绿地、区域设施防护绿地和生产绿地。

（1）风景游憩绿地。风景游憩绿地是自然环境良好，向公众开放，以休闲游憩、旅游观光、娱乐健身、科学考察等为主要功能，具备游憩与服务设施的绿地。其包括风景名胜区、森林公园、湿地公园、郊野公园、其他风景游憩绿地等。

（2）生态保育绿地。生态保育绿地为保障城乡生态安全，改善景观质量而进行保护、恢复与资源培育的绿色空间。主要包括自然保护区、水源保护区、湿地保护区、公益林、水体防护林、生态修复地、生物物种栖息地等各类以生态保育功能为主的绿地。

（3）区域设施防护绿地。区域设施防护绿地是区域交通设施、区域公用设施等周边具有安全、防护、卫生、隔离作用的绿地。主要包括各级公路、铁路、输变电设施、环卫设施等周边的防护隔离绿化用地。

（4）生产绿地。生产绿地为城乡绿化美化生产、培育、引种试验各类苗木、花草、种子的苗圃、花圃、草圃等圃地。

（三）物业环境绿地的特点

物业环境绿地是结合城市其他组成部分的功能要求，进行综合考虑、全面安排的结果。它的特点如下：

（1）以植物造景为主，充分发挥改善气候、净化空气、美化生产和生活环境等作用。

（2）在满足植物生长条件的基础上，城市绿地多利用荒地、山岗、低洼地和不宜建筑的破碎地形等进行布置，结合城市原有的河湖、水系等条件，创造出优美的城市山林环境。

（3）城市绿地的交通安全便利。

(4)城市绿地的内容、设施较为完备。根据绿地的规模,可分别设露天剧场、茶室、餐馆、喷泉、花坛、宣传廊、休息的座椅等。

(5)考虑不同人群生理、心理的需求特点,设置老年人活动区、儿童活动区等。

城市园林绿地系统规划既要有远景目标,又要有近期安排,做到远近结合,不能只顾眼前利益,而造成将来改造的困难,要照顾到由远及近的过渡措施。

城市园林绿地的规划与建设、经营管理紧密相关,要在发挥其综合功能的前提下设计和实施,为社会创造物质财富。切忌生搬硬套,单纯追求某种形式、某种指标,导致本末倒置、事倍功半,甚至事与愿违。

(四)环境绿化的功能

随着经济的快速发展,资源消耗大幅度增加,生态环境迅速恶化,特别是城市环境质量不断下降,城市的热岛效应、空气污染等环境问题日益严重,城市生态系统越加脆弱。针对这一困局,国家号召在治理工业企业污染的同时,还要大规模的推行环境绿化,这是改善和创造适宜人居生态环境的一个重要手段。此外,绿化景观等良好的环境还可以陶冶情操、缓解紧张和疲劳,有益于人们的身心健康。

环境绿化的主要功能如下。

1. 净化空气

空气是人类赖以生存的物质,是重要的外部环境因素之一。为了保持平衡,需要不断地进行二氧化碳和氧气的交换,生态系统的这个循环主要依托植物来完成。植物的光合作用,能大量吸收二氧化碳并放出氧。其呼吸作用虽也放出二氧化碳,但是植物在白天的光合作用所制造的氧比呼吸作用所消耗的氧多20倍,所以森林和绿色有机物是地球上天然的吸碳制氧工厂。人们正是利用绿色植物消耗二氧化碳,制造氧气的特点,种草植树,改善二氧化碳和氧气的平衡状态,使空气新鲜。如1 hm^2 阔叶林,一天可消耗1 t二氧化碳,释放0.73 t的氧气。一个成年人每日呼吸消耗0.75 kg氧,排出0.9 kg的二氧化碳。根据这个标准计算,1 hm^2 森林制造的氧气,可供1 000人呼吸。只要有10 m^2 的森林绿地面积,就可以吸收1个城市居民呼出的全部二氧化碳。事实上,加上城市中燃料燃烧所产生的二氧化碳,城市每人必须有30~40 m^2 的绿地面积。

绿地不仅可以吸收二氧化碳和提供氧气,还可以减少空气中颗粒物的污染。这是由于一方面树木和森林具有降低风速的作用,随着风速的降低,空气中携带的大粒灰尘也随之下降,减少扬尘污染;另一方面,由于树叶表面不平、多绒毛,能分泌黏性油脂及汁液,可吸收大量的飘尘。此外,许多树木具有吸收有害气体的能力。

2. 吸收放射性物质

绿地中的树木不但可以阻隔放射性物质和辐射的传播,还可以起到过滤吸收作用。美国一项试验证明,用不同剂量的中子——伽马混合辐射照射5块栎树林,发现剂量在15 Gy以下时,树木可以吸收而不影响枝叶生长;剂量为40 Gy时,对枝叶生长量有影响;当剂量超过150 Gy时,枝叶才大量减少。因此在有辐射性污染的厂矿周围,设置一定结构的绿化林带,在一定程度内可以防御和减少放射性污染的危害。在建造这种防护林时,要选择抗辐射树种,常绿阔叶林净化放射性污染的能力比针叶林强得多。

3. 吸收有害气体

工业生产过程中污染环境的有害气体种类甚多,其中二氧化硫含量极大,其他有害气体主要有氟化氢、氮氧化物、氯、氯化氢、一氧化碳、臭氧以及含汞、铅的气体等。这些气体对人

模块二 物业环境绿化管理

体有害，对植物也有害。然而，许多科学实验证明，在一定浓度范围内，植物对有害气体是有一定的吸收和净化作用的。

4. 吸滞粉尘

大气中的粉尘污染也对人身健康有害。一方面，粉尘中有各种有机物、无机物、微生物和病原菌，吸入人体后容易引起各种疾病；另一方面，粉尘可降低太阳照明度和辐射强度，特别是减少紫外线辐射，对人体健康有不良影响。

森林绿地对粉尘有明显的阻滞、过滤和吸附作用，从而能减轻大气的污染。树木树冠茂密，可降低风速，使空气中携带的大颗粒灰尘下降，树叶表面的绒毛、油脂等，也可吸附空气中的尘埃，起到过滤作用。

草坪的减尘作用也是很显著的。草覆盖地面，不使尘土随风飞扬，草皮茎叶也能吸附空气中的粉尘。据测定，草地足球场上空的含量尘比裸土足球场上空的含尘量少了 2/3～5/6。

5. 净化水体

城市水体污染，主要来源于工业废水、生活污水、降水径流等。工业废水和生活污水在城市中多通过管道排出，较易集中处理和净化。而大气降水，形成地表径流，冲刷和带走了大量地表污物，其成分和水的流向均难以控制，许多或渗入土壤，继续污染地下水。

绿色植物净化水体主要表现在：

(1) 许多水生植物和沼生植物对净化城市污水有明显的作用。

(2) 绿色植物通过根系可以滞留和吸收一些污染物，如草地可以滞留许多重金属，树木的根系可以吸收水中的溶解质，减少水中细菌含量等。

6. 调节湿度和温度

植物可以通过调节周围环境的湿度和温度来改善城市小气候。小气候主要指地层表面属性的差异性所造成的局部地区气候。其影响因素除太阳辐射和气温外，与人类的活动关系也极为密切。人类大部分活动都是在离地 2 m 的范围内进行，也正是这一层最容易给人以积极的影响。人类对气候的改造，实质上目前还限于对小气候条件进行改造，在这个范围内最容易按照人们需要的方向进行改造。改变地表热状况，是改善小气候的重要方法。

在森林环境中，人们之所以感觉清洁舒适，主要是因为阳光照射到树冠上时，有 30％～70％的太阳辐射热被吸收，森林蒸腾作用需吸收大量的热；草坪也有较好的降温效果，夏季城市裸露地面温度比草坪表面温度高出 6 ℃～7 ℃；板油路面温度高出草坪表面温度 8 ℃～20.5 ℃；植物蒸腾作用所产生的大量水分，增加了大气的湿度。因此，绿地是大自然中最理想的"空调器"。通过合理的绿化布局，是可以有效改善由于城市建筑物密集而造成的通风不畅的问题的。

7. 净化土壤

植物的地下根系能吸收大量有害物质而具有净化土壤的能力。如有的植物根系分泌物能使进入土壤的大肠杆菌死亡。有植物根系分布的土壤，好气性细菌比没有根系分布的土壤多几百倍至几千倍，故能促使土壤中的有机物迅速无机化，因此，既净化了土壤，又增加了肥力。研究证明，含有好气性细菌的土壤，有吸收空气中一氧化碳的能力。

草坪是城市土壤净化的重要地被物，城市中一切裸露的土地，种植草坪后，不仅可以改善地上的环境卫生，而且也能改善地下的土壤卫生条件。

8. 降低噪声

噪声也是一种环境污染。研究表明，绿化植物对噪声具有吸收和消声的作用，可以有效减

弱噪声的强度。其衰减噪声的机理，目前一般认为有两个方面：一方面是噪声波被树叶向各个方向不规则反射而使声音减弱；另一方面是由于噪声波造成树叶微振而使声音消耗。因此，树木减噪因素，是林冠层。树叶的形状、大小、厚薄、叶面光滑与否、树叶的软硬，以及树冠外缘凸凹的程度等，都与减噪效果有关。隔声效果较好的树种有：雪松、桧柏、龙柏、水杉、悬铃木、梧桐、垂柳、云杉、山核桃、臭椿、樟树、栎树等。

要消除和减弱噪声，根本办法是在声源上采取措施。然而，采取和加强城市绿化，合理布置绿化带，建筑防噪声林带等辅助措施，对减弱噪声也能起到良好的作用。

9. 安全防护

森林是自然界生态平衡中重要的一环。森林破坏常造成巨大的自然灾害，如水源涵养遭到破坏、严重的水土流失等。城市中的绿地也和森林一样，具有维持生态平衡的功能。

树木和草地对保持水土有非常显著的功能。树木的树叶茂密地覆盖着地面，当雨水下落时首先冲击树冠，然后穿透枝叶，不会直接冲击土壤表面，可以减少表土的流失。树冠本身还积蓄一定数量的雨水，不使雨水降落地面。同时，树木和草本植物的根系在土壤中蔓延，能够紧紧地"拉着"土壤而不让冲走。加上树林下往往有大量落叶、枯枝、苔藓等覆盖物能吸收数倍于本身的水分也有防止水土流失的作用，这样便能减少地面径流，降低流速，增加渗入地中的水量。森林中的溪水澄清透彻，就是保持了水土的证明。

如果破坏了树林和草地，就会造成水土流失，山洪暴发，使河道淤浅，水库阻塞，洪水猛涨。有些石灰岩山地，下暴雨时冲带大量泥沙石块而下，便形成"泥石流"，能破坏公路、农田、村庄，对人民生活和生产造成严重危害。

10. 提升城市景观

一个城市的风景是否优美，不仅取决于其是否拥有优美的自然地貌和良好的建筑群体，园林绿化的好坏对城市面貌也常起决定性的作用。

青岛这个海滨城市，尖顶红瓦的建筑群，高低错落在山丘之中，只有和林木掩映的绿林相互衬托，才显得生机盎然，没有树木，整个城市都不会有生气；广州市的街道绿化，大量采用开花乔木做行道树，许多沿街的公共建筑和私家庭院，建筑退后红线，使沿街均有前庭绿地，种植各类花草，春华秋实，不但美化了自己的环境，同时美化了街景，从而使广州获得"花城"的美称。

11. 提供休闲场所

城市中的公共绿地是体现城市环境优美的重要地段。对美好环境的向往和追求是人们的天性和愿望，到公园中去休息、活动，也是居民的生活内容之一。

公园中常设有各种展览馆、陈列馆、纪念馆、博物馆等，还有专类公园如动物园、植物园、水族馆等。它使人们在游憩参观中受到社会科学、自然科学和唯物论的教育以及爱国主义教育。

我国风景区无论自然景观或人文景观均非常丰富，园林绿地和园林艺术的设计和建造水平很高，被誉称为"世界园林之母"。桂林山水、黄山奇峰、泰山日出、峨眉秀色、庐山避暑、青岛海滨、西湖胜境、太湖风光、苏州园林、北京宫殿、长安古都等均是历史上形成的旅游胜地，也是国内外游客十分向往的地方。

在城市郊区的森林、水域或山地，利用风景优美的绿化地段，安排或建造为居民服务的休闲疗养地，从区域规划的角度，充分利用某些特有的自然条件，如海滨、水库、高山、矿泉、温泉等，统一考虑休闲疗养地的布局，在休闲疗养地区中结合体育和游乐活动，组成一个特有的绿化地段。

二、物业绿化管理的内容

物业绿化管理的内容包括对绿化植物及园林小品等进行养护管理、保洁、更新、修缮，使其达到改善、美化环境，保持环境生态系统的良性循环的效果。物业绿化管理除了日常绿化养护管理工作外，还包括绿化翻新改造、花木种植、环境布置、绿化有偿服务等工作。

1. 日常管理

绿化的日常管理包括浇水、修剪造型、施肥、中耕除草、病虫害防治、绿化保洁等。另外，日常管理中还包括园林建筑及园林小品维护、绿化标识制作、园林观赏鱼喂养等。根据不同地点的园林，室内绿化与室外绿化的质量要求及环境条件各不相同，日常管理也有比较大的差别。

2. 翻新改造

绿化翻新改造内容包括草坪翻新与补植、绿篱翻新补植、林下绿地改造、园林建筑小品翻新、花坛植物更换等。另外，对于一些用时令花卉摆设的花坛也应根据不同时期及节庆要求及时进行更换翻新。

3. 花木种植

花木种植包括苗圃花木种植及工程苗木种植。

苗圃花木种植是物业服务企业为了方便绿化管理而自建花木生产基地，用于时令花卉栽培、苗木繁殖及花木复壮养护等。苗圃花木种植工作包括时令花卉栽培、阴生植物繁殖与栽培、苗木繁殖、撤出花木复壮养护、盆景制作等。

工程苗木种植是指在绿化工程施工中按设计要求栽种绿化苗木。

4. 环境布置

环境布置是指节假日或喜庆等特殊场合对小区公共区域或会议场所等进行花木装饰等布置。

5. 绿化有偿服务

绿化有偿服务是利用物业服务企业所拥有的园林绿化专业人才开展针对业主、物业使用人甚至是区域外其他单位的绿化有偿服务。此服务既可方便客户，充分利用资源，又可以增加收入。绿化有偿服务包括园林设计施工、绿化代管、花木出租出售、花艺装饰服务、插花及开办盆景培训班、花卉知识培训班等。

三、物业绿化部岗位职责

绿化部是物业服务企业中专门从事绿化管理服务的部门。根据物业类型、绿化面积及绿化种类的不同，绿化部的机构设置会相应有所不同。绿化部一般设主管1名，办事员1名，绿化工若干名。若物业服务企业的绿化管理分包给专业绿化公司，可不设绿化部。

对于大型物业项目，绿化面积较大，绿植种类较多的，绿化部可下设绿地组、花圃组、服务组等。

1. 绿化部主管的职责

(1) 熟悉物业绿化布局及各区域绿化养护现状；
(2) 做好绿化工程的施工管理、合同管理及工程材料的档案管理工作；
(3) 安排绿化工的工作，定期检查、督促养护；

(4)定期巡查，记录、报告绿地及物业卫生现状，发现问题及时处理，问题严重不能立即解决的，向上级汇报；

(5)设专业人员负责绿化设施及器具的养护；

(6)做好绿化工的考勤工作；

(7)认真组织绿化工定期或不定期的培训，学习业务知识，提高养护、管理水平。

2. 绿化工程师的职责

(1)提供小区绿化管养或改造的方案；

(2)制订绿化管养的技术操作标准；

(3)制订绿化管养的定额标准；

(4)协助绿化主管对绿化工的操作进行监督、检查；

(5)负责员工的培训、学习。

3. 绿地组绿化工的职责

(1)工作时要佩带岗位证。

(2)劝阻任何人践踏草坪、损坏花木，以保护草坪良好的生长，破坏植被严重的可报有关部门处理。

(3)配合环卫部门搞好绿地的环境卫生工作。

(4)经常进行草坪的除杂工作，保持草坪的纯净。

(5)发现病虫害，要进行捕捉或喷药消灭。

(6)花木的死株、病株要清除，缺株要补植。

(7)花木每季度除草松土 1 次，并结合施肥。施肥量要视植株的大小而定，通常情况下，每株穴施复合肥 100~200 g，施后覆土淋水。

(8)绿篱在春、夏、秋季每季度修剪 1 次，剪后淋水施肥，通常每 667 m^2 施复合肥 5~10 kg。

(9)绿化带的 2 m 以下的花木，每季度要修枝整形 1 次。

(10)草坪要经常轧剪，草植高度控制在 5 cm 以下。每季度施肥 1 次，通常情况下，每 667 m^2 施复合肥 5~10 kg，施后淋水或雨后施用。

(11)节约用水。不用水时要关紧水龙头，水龙头坏了要及时报告有关部门修理或更换。

(12)农药要妥善保管好。喷洒农药时要按防治对象配置药剂和按规程做好防范工作，保证人、畜、花、木的安全。

4. 花圃组绿化工的职责

(1)工作时要佩戴岗位证。

(2)淋水时要注意保护花木，避免冲倒、冲斜植株、冲走盆泥。不同的花木用不同的淋水工具淋水。刚播下的种子和幼苗用细孔花壶淋，中苗用粗孔花壶淋，大的、木质化的苗木用胶管套水龙头淋。

(3)淋水量要根据季节、天气、花卉品种而定。夏季多淋，晴天多淋，阴天少淋，雨天不淋。干燥天气多淋，潮湿天气少淋或不淋。抗旱性强的品种少淋，喜湿性品种多淋。

(4)集中培育同一品种花卉，不乱摆乱放，根据盆栽花卉的植株大小、高矮和长势的优劣分别放置，采取不同的措施进行管理。

(5)除草要及时，不要让杂草挤压花卉，同花卉争光、争水、争肥。杂草多、劳力少时可用化学除草剂进行灭草。结合除草进行松土、施肥。

模块二 物业环境绿化管理

（6）发现病虫害要及时采取有效措施防治，不要让其蔓延扩大。喷药时，在没有掌握适度的药剂浓度之前，要先行小量喷施试验后，才大量施用，既做到除病灭虫又保证花卉生长不受害。喷药时要按规程进行，保证人、蓄、花的安全。

（7）爱护工具，公用工具用完后要放回原处，不要随意丢弃，自用工具要保管好。

5. 一般绿化工的职责

（1）熟悉住宅区的绿地现状、植物种类及特性，充分利用和发展绿化用地面积，绿化完好率达95%以上，并且合理布置花草树木的品种和数量；

（2）承担管理区域内的花草、树木的育苗、移植、施肥、浇水、修剪、病虫害防治和除杂等养护管理工作；

（3）熟悉花草树木的品种名称、特征特性和培植方法，并对较为名贵、稀有或数量较大的品种，在适当地方公告其名称、种植季节、生长特性、管理办法，方便居民欣赏；

（4）对花草树木培土，一年施肥2~3次，修剪枝叶2~8次，5~10天淋一次水；对于造型植物、绿篱，要给予修剪造型，美化环境；

（5）绿化场地要保证不留杂物、不缺水、不死苗、不被偷窃，遇到有违章违法行为要及时加以劝阻，不听劝阻的要及时报告保安人员和主管人员，协助对其进行耐心的劝阻和恰当的处置；

（6）绿化工应服从主管人员的工作安排和调动，做好整个包干区域内的绿化环境卫生工作；

（7）绿化工要接受主管人员和各级领导对绿化工作的巡视检查；

（8）绿化工必须认真负责完成自己职责范围内的工作，主管人员将视其工作态度给予奖惩。

四、物业绿化档案管理

1. 物业绿化档案的含义

物业绿化档案是指在物业绿地的建设和管理活动中形成的，且作为原始记录保存起来以备查阅的文字、图像、声音以及其他形式和载体的文件。

物业绿化档案包括两部分内容：一部分是环境绿化开发建设成果记录和物业服务企业接管后对物业绿地进行维修养护和更新改造情况的记录；另一部分是喜欢绿色植物、热爱园艺的物业业主的档案，以便于物业服务企业全面了解物业业主的情况和需求，为他们提供各种有针对性的绿化服务。

2. 物业绿化管理常用表格

物业绿化管理常用表格见表2-1~表2-8。

表2-1　绿化工作日检查表

单位：　　　　　　　　　　　　　　　　　　　　　　　　　　　年　　月　　日

检查项目	合格	不合格原因	责任人（岗位）	处理结果
乔木整枝				
灌木、绿篱				
造型修剪				
修整草坪				
树木施肥				
花卉施肥				

续表

检查项目	合格	不合格原因	责任人(岗位)	处理结果
治病杀虫				
树木草地浇水				
花圃花卉浇水				
除杂草				
松土				
补栽补种				
清理枯枝落叶				
巡视、看管				

检查人：

表2-2 绿化部员工日常工作抽检表

时间	检查点	检查人	检查情况记录	处理情况	备注

表2-3 草坪养护检查记录表

日期：　　　　　　　　　　　　　　　　　　　　　年　月　日

内容	标准	草坪状况	修改期限	备注
花斑	同一视线内小于1 m²			
杂草	同一视线内少于5株/m²			
虫害	同一视线内无明显噬叶现象			
长势	无黄瘦现象			
浇水抗旱	同一视线内萎蔫现象小于1 m²			
高度	15 cm以下			
裸土	同一视线内小于0.5 m²			

检查人：

表2-4 绿化工考核表

序号	考核项目	标准	考核办法	备注
1	仪容仪表	1. 上班穿工作服，戴工作牌，上班不穿拖鞋，不抽烟； 2. 上下班时，手不放在衣服口袋内，不搭肩挽背； 3. 精神饱满，仪表整洁，不蓬头散发	每天分上午和下午抽查1次	
2	服务态度	1. 使用规范文明礼貌用语； 2. 服务态度端正，有良好的职业道德； 3. 办事认真负责，有较强的奉献精神； 4. 服从领导； 5. 文明服务，礼貌待人	每天不定时抽查2次	

续表

序号	考核项目	标准	考核办法	备注
3	工作纪律	1. 履行职责，遵守员工纪律； 2. 上班不迟到、早退，不旷工离岗； 3. 上班不会客、闲谈，不做与本职工作无关的事； 4. 不擅自留宿他人，按时做好宿舍清洁； 5. 不收受住户钱财	每天不定时检查考核	
4	服务质量	根据记录进行考核		

表 2-5 绿化购入情况表

品名	规格	数量	单价	合计	备注
合计					

表 2-6 绿化部库房领用肥料明细表

原有(进货)数量	领用日期	领用数量	领用人签名	库存量	库房员签名	备注

表 2-7 草木种植一览表

日期：

工程名称/地点				图样编号			
序号	苗木名称	种植日期	种植地点	数量	养护措施	生长情况	备注

表 2-8 花木补种及成活统计表

日期	花木名称	补种位置	单位	数量	成活率

单元二 物业环境绿化的前期介入与接管验收

一、物业环境绿化的前期介入

由于在建筑物绿化设计和施工中通常会存在一些不足或缺点，为了便于物业服务企业做好

模块二 物业环境绿化管理

接管后的绿化环境管理工作，在其绿化建设施工中就要提前介入其中，监督工程质量，以确保今后的绿化管理工作能顺利进行。

物业环境绿化的前期介入主要关注以下内容：绿化设计是否适宜以后的物业管理；绿化植物的配置是否适宜以后长期保持相应的花期；各种自动浇水系统是否完善；花池的排水是否恰当等。

二、物业环境绿化接管验收

（一）物业环境绿化接管验收的概念

物业服务企业在承接物业绿化委托管理时，对新建物业绿地或原有物业绿地按行业接管验收标准进行综合检验的过程称为物业环境绿化接管验收。接管验收是在竣工验收合格的基础上，以绿地主体安全和满足使用功能为主要内容的验收。

（二）物业环境绿化接管验收的程序

(1)项目工程部(或施工单位)书面提请物业服务企业接管验收，并提交相应的资料；

(2)物业服务企业按照接管验收标准，对项目工程部(或施工单位)提交的申请和相关资料进行审核，对具备条件的，应在15日内签发验收通知并约定验收时间；

(3)物业服务企业会同项目工程部(或施工单位)按照接管验收的主要内容及标准实施验收；

(4)验收过程中一旦发现问题，按质量问题的处理办法处理；

(5)经检验符合要求，物业服务企业应在7日内签发验收合格凭证，并及时签发相关接管文件。

（三）物业环境绿化接管验收的内容

1. 植物数量、名称、绿化面积的验收

验收时要统计好植物的数量、大小、品种名称(包括俗名、学名、别名等)、各类绿地的绿化面积等，引进新植物品种时还要了解其生态习性、栽培方法等。

2. 资料的验收

(1)工程的总平面设计图；

(2)设计变更通知单和变更图；

(3)竣工图和竣工报告；

(4)竣工验收合格证(复印件)；

(5)隐蔽工程验收合格证明；

(6)材料、设备、构件的质量合格证书；

(7)质量检验评定资料；

(8)水、电及设备的试运行、试压报告；

(9)重点植物及新引进植物的名录及习性、养护措施简介等。

（四）物业环境绿化接管验收的标准

1. 绿化工程质量标准

(1)苗木种植种类、数量、位置与竣工图相符。

(2)苗木规格符合设计要求及结算规格。

(3)施工场地无残留垃圾、余土。

(4)合格苗木质量标准：

1）长势良好，没有枯枝、黄叶、残叶现象。
2）乔灌木种植位置适当，高低错落有致，外形美观，造型修剪合理。
3）枝叶无病虫害，无蛀干害虫。
4）乔木保护措施得当，有护树架，无倒状、摇动现象。
(5) 草坪及地被植物无杂草或杂草率小于 5 棵/100 m²，无裸露黄土现象。
(6) 不合格苗木，特别是大型乔木及枯死、生长不良苗木限在移交整改通知单下发后一周内补种整改完毕。新补种部分，要从补种工作完毕起重新计算养护期，或由养护公司补种，其费用从原施工费用中扣除。

2. 贵重苗木移交质量标准

贵重苗木、不易成活树种，一、二年生地栽季节性时花、阴生植物移交及其他不合理种植现象移交细则：

(1) 对于价值昂贵、稀有名贵树种，施工单位对树种成活质量保证期必须从工程竣工验收后要经过二伏二寒（即 2 年质保期）后才能移交物业服务企业；若以上名贵树种质保期未达到 2 年便移交物业服务企业，在 2 年（从工程竣工验收之日计起）质保期内死亡，仍由项目工程单位承担补种责任，并对补种树种重新计算质量保证期 2 年。

(2) 不易成活树种，施工单位对树种成活质量保证期必须从工程竣工验收后要经过一伏二寒（即 1 年半的质保期）后才能移交物业服务企业；若以上不易成活树种质保期未达到 1 年半便移交物业服务企业，在 1 年半（从工程竣工验收之日计起）质保期内死亡，仍由施工单位承担补种责任，并对补种树种重新计算质量保证期 1 年半。

(3) 一、二年生地栽季节性时花因具有季节性，在非开花季节是没有花期的，因此设计单位及施工单位应根据设计要求，注明需保持绿化中一年四季有花品种的，请提供不同季节时花替换品种名称；若设计未要求四季有花的一、二年生地栽时花品种，请注明此花花期过后需替换的永久多年生品种，以便物业服务企业根据设计要求进行养护时，可以有效管理，达到良好绿化景观效果；以上替换品种种植所产生费用由施工单位承担。

(4) 在项目移交时若发现有将阴生植物种植在阳生植物生长环境中的，请设计单位及施工单位根据植物生长特性整改完毕后再进行移交，或移交时请设计单位及施工单位注明此植物自然死亡后替换品种，由物业服务企业安排替换品种施工种植，所发生费用由施工单位承担。

单元三 物业环境绿化植物的配置

一、物业环境绿化植物的配置原则

随着我国城市居住水平的不断提高，居住区域园林化已经被广大群众所接受并看重，人们对居住区室外环境绿化的需求也不断提升。城市园林良好的绿化环境可以促进人与自然和谐发展，是建设和谐城市，构建和谐社会的有效载体。如何提高植物配置的艺术效果，充分发挥植物在景观建设中的综合功能，是物业室外环境绿化管理中非常重要的工作内容。

合理配置植物应以改善、保护、美化环境及配合生产为准则。要想实现植物配置的综合功能，关键在于掌握不同植物的生态习性，处理好物种之间关系，在此基础上进行合理的植物配置。

(一)美观原则

(1)植物配置应因地制宜、因时制宜、因材制宜,在大处着眼,处理好细节搭配等问题。

(2)植物配置应遵循变化与统一、对比与协调、均衡与稳定、节奏与韵律相协调的原则。

(3)植物配置时,必须考虑到树木年龄、季节和气候的变化,预先做好安排,以便发挥良好的效果。

(4)注意植物配置的色彩变化。

1)由于植物本身的季节特点,引起的景色色彩变化;

2)采用不同色彩的花草,配置成绚丽多彩的景色。

(5)注意植物配置的形态变化。植物配置时应结合地形,通过乔木、灌木的不同组合和植物茎、叶、花的不同色彩的配置,形成虚实、疏密、高低、简繁、曲折等生动变化的植物软质景观。

(二)适用原则

要在适地、适树和合理处理种间关系的基础上,建立相对稳定的植物群落,能够充分发挥植物改善生态环境的综合功能。

1. 适地适树的原则

要根据绿化所在地区气候特点、绿地环境条件、绿地性质和造景要求,结合造园题材,充分利用现有的绿化基础,合理地选择植物材料,力求适地适树,采用不同的植物配置形式,合理密植,组成多种多样的园林空间,以满足人们游憩、观赏、锻炼等多种活动功能的需要。

考虑好快长树与慢长树的比例,掌握好常绿树、落叶树的比例。要想近期绿化效果好,还应注意乔木、灌木的比例以及草坪地被植物的应用。植物配置中合理的株行距也是影响绿化效果的因素之一。

植物配置时,切不可忽视对草坪和地被植物的应用。它们有浓密的覆盖度,有独特的色彩和质地,可以将地面上不同形状的各种植物有机结合成为一体,如同一幅风景画的基调色,并能迅速产生绿化效果。

用苗规格和大小苗木的比例也是决定绿化见效早晚的因素之一。在植物配置中还应该注意乔木和灌木的搭配。灌木多为丛生状,枝繁叶茂,而且有鲜艳的花朵和果实,可以使绿地增加层次,组成分隔空间等。

在植物的选材方面,应以乡土植物为主。乡土植物是在城市及其周围地区长期生存并保留下来的植物,它们在长期的生长进化过程中,已经形成了对城市环境的高度适应性,成了城市园林植物的主要来源。相对来说,外来植物对丰富本地植物景观大有益处,但引种应遵循"气候相似性"的原则进行。耐瘠薄、耐干旱的植物有十分发达的根系和适应干旱的特殊器官结构,成活率高,生长期较长,较适合作为城市绿化植物,如行道树、街道绿化植物等。

2. 主要功能原则

选择树木时,首先要满足主要功能的要求。如行道树,要选择具有抗害性较强、不宜发生病虫害、生长迅速、根系发达、耐修剪、寿命长、树形美观、树干笔直、树冠高大、叶密荫浓等特点的树木。

3. 稳定性原则

园林植物群落不仅要有良好的生态功能,还要求能满足人们对自然景观的欣赏要求。所以,对于城市植物群落,无论是公园绿地的特殊景观,还是住宅区内的园林小品,这些景观特征能否持久存在,对保护景观质量的相对稳定极为重要,而植物群落随着时间的推移逐渐发生演替是必然的，那么要保证原有景观的存在和质量，就要求在设计和配置过程中充分考虑到群落的稳定性原则，加以合理利用和人为干预，得到较为稳定的群落和景观。

4. 多样性原则

物种多样性是生物多样性的基础。每种植物都有各自的优缺点，植物本身无所谓低劣好坏，关键在于如何运用这些植物，将植物运用在哪个地方，以及后期的养护管理技术水平。在植物配置中，设计师应该尽量多挖掘植物的各种特点，考虑如何与其他植物搭配。

构建丰富的复层植物群落结构，有助于生物多样性的实现。单一的草坪、乔木、灌木、复层群落结构不仅在植物种类上有差异，在生态效益上也有着显著的差异。良好的复层结构植物群落将能够最大限度地利用土地及空间，使植物能充分利用光、温、气、水、肥等自然资源，产出比草坪高数倍乃至数十倍的生态经济效益。

5. 生态经济原则

城市园林绿化以生态效益和社会效益为主要目的，但这并不意味着可以无限制地增加投入。任何一个城市的人力、物力、财力和土地都是有限的，需遵循生态经济原则，才可能以最少的投入获得最大的生态效益和社会效益。实际操作中，应多选用寿命长、生长速度中等、耐粗放管理、耐修剪的植物。在街道绿化中将穴状种植改为带状种植，尤以宽带为好。

二、物业环境绿化植物配置方式

植物配置方式主要有两种：规则式配置和自然式配置。

1. 规则式配置

规则式配置整齐、严谨，具有大小一致的植物株行距，并按固定的方式排列，如树阵。

(1) 中心植。中心植是指在广场、花坛等地中心点，种植树形整齐、生长缓慢、四季常青的园林树木，可采用云杉、银杏、雪松等，如图2-1所示。

(2) 对植。对植是指两株树按照一定的轴线关系做相互对应，成均衡状态的种植方式。对植按照种植形式的不同，可分对称种植与不对称种植两种。对称种植多用于规则式种植构图，不对称种植多用于自然式园林。对称种植时，必须采用体型大小相同、种类统一的树种，它们与构图中轴线的距离也需相等。在场地进口、建筑物前等处，树种可以是相同品种，也可以是相仿品种，如云杉、龙爪槐、悬铃木、银杏等，如图2-2所示。

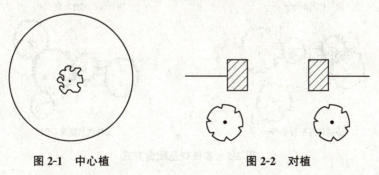

图2-1　中心植　　　　　　图2-2　对植

(3) 列植。列植是成排、成行栽植，并保持一定的株行距，通常为单行或双行，常用一种树木组成，也可多品种搭配，多用于街道树、绿篱、林带及水边种植，如图2-3所示。

(4) 正方形种植。按方格网在交叉点种植树木的一种株行距相等的规的则式配置方式，如图2-4所示。

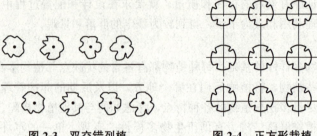

图 2-3 双交错列植　　　　图 2-4 正方形栽植

2. 自然式配置

（1）孤植。园林中的优型树，单独栽植时，称为孤植。

孤植树的选择应具备以下几个基本条件：树的体型巨大、树冠轮廓要富有变化、树姿优美、开花繁茂、并具芳香、季相变化明显、树木不含毒素、不污染环境、花果不易掉落等。如广玉兰、榕树、白皮松、银杏、枫香、槭树、雪松等，均为孤植树中的代表树种。

（2）丛植。将树木成丛地种植在一起，称为丛植。它以反映树木群体美的综合形象为主，但这种群体美的形象又是通过个体之间的组合来体现的，彼此之间有统一的联系又有各自的变化，互相对比、互相衬托。同时，组成树丛的每一株植物，也都要能在统一的构图之中表现其个体美。树丛配置的形式分两株配合、三株配合、四株配合、五株配合、六株以上配合等许多种类，如图 2-5 所示。

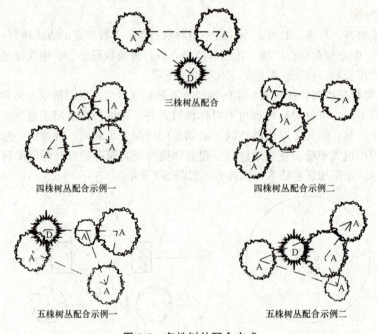

图 2-5 多株树丛配合方式

（3）群植。群植是以一株或两株乔木为主体，与数种乔木和灌木搭配，组成较大面积的树木群体。群植常设于草坪上、道路交叉处。此外，在池畔、岛上或丘陵坡地，均可设置。组成树群的单株数量一般在 20～30 株以上。

（4）林植。林植是成片、成块大量栽植乔木、灌木，构成林地或森林景观的植物配置类型。

林植多用于大面积公共绿地、风景浏览区或休息区、疗养区及卫生防护林带。

三、物业环境绿化植物配置的类型

1. 草坪与植物配置

草坪不仅为城市增添绿色、减少尘土，还可以为休息活动提供良好的场地。因此，在园林中，为了设置理想的草地，必须选择耐践踏的草种，特别是在人流量较大的地区，更要加强养护管理。

（1）草坪空间划分。为了满足不同游人的需要，应进行空间大小的划分，特别当需要创造某一种景观或特殊的环境与气氛时，通常利用多种植物，结合地形、地貌进行空间划分。要创造开阔的草坪空间，可借助于地形、树木或其他造园题材，保留其一定的透景面，而在植物选择与配置上，则以高、阔、深的手法来体现，即选用树形高耸，树冠庞大的树种配置于宽阔的草坪边缘，草坪中间则不宜配置层次过多的树丛，树种要求单纯，边缘树丛前后错落，这样就具有一定的深度。如果要创造一种较为封闭的空间，草坪面积宜小，草坪周围以密集树丛遮挡，并借助建筑物、山石的围合，而不宜开辟较宽阔的透景面。

（2）草坪的树丛组合。为了丰富植物景观，增加绿量，同时创造更加优美、舒适的园林环境，在较大面积的草坪上，除主景树外，还有许多空间是以树丛（树林）的形式作为草坪配景配置的。配景树丛（树林）的大小、位置、树种及其配置方式，要根据草坪的面积、地形、立意和功能而定。

（3）草坪边缘植物的组合。草坪边缘的处理，不仅是草坪的界限标志，同时又是一种装饰。自然式草坪由于其边缘也是自然曲折的，其边缘的乔木、灌木或花草也应是自然式配置的，既要曲折有致，又要疏密相当，高低错落。草坪与园路最好自然相接，避免使用水泥镶边或用金属栅栏等把草坪与园路截然分开。草坪边缘较通直时，可在离边缘不等距处点缀山石，或利用植物组成曲折的林冠线，使边缘富于变化，避免平直与呆板。

（4）草坪花卉的组合。在绿树成荫的园林中，布置艳丽多姿的露地花卉，可使园林更加绚丽多彩。露地花卉，群体栽植在草坪上，形成缀花草坪，除其浓郁的香气和婀娜多姿的形态之外，还可以组成各种图案和多种艺术造型，在园林绿地中往往起到画龙点睛的作用。常用的花卉品种有水仙、鸢尾、石蒜、葱兰、三色堇、二月兰、假花生、野豌豆等。

（5）草坪植物配置的色彩与季相。

1）叶色。草坪植物本身具有统一而柔和的色彩，一年中大部分时间为绿色。从春至夏，色彩由浅黄、黄绿到嫩绿、浓绿，颜色逐渐加深，秋冬后逐渐变为枯黄。草坪上植物色彩的搭配也要以草色为底色，根据造景的需要选择和谐统一的色彩。由于绝大多数植物的叶片是绿色的，配置在以绿色为底色的草坪上时，草坪与植物之间、相邻的植物之间在色度上要有深浅差异，在色调上要有明暗之别。为了突出主景，主景树有时选用常年异色叶、彩叶或秋色叶树种。

2）层次。植物分层配置不仅决定了草坪的空间感觉，也是植物色彩搭配的最主要的方法。以不同叶色的绿色度与花色、高度不同的乔灌木分层配置，可形成色彩丰富的层次。不同花色的乔灌木分层配置，是园林中常用的一种配置方式，通常运用在道路的两侧，草坪的边缘等位置。

3）季相。植物从萌芽、展叶，到开花、结实与落叶，会随着季节的变化而呈现出周期性的相貌和色彩变化。草坪上植物配置的季相是针对一个地区或一个园林景观而言，更多的是突出某一季的特色，并不是要求园林中的每一块草坪都要兼顾各季的景观变化，尤其是在较小的

范围内，如果将各季的植物全都配置在一起，就会显得杂乱无章。北方的草坪在植物配置时，就要使春季花团锦簇、夏季浓荫覆地、秋季果实累累、冬季玉树琼枝。合理的草坪植物配置将使特定地区、特定园林植物景观既丰富又统一。

2. 水体与植物配置

水体是景观设计的主要设计要素，各种水体无论在景观中是否作为主景，无一不是借助植物创造丰富多彩的水体景观。水边的植物配置加强了这种静态美感，而构成了幽静含蓄、色调柔和的水体景观。进行水体周边植物配置时，不要将植物完全沿水体四周封闭栽植，而应采取疏密相间，距离水岸远近结合的栽植方式，使低平的草坪伸入水面，水边道路忽而临水，忽而转入树丛中，使植物与水面若即若离，曲折婉转。同时，要创造出透景线，以防形成屏障式呆板的布置形式。

（1）水边的植物配置。水边植物配置应讲究艺术构图。我国园林中自古水边主张植以垂柳，造成柔条拂水，同时在水边种植落羽松、池松、水杉及具有下垂气根的小叶榕等，均能起到线条构图的作用。但水边植物配置切忌等距种植及整形式修剪，以免失去画意。在构图上，注意应用探向水面的枝、干，尤其是似倒未倒的水边大乔木，以起到增加水面层次和富有野趣的作用。

（2）水面植物配置。水面景观低于人的视线，与水边景观相呼应，加上水中倒影，最宜观赏。水中植物配置用荷花，以体现"接天莲叶无穷碧，映日荷花别样红"的意境。但若岸边有亭、台、楼、阁、榭、塔等园林建筑时，或者设计中有优美树姿、色彩艳丽的观花、观叶树种时，则水中植物配置切忌拥塞，留出足够空旷的水面来展示倒影。水体中水生植物配置的面积以不超过水面的1/3为宜。在较大的水体旁种高大乔木时，要注意林冠线的起伏和透景线的开辟。在有景可映的水面，不宜多栽植水生植物，以扩大空间感，将远山、近树、建筑物等组成一幅"水中画"。

（3）堤、岛的植物配置。堤、岛的植物配置，不仅增添了水面空间的层次，而且丰富了水面空间的色彩，倒影成为主要景观。岛的类型很多，大小各异。环岛以柳为主，间植侧柏、合欢、紫藤、紫薇等乔木和灌木，疏密有致、高低有序，增加层次，具有良好的引导功能。

（4）驳岸的植物配置。岸边的植物配置，应结合地形、道路、岸线布局，有近有远，有疏有密，有断有续，曲曲弯弯，自然有趣。石岸线条生硬、枯燥，植物配置原则是露美、遮丑，使之柔软多变，一般配置岸边垂柳和迎春，让细长柔和的枝条下垂至水面，遮挡石岸，同时配以花灌木和藤本植物，如变色鸢尾、黄菖蒲、燕子花、地锦等来进行局部遮挡，增加活泼气氛。

3. 建筑与植物配置

植物配置可以协调建筑与周围环境，丰实建筑物的艺术构图，赋予建筑物以时间和空间的季候感。

建筑物的线条一般多平直、呆板，位置、形态固定，而植物枝干多弯曲、自然、洒脱，当植物配置得当，即可以打破建筑的生硬的线条，取得一种动态均衡的效果。某些服务性建筑，由于分布位置不合适，可能会破坏景观环境，通过植物合理配置就可以改变这种不适宜的景观，使之与周边环境更加协调。

植物的绿色、花色随季节变化和生长，可以使建筑环境在春、夏、秋、冬四季产生相应的变化，呈现出生动活泼、变化多样的季候感。

4. 居住区道路与植物配置

居住区道路植物配置是居住区景观风貌的重要体现，适宜的植物配置可以起到庇荫、滤尘，减弱噪声、改善道路沿线环境质量和美化居住区环境的作用。

居住区道路植物配置要根据居住区的环境特点进行。由于居住区道路距离居民住宅较近，其植物配置时不能影响居民住宅的采光。因此，选择配置的植物种类时，对距离居民住宅较远的道路，可以以乔木为主，乔木、灌木、地被植物相结合；而距离居民住宅较近的道路应以灌木为主，灌木和地被植物相结合，个别地方种植乔木。路侧绿化带，其绿化不应影响道路行车视野环境，适宜合理配置灌木、灌木球、绿篱等枝叶茂密的常绿植物；花灌木和观叶灌木植物应选用萌芽力强、枝繁叶密、耐修剪的树种。

道路的植物配置从开始到形成较好的绿化效果一般需要较长的时间，因此要有较长远的设计考虑，要做到远近期相结合、互不影响。

四、物业环境绿化树种的选择与种植

1. 植物选种的要求

我国幅员辽阔，地跨亚热带、温带和寒带，各地种植的花木品种受气候影响各异，有的树种、花卉虽属同科，但也会因地理条件、温差等差异使其生态、习性发生很大变化。所以绿化植物的选择一定要根据实际情况，结合本地的气候环境、物业的类型以及人们的喜好等而进行。一般来说应注意以下几个方面的问题：

（1）适地适树，满足植物生态要求。适地适树就是要选择能适合在绿化地点的环境条件下生长的树种，尊重植物自身的生态习性，也就是说当地的环境条件必须能满足所选择的树种生长发育的要求。

（2）适应性强，具有抗污染的性能。由于城市工业的迅猛发展，在生产过程中均不同程度地产生有害物质，污染空气、水、土壤，进而污染危害植物，影响植物的正常生长。这就要求植物应当具有较强的抗污染性能，还要起到良好的防护作用，成为绿色屏障。

（3）满足绿化的主要功能要求。城市不同地域对绿化功能的要求各有侧重。有的地域以美化装饰为主，有的以冠大庇荫为主，有的以防护隔离为主。

（4）注重自身与整体的生态效益。城市绿地要严格选择植物材料，在选择中，除考虑树种的适地适树，注意树种的色彩美和形态美，注意与周围的环境相协调外，在城市生态环境日益恶化的今天，园林建设中植物材料的选择与搭配更要考虑其自身以及植物群落的生态效益。

（5）病虫害较少，易于管理。应选择生长良好、发病率低的植物。一般来说，乡土树种生命力强、适应性强，能有效地防止病虫害大爆发，常绿与落叶树分隔能有效地阻止病虫害的蔓延，林下植草比单一林地或草地更能有效利用光能、保持水土并易于管理。

（6）体现植物造景作用，展现愉悦生活空间。植物材料除了美化城市环境、调节生态环境等作用外，长久以来，对某些植物赋予了深厚的文化内涵，与人们的思想感情有着千丝万缕的联系。

（7）经济实惠。在城市绿化中，要尽可能选用本地区培育的苗木。因当地苗木栽植成活率高、生长好且运输费少，苗木价格低。在园林绿地中，可适当选择一些不需精心修剪和养护管理，具有一定经济价值的树种，如柿树、核桃等。

知识链接

常用苗木产品的主要规格质量标准

乔木类常用苗木产品的主要规格质量标准，见表2-9。

乔木与灌木的区别

表2-9 乔木类常用苗木产品的主要规格质量标准

类型	树种	树高/m	干径/cm	苗龄/a	冠径/m	分枝点高/m	移植次数/次
常绿针叶乔木	南洋杉	2.5~3	—	6~7	1.0	—	2
	冷 杉	1.5~2	—	7	0.8	—	2
	雪 松	2.5~3	—	6~7	1.5	—	2
	柳 杉	2.5~3	—	5~6	1.5	—	2
	云 杉	1.5~2	—	7	0.8	—	2
	侧 柏	2~2.5	—	5~7	1.0	—	2
	罗汉松	2~2.5	—	6~7	1.0	—	2
	油 松	1.5~2	—	8	1.0	—	3
	白皮松	1.5~2	—	6~10	1.0	—	2
	湿地松	2~2.5	—	3~4	1.5	—	2
	马尾松	2~2.5	—	4~5	1.5	—	2
	黑 松	2~2.5	—	6	1.5	—	2
	华山松	1.5~2	—	7~8	1.5	—	3
	圆 柏	2.5~3	—	7	0.8	—	3
	龙 柏	2~2.5	—	5~8	0.8	—	2
	铅笔柏	2.5~3	—	6~10	0.6	—	3
	榧 树	1.5~2	—	5~8	0.6	—	2
落叶针叶乔木	水 松	3.0~3.5	—	4~5	1.0	—	2
	水 杉	3.0~3.5	—	4~5	1.0	—	2
	金钱松	3.0~3.5	—	6~8	1.2	—	2
	池 杉	3.0~3.5	—	4~5	1.0	—	2
	落羽杉	3.0~3.5	—	4~5	1.0	—	2
常绿阔叶乔木	羊蹄甲	2.5~3	3~4	4~5	1.2	—	2
	榕 树	2.5~3	4~6	5~6	1.0	—	2
	黄楠树	3~3.5	5~8	5	1.5	—	2
	女 贞	2~2.5	3~4	4~5	1.2	—	1
	广玉兰	3.0	3~4	4~5	1.5	—	2
	白兰花	3~3.5	5~6	5~7	1.5	—	1
	芒 果	3~3.5	5~6	5	1.5	—	2
	香 樟	2.5~3	3~4	4~5	1.2	—	2
	蚊 母	2	3~4	5	0.5	—	3
	桂 花	1.5~2	3~4	4~5	1.5	—	2
	山茶花	1.5~2	3~4	5~6	1.5	—	2
	石 楠	1.5~2	3~4	5	1.0	—	2
	枇 杷	2~2.5	3~4	3~4	5~6	—	2

续表

类型		树种	树高/m	干径/cm	苗龄/a	冠径/m	分枝点高/m	移植次数/次
落叶阔叶乔木	大乔木	银杏	2.5~3	2	15~20	1.5	2.0	3
		绒毛白蜡	4~6	4~5	6~7	0.8	5.0	2
		悬铃木	2~2.5	5~7	4~5	1.5	3.0	2
		毛白杨	6	4~5	4	0.8	2.5	1
		臭椿	2~2.5	3~4	3~4	0.8	2.5	1
		三角枫	2.5	2.5	8	0.8	2.0	2
		元宝枫	2.5	3	5	0.8	2.0	2
		洋槐	6	3~4	6	0.8	2.5	2
		合欢	5	3~4	6	0.8	2.5	2
		栾树	4	5	6	0.8	2.5	2
		七叶树	3	3.5~4	4~5	0.8	2.5	2
		国槐	4	5~6	8	0.8	2.5	2
		无患子	3~3.5	3~4	5~6	1.0	3.0	1
		泡桐	2~2.5	3~4	2~3	0.8	2.5	1
		枫杨	2~2.5	3~4	3~4	0.8	2.5	2
		梧桐	2~2.5	3~4	4~5	0.8	2.0	2
		鹅掌楸	3~4	3~4	4~6	0.8	2.5	2
		木棉	3.5	5~8	5	0.8	2.5	2
		垂柳	2.5~3	4~5	2~3	0.8	2.5	2
		枫香	3~3.5	3~4	4~5	0.8	2.5	2
		榆树	3~4	3~4	3~4	1.5	2	2
		榔榆	3~4	3~4	6	1.5	2	2
		朴树	3~4	3~4	5~6	1.5	2	2
		乌桕	3~4	3~4	6	2	2	2
		楝树	3~4	3~4	4~5	2	2	2
		杜仲	4~5	3~4	6~8	2	2	3
		麻栎	3~4	3~4	5~6	2	2	2
		榉树	3~4	3~4	8~10	2	2	2
		重阳木	3~4	3~4	5~6	2	2	2
		梓树	3~4	3~4	5~6	2	2	2
	中小乔木	白玉兰	2~2.5	2~3	4~5	0.8	0.8	1
		紫叶李	1.5~2	1~2	3~4	0.8	0.4	2
		樱花	2~2.5	1~2	3~4	1	0.8	2
		鸡爪槭	1.5	1~2	4	0.8	1.5	2
		西府海棠	3	2	4	1.0	0.4	2
		大花紫薇	1.5~2	1~2	3~4	0.8	1.0	1
		石榴	1.5~2	1~2	3~4	0.8	0.4~0.5	2
		碧桃	1.5~2	1~2	3~4	1.0	0.4~0.5	2
		丝棉木	2.5	2	4	1.5	0.8~1	1
		垂枝榆	2.5	4	7	1.5	2.5~3	2
		龙爪槐	2.5	4	10	1.5	2.5~3	3
		毛刺槐	2.5	4	3	1.5	1.5~2	1

灌木类常用苗木产品的主要规格质量标准见表2-10。

表2-10 灌木类常用苗木产品的主要规格质量标准

类型		树种	树高/cm	苗龄/a	蓬径/m	主枝数/个	移植次数/次	主条长/m	基径/cm
常绿针叶灌木	匍匐型	爬地柏	—	4	0.6	3	2	1～1.5	1.5～2
		沙地柏		4	0.6	3	2	1～1.5	1.5～2
	丛生型	千头柏	0.8～1.0	5～6	0.5	—	1	—	—
		线柏	0.6～0.8	4～5	0.5		1	—	—
常绿阔叶灌木	丛生型	月桂	1～1.2	4～5	0.5	3	1～2		
		海桐	0.8～1.0	4～5	0.8	3～5	1～2		
		夹竹桃	1～1.5	2～3	0.5	3～5	1～2		
		含笑	0.6～0.8	4～5	0.5	3～5	2		
		米仔兰	0.6～0.8	5～6	0.6	3	2		
		大叶黄杨	0.6～0.8	4～5	0.6	3	2		
		锦熟黄杨	0.3～0.5	3～4	0.3	3	1		
		云锦杜鹃	0.3～0.5	3～4	0.3	5～8	1～2		
		十大功劳	0.3～0.5	3	0.3	3～5	1		
		栀子花	0.3～0.5	3～4	0.3	3～5	1		
		黄蝉	0.6～0.8	3～4	0.3	3～5	1		
		南天竹	0.3～0.5	2～3	0.3	3	1		
		九里香	0.6～0.8	4	0.6	3～5	1～2		
		八角金盘	0.5～0.6	3～4	0.6	2	1		
		枸骨	0.6～0.8	5	0.6	3～5	2		
		丝兰	0.3～0.4	3～4	0.5	—	2		
	单干型	高接大叶黄杨	2	—	3	3	2	—	3～4
落叶阔叶灌木	丛生型	珍珠梅	1.5	5	0.8	6	1	—	—
		黄刺梅	1.5～2.0	4～5	0.8～1.0	6～8	—		
		玫瑰	0.8～1.0	4～5	0.5～0.6	5	1		
		贴梗海棠	0.8～1.0	4～5	0.8～1.0	5	1		
		木槿	1～1.5	2～3	0.5～0.6	5	1		
		太平花	1.2～1.5	4～5	0.8	6	1		
		红叶小檗	0.8～1.0	3～5	0.5	6	1		
		棣棠	1～1.5	6	0.8	6	1		
		紫荆	1～1.2	6～8	0.8～1.2	5	1		
		锦带花	1.2～1.5	2～3	0.5～0.8	6	1		
		腊梅	1.5～2.0	5～6	1～1.5	8	1		

续表

类型		树种	树高/cm	苗龄/a	蓬径/m	主枝数/个	移植次数/次	主条长/m	基径/cm
落叶阔叶灌木	丛生型	溲疏	1.2	3～5	0.6	5	1	—	—
		金银木	1.5	3～5	0.8～1.0	5	1	—	—
		紫薇	1～1.5	3～5	0.8～1.0	5	1	—	—
		紫丁香	1.2～1.5	3	0.6	5	1	—	—
		木本绣球	0.8～1.0	4	0.6	5	1	—	—
		麻叶绣线菊	0.8～1.0	4	0.8～1.0	5	1	—	—
		猬实	0.8～1.0	3	0.8～1.0	7	1	—	—
	单干型	红花紫薇	1.5～2.0	3～5	0.8	5	1	—	3～4
		榆叶梅	1～1.5	5	0.8	5	1	—	3～4
		白丁香	1.5～2	3～5	0.8	5	1	—	3～4
		碧桃	1.5～2	4	0.8	5	1	—	3～4
	蔓生型	连翘	0.5～1	1～3	0.8	5	—	1.0～1.5	—
		迎春	0.4～1	1～2	0.5	5	—	0.6～0.8	—

藤木类常用苗木产品的主要规格质量标准见表2-11。

表2-11 藤木类常用苗木产品的主要规格质量标准

类型	树种	苗龄/a	分枝数/支	主蔓径/cm	主蔓长/m	移植次数/次
常绿藤木	金银花	3～4	3	0.3	1.0	1
	络石	3～4	3	0.3	1.0	1
	常春藤	3	3	0.3	1.0	1
	鸡血藤	3	2～3	1.0	1.5	1
	扶芳藤	3～4	3	1	1.0	1
	三角花	3～4	4～5	1	1～1.5	1
	木香	3	3	0.8	1.2	1
落叶藤木	猕猴桃	3	4～5	0.5	2～3	1
	南蛇藤	3	4～5	1	1	1
	紫藤	4	4～5	1	1.5	1
	爬山虎	1～2	3～4	0.5	2～2.5	1
	野蔷薇	1～2	3	1	1.0	1
	凌霄	3	4～5	0.8	1	1
	葡萄	3	4～5	1	2～3	1

2. 树木类树种的种植

(1)种植前的准备。

1)准备好种植场地,包括平整、换土、施底肥、喷水等;

2)选定种植数量、间距、地段、甬路与小品搭配;

3)明确种植目的、意图,做出种植设计或方案;

4)落实树种来源和运输方式;
5)明确开竣工时间与种植后的岗位责任;
6)其他准备工作及有关事项。

(2)种植时间。树木是有生命的机体,在一般情况下,夏季树木生命活动最旺盛,冬季其生命活动最微弱或近乎休眠状态,可见,树木的种植是有季节性的。移植时,一般多选择树木生命活动最微弱的时候进行移植。另外,

植物的种类

也有因特殊需要进行非植树季节栽植树木的情况,但需经特殊处理。

1)华北地区大部分落叶树和常绿树在3月上中旬至4月中下旬种植。常绿树、竹类和草皮等,在7月中旬左右进行雨季栽植。秋季落叶后可选择耐寒、耐旱的树种,用大规格苗木进行栽植。这样可以减轻春季植树的工作量。一般常绿树、果树不宜秋天栽植。

2)华东地区落叶树的种植,一般在2月中旬至3月下旬,或在11月上旬至12月中下旬。早春开花的树木,应在11月至12月种植。常绿阔叶树以3月下旬最宜,6~7月、9~10月进行种植也可以。香樟、柑橘等以春季种植为好。针叶树春、秋季都可以栽种,但以秋季为好。竹子一般在9~10月栽植为好。

3)东北和西北北部严寒地区,在秋季树木落叶后,土地封冻前种植成活更好。冬季采用带冻土移植大树,其成活率也很高。

(3)苗木的定点放线。定点放线是在现场标定绿化的范围、各苗木种植的位置及株距的行为,在有条件的情况下可以由施工人员按设计图线自行进行。如果地下障碍物多,管线复杂或施工人员无定点放线经验,可请设计人员或市政勘测人员到现场进行放线、验线。

(4)选苗。苗木质量的好坏是保证植树成活的关键。为提高种植成活率,达到满意的绿化效果,在种植前应对苗木进行严格的选择。苗木选择的一般标准是在满足设计规格和树形的条件下,生长健壮,无病虫害,无机械损伤,树形端正,根系发达。苗木选定后应在其上做出标记以免掘苗时发生差错。

(5)掘苗。掘苗时间和栽植时间最好能紧密配合,做到随起随栽。为了挖掘方便,掘苗前1~3天可适当浇水使泥土松软,对起裸根苗来说也便于多带宿土,少伤根系。掘苗时,要保证苗木根系完整。露根乔、灌木根系的大小一般应根据掘苗现场株行距、树木高度及干径而定。一般乔木根系为树木胸径的10倍左右;灌木根系为树木高度1/3左右。

(6)苗木的运输。

1)裸根苗木的运输。

①装裸根苗木应顺序码放整齐,根部朝前,装车时将树干加垫、捆牢,树冠用绳拢好。

②长途运输应特别注意保持根部温润,一般可采取沾泥浆、喷保湿剂和用苫布遮盖等方法。

③装带土球苗木,应将土球放稳、固定好,不使其在车内滚动,土球应朝车头,树冠拢好。装绿篱苗时最多不得超过三层,以免压坏土球。

④运输过程应保护好苗木,要配备押运人员,装运超长、超宽的苗木要办理超长、超宽手续,押运人员应与司机配合好。

⑤卸车时应顺序进行,按品种规格码放整齐,及时假植,缩短根部暴露时间。

⑥使用吊车装卸苗木时,必须保证土球完好,拴绳必须拴土球,严禁捆树干或吊树干。

2)带土球苗木的运输。

①2 m以下的苗木可以立装;2 m以上的苗木必须斜放或平放。土球朝前,树梢向后,并用木架将树冠架稳。

②土球直径大于20 cm的苗木只装一层,小土球可以码放2~3层。土球之间必须安(码)放

紧密，以防摇晃。

③土球上不准站人或放置重物。

(7)苗木的种植。

1)在种植位置上挖植树坑，坑径大小应根据种植树木的规格和土质来确定，土质不好时，坑径应适当加大1~2倍，一般坑径为树木根系或土球直径加20~30 cm。坑壁应直上直下，否则易造成窝根或填土不实的现象。现场土质不好时，应换填无杂质的砂质土壤，还可在坑底施用一些肥效较高的基肥。

2)苗木种植前应对树冠、根系进行适当的修剪，以减少水分蒸腾，保证树姿良好，有利于树木成活。修剪时应注意保持自然树形，一般不宜多剪，只剪去伤枝病枝即可，剪口要保持平滑。

3)苗木修剪后即可进行种植。裸根乔、灌木的种植方法一般为：一人用手将树干扶直放入坑中，另一人将准备的好土填入坑中，填入一半时用手将苗木提起，使根茎相接处与地面相平，然后将土踏实，继续填入好土直到略高于地坪为止，并做好浇水用的土堰。种植带土球树木时，应注意使坑深与土球高度相符，以免来回搬动土球。填土前须将包扎物除去，填土后充分压实，但不宜损坏土球。

(8)种植后的养护。

1)支柱。种植较大的乔木时，种植后应设支柱支撑，以防浇水后大风吹倒苗木。

2)灌水。树木定植后24 h内须浇第一遍水，定植后第一次灌水称为头水。水要浇透，使泥土充分吸收水分，灌头水主要目的是通过灌水将土壤缝隙填实，保证树根与土壤紧密结合，以利根系发育，故也称为压水。水灌完后应做一次检查，由于踩不实树身会倒歪，要注意扶正，树盘被冲坏时要修好。之后应连续灌水，尤其是大苗，在气候干旱时，灌水极为重要，千万不可疏忽。常规做法为定植后必须连续灌3次水，之后视情况适时灌水。

3)封堰。第一次连续3天灌水后，要及时封堰(穴)，即将灌足水的树盘撒上细面土封住，称为封堰，以免蒸发和土表开裂透风。封堰时要用细土，如土中含有砖石、树根等物要捡出，封堰时要使泥土略高于地面。在北方，如秋季种植，还应在树基周围堆成30 cm高的土堆，以保持土壤水分和防止风吹动树木，使根系松动影响成活。

五、物业环境草坪的选择种植

1. 草坪草种的选择

影响草坪草种选择的因素很多，应在掌握各草坪植物的生物学特性和生态适应性的基础上，根据当地的气候、土壤、用途、对草坪质量的要求及管理水平等因素，进行综合考虑后加以选择。

(1)草种选择要以草坪的质量要求和草坪的用途为出发点。

1)用于水土保持和护坡的草坪，要求草坪草出苗快，根系发达，能快速覆盖地面，以防止水土流失，但对草坪外观质量要求较低，管理粗放，在北京地区高羊茅和野牛草均可选用。

2)对于运动场草坪，则要求有低修剪、耐践踏和再恢复能力强的特点，由于草地早熟禾具有发达的根茎，耐践踏和再恢复能力强，应为最佳选择。

(2)草种选择要考虑草坪建植地点的微环境，具体内容如下：

1)在遮阴情况下，可选用耐阴草种或混合种。

2)多年生黑麦草、狗牙根、日本结缕草不耐阴。高羊茅、西伯利亚剪股颖、马尼拉结缕草在强光照条件下生长良好,但也具有一定的耐阴性。

3) 钝叶草、细羊茅则可在树荫下生长。

(3) 管理水平对草坪草种的选择也有很大影响。许多草坪草在低修剪时需要较高的管理技术,同时也需用较高级的管理设备。如西伯利亚剪股颖和改良狗牙根等草坪草质地细,可形成致密的高档草坪,但养护管理需要滚刀式剪草机、较多的肥料,需要及时灌溉和病虫害防治,因而养护费用也较高。而选用结缕草时,养护管理费用会大大降低,这在较缺水的地区尤为明显。

2. 草坪的建植

草坪植物的建植方法有种子建植和营养体(无性)建植两种。无论选择哪一种建植方法,均需依据建植费用、建植时间、现有草坪建植材料及其生长特性而定。直铺草皮的费用较高,但速度最快。

大部分冷季型草坪草都能用种子建植法建坪。暖季型草坪草中,假俭草、斑点雀稗、地毯草、野牛草和普通狗牙根均可用种子建植法来建植,也可用无性建植法来建植。马尼拉结缕草、杂交狗牙根则一般常用无性繁殖的方法建坪。

知识链接

草种播种方法

(1) 撒播法。播种草坪草时,要求把种子均匀地撒于坪床上,并将它们混入 6 mm 深的表土中。播深取决于种子大小,种子越小,播种越浅。播得过深或过浅都会导致出苗率低。如播得过深,在幼苗进行光合作用和从土壤中吸收营养元素之前,胚胎内储存的营养不能满足幼苗的营养需求而导致幼苗死亡。播得过浅,没有充分混合时,种子会被地表径流冲走、被风刮走或发芽后干枯。

(2) 喷播法。喷播是一种把草坪草种子、覆盖物、肥料等混合后加入液流中进行喷射播种的方法。喷播机上安装有大功率、大出水量单嘴喷射系统,把预先混合均匀的种子、黏结剂、覆盖物、肥料、保湿剂、染色剂和水的浆状物,通过高压喷到土壤表面。施肥、播种与覆盖一次操作完成,特别适宜陡坡场地等大面积草坪的建植。该方法中,混合材料选择及其配比是保证播种质量效果的关键。喷播使种子留在表面,不能与土壤混合和进行滚压,通常需要在上面覆盖植物(秸秆或无纺布)才能获得满意的效果。当气候干旱、土壤水分蒸发太大、太快时,应及时喷水。

3. 草坪植物的灌溉

对刚完成播种或栽植的草坪,灌溉是保证成坪的重要措施。灌溉有利于种子和无性繁殖材料的扎根和发芽。水分供应不足往往是造成草坪建植失败的主要原因。

草坪植物常用的灌溉方法有地面漫灌、喷灌和地下灌溉三种,其主要特点如下:

(1) 地面漫灌是最简单的方法,其优点是简单易行,缺点是耗水量大,水量不够均匀,坡度大的草坪不能使用。采用这种灌溉方法的草坪表面应相当平整,且具有一定的坡度,理想的坡度是 0.5%~1.5%。这样的坡度用水量最经济,但大面积草坪要达到以上要求,较为困难,因而有一定的局限性。

(2) 喷灌是使用喷灌设备令水像雨水一样淋到草坪上。其优点是能在地形起伏变化大的地方或斜坡使用,灌水量容易控制,用水经济,便于自动化作业。主要缺点是建造成本高。但此法仍为目前国内外采用最多的草坪灌水方法。

(3) 地下灌溉也称渗灌,是将灌溉水引入田面以下一定深度,通过土壤毛细管作用,湿润根区土壤，以供作物生长需要。这种灌溉方式适用于上层土壤具有良好毛细管特性，而下层土壤透水性弱的地区，但不适用于土壤盐碱化的地区。此法可避免土壤紧实，并使蒸发量及地面流失量减到最低程度。节省水是此法最突出的优点。然而由于设备投资大，维修困难，因而使用此法灌水的草坪甚少。

4. 草坪的施肥

草坪施肥的次数或频率常取决于草坪养护管理水平，并应考虑以下因素：

（1）对于每年只施用一次肥料的低养护管理草坪，冷季型草坪草每年秋季施用，暖季型草坪草在初夏施用。

（2）对于中等养护管理的草坪，冷季型草坪草在春季与秋季各施肥一次，暖季型草坪草在春季、仲夏、秋初各施用一次。

（3）对于高养护管理的草坪，在草坪草快速生长的季节，无论是冷季型草坪草还是暖季型草坪草每月施肥一次。

（4）当施用缓效肥时，施肥次数可根据肥料缓效程度及草坪反应做适当调整。

5. 草坪植物排水

草坪与其他场地一样，需要考虑排除地面水，因此，平整地面时，要结合考虑地面排水问题，不能有低凹处，以避免积水。草坪多利用缓坡来排水，可在一定面积内修一条缓坡的沟道，其较低一端可设雨水口接纳排出的地面水，并经地下管道排走，或以沟直接与湖池相连。理想的平坦草坪的表面应是中部稍高，逐渐向四周或边缘倾斜。建筑物四周的草坪应比房基低 5 cm，然后向外倾斜。

地形过于平坦的草坪或地下水位过高或聚水过多的草坪、运动场的草坪等均应设置暗管或明沟排水，最完善的排水设施是用暗管组成一个系统，与自由水面或排水管网相连接。

单元四　物业环境绿化植物栽培与养护

一、植物器官

植物体由很多种组织构成。具有一定的功能作用，并有特殊的形态结构的部分称为器官。包括营养器官和繁殖器官两大部分。营养器官有根、茎、叶；繁殖器官有花、果实及种子。

植物的器官

1. 根

根是植物的重要组成部分，是植物赖以生存的支柱。要有吸收、运输、支撑和贮藏的功能，也有合成和繁殖的功能。根是通过它的尖端长满根毛的那些部分吸收水分的。根毛纤细而柔软，每一根根毛都是一个微型水泵，它们不停地吸收着周围的水分和营养物质，如二氧化碳和无机盐类。

植物根的总和，称为根系。根据它的起源和形态可分为直根系和须根系。种子萌发时，首先冲破种皮，由胚根发育成的叫主根，上面的杈叫侧根，侧根上还长杈，是二级根，上级根上再长杈就是三级根。这类主根发达，与侧根及不定根有显著区别的是直根系，如雪松、樟树、广玉兰等；另一类根，分不出主次，根的粗细、长短都相差不多，好像一把胡须，它们从种子里萌发出的胚根很早枯萎，只发出大丛的须根，其实是从茎的基部产生出来的不定根，这类根系叫须根系，如棕榈、珊瑚树（法冬青）、竹等。

2. 茎

茎有粗有细。粗者如"世界爷"(巨杉),若从树干基部开一个洞,可让汽车通过,树桩还可以当作舞台用;细者如路边的小草,茎极细。决定茎的粗细的是形成层。在树木的横四面上,树皮之内一圈颜色较深的是韧皮部,韧皮部只占茎的很少部分。往里是木质部,它占茎的绝大部分。

茎主要有疏导和支持的功能,它能够把植物根所吸收的水和溶于水中的无机盐以及根所合成的物质运送到叶、花、果、种子中去,同时将光合作用产生的有机物输送到植物体各部分。茎中的各种机械组织具有坚强的支持作用,使枝、叶、花、果和种子安排在一定的空间,有利于进行光合作用、开花、传粉,也有利于果实、种子的散布。

植物的茎分为地下茎与地上茎两类变态。地下茎的变态与根相似,但辨别茎的基本特征是节间、顶芽、侧芽。常见的地下茎变态有块茎,如马铃薯,块茎上同样有节间,不过极短,也有顶芽,顶芽和马铃薯着生的部位恰好相对;鳞茎,如百合、水仙、石蒜属等植物,变态茎非常短缩,呈盘状,其上着生肥厚多肉的鳞叶,内贮藏极为丰富的营养物质和水分,能适应干旱炎热的环境条件;球茎,如唐菖蒲;根状茎,如竹鞭。地上茎常见的变态有茎卷须,如葡萄;茎刺(枝刺),如石榴;叶状茎(叶状枝),如昙花;肉质茎,如仙人掌。

植物茎干可分为木本、草本、藤本三类。

木本植物茎内木质部发达,木质化细胞多,植株茎干一般坚硬直立,寿命较长,能逐年生长。木本植物根据茎干的形态可分为乔木与灌木。凡主干明显、植株高大,在距地面较高处形成树冠的叫乔木,如松、杨、樟、柳等。凡树身矮小、没有明显的主干,近地面处就生出许多枝条,成为丛生状态的叫灌木,如牡丹、木槿、夹竹桃、栀子花、紫荆等。

草本植物茎内木质部不发达,木质化细胞少,植株较小,茎干柔软。根据草本植物生活史的长短,可分为一年生(如鸡冠花、凤仙花等)、二年生(如雏菊、三色堇等)、多年生(如菊花、芍药),万年青、兰花等为常绿多年生草本。

藤本植物茎干细长、不能直立,匍匐地面或攀附他物而生长。按其茎的质地可分为草质藤本(如牵牛)和木质藤本(如紫藤、葡萄等)。

3. 叶

叶是植物进行光合作用、蒸腾作用和呼吸作用的重要器官。叶具有在根外施肥时吸收叶面肥料的能力,以及将喷施的有机磷杀虫剂等农药吸收到植物体内的能力。此外,叶还具有保护作用(如叶刺、苞叶等)、贮藏作用(如鳞叶),少数植物的叶还有繁殖能力(如秋海棠)等。

叶一般由叶片、叶柄和托叶三部分组成。叶片是叶的主要组成部分,通常为绿色扁平体,内有叶脉分布。叶柄是叶片与茎相连的柄,有支持叶片伸展和输导水分与养料的功能。托叶位于叶柄基部与茎相接处,一般呈叶状,常细小、早落,有保护幼叶和腋芽的作用,也可进行光合作用。具备叶片、叶柄、托叶三部分的叶称为完全叶,缺少其中一部分或两部分的叶称为不完全叶。

叶的结构分叶柄结构和叶片结构两部分。叶柄结构的最外层是一层表皮,内为皮层。皮层里的厚角组织是叶柄的主要机械组织,皮层中间夹有呈半圆分散排列的维管束,韧皮部在背茎一面,木质部在向茎一面,二者之间往往有一层短期活动的形成层。叶片的结构由表皮、叶肉和叶脉三部分组成。

4. 花

花是植物生命进化的一种产物,是变态的叶,由叶演变成了花。花的芳香、多姿与鲜艳,是为了招引昆虫,"虫媒花"大多都是很漂亮的。花的基本色彩以红、白、黄三色为多,因为这三种颜色最容易被传粉的昆虫所辨认。如蜜蜂,对黄、白两种颜色最敏感,而蝴蝶则善于辨认红色。开花是繁殖后代的一种重要方式,花是种子植物所特有的繁殖器官,在比种子植物低级的植物类型中,包括蕨类、苔藓以及藻类植物,都没有花这样的器官。裸子植物的花结构也是极为简单的。花在被子植物中得到了最充分的发展,被子植物的花由花柄、花托、花萼、花冠、雄蕊、雌蕊等部分组成。

5. 果实

被子植物传粉、受精后,由雌蕊的子房或花的其他部分参与发育而形成的,具有果皮和种子的器官叫果实。只有被子植物才能结果实。

果实的类型,按形成果实来源来分真果和假果。真果是完全由子房形成的果实,如桃、大豆等。假果是由子房与花托或花被或花序轴等共同形成的果实,如梨、苹果等。

果实按雌蕊结构的不同分单果、聚合果和复果。单果是由一朵花中单雌蕊或复雌蕊的合生雌蕊形成的果实,如李、杏等。其中,以果皮性质不同分为肉果、干果两类。聚合果是由一朵复雌蕊花中多个离生雌蕊与花托联合形成的果实。每一单雌蕊形成一个单果,这些单果聚在一个花托上组成聚合果。复果(也称聚花果、花序果)是由整个花序形成的果实。其中每一朵花形成一单果。并有种种变化,如悬铃木的球形复果是由小坚果聚生而成。桑的复果叫桑葚,它的食用部分为肥厚多汁的花草。凤梨(菠萝)的主要食用部分是肉质化的花序轴(花不孕)。无花果的花序轴和花托内陷成囊,并肉质化,成熟时整个果序一起脱落。

6. 种子

种子的种类、形状很多,传播种子的方式也很多。有的靠风传播,如蒲公英、百合、柳树、臭椿等,这些种子往往是薄片状,或有翅、翼、羽毛、绒毛等结构;有的靠水传播,雨水、溪流、海潮都可以携带种子走出很远的距离,这些种子或果实长着贮气的器官,靠着气囊漂浮在水面上,如睡莲、荷花、椰子、泽泻等;还有靠动物传播的,这些植物种子长有钩刺,挂在动物身上,如苍耳、鬼针、蒺藜等;另外鸟类、蚂蚁类都能传播种子;还有些植物成熟时自己开裂崩送出去,如凤仙花、豆科植物。

在植物界,能形成种子的植物,大约占植物的2/3,称为种子植物。种子植物的胚珠受精后,发育成的繁殖器官叫种子。被子植物的种子包被在由子房发育而成的果实内;裸子植物的种子则裸露无包被。

种子的形状千奇百怪。从种子表面看,有的光滑发亮;有的外表非常粗糙;有的具有多种花纹;还有的上面长钩、刺、小瘤、翅、茸毛等。种子的颜色也各不相同,种子个体的大小差异很大,最大的种子如椰子,一般重达几千克,最小的种子如兰科植物,轻如尘埃;200万粒种子加在一起才只有1 g重。

植物的繁殖

二、物业花卉栽培

1. 整地及作畦

整地,应选择晴天,土壤干湿适度时进行。整地时必须先翻耕土地并拣清石块、瓦片、杂草根等。耕地深度按花卉种类及土壤情况而定,一般一、二年生花卉入土不深,耕翻20～30 cm即可,宿根花卉数年不移,地下部分肥大,宜耕40 cm左右。根据土壤性质不同耕翻时砂土宜浅,黏土宜深。

整地后要作畦,江南一带雨水充沛,常筑高畦,易于排水。畦面一般高出地面30 cm左右,宽120 cm。畦面两侧为排水沟,畦向除冬季需防寒为东西向外,其他可南北向。

2. 播种

播种土壤应选择含腐殖质,轻松而肥沃的砂土壤。而且位于光照充足,空气流通,排水良好的地方。播种土壤应深耕30 cm，土块细碎，清除杂物后，上层覆盖12 cm厚的细土壤。最好用1.5 cm孔径铁筛将土筛过，覆盖深度取决于种子的大小。一般大粒种子覆盖深度为种子厚度的三倍左右；小粒种子以不见种子为标准，然后用细孔喷壶充分喷水。

知识链接

播种方法

(1)撒播。小粒种子一般为撒播，要在播前将床面先行镇压，落子均匀(按床计量下种)。选用黄心土或火烧土并拌以除草醚(每亩25%粉剂1~1.5 kg)进行覆盖。覆土厚度一般为种子厚度的2~3倍。应有覆盖物，子叶出土的小粒种子宜薄，以不见种子为度；子叶不出土的大、中粒种子覆土可适宜厚些。

(2)条播。一般中粒种和阔叶树种均实行条播，行距视树种而定，播种做到沟底平、条距平、深浅一致、播种均匀。覆土可就地用土或腐殖进行覆盖。

(3)点播。一般大粒种子均实行点播。其他要求同中粒种子。

(4)免耕法(杉木的板播育苗)。秋收冬种后选好圃地(板青田)，按苗床宽1.2 m，沟宽15~18 cm，沟深25 cm，构筑畦，如遇"烂冬"天气，圃地四周沟应略深些。沟壁应垂直，底平，沟沟相通，播种施速效磷肥每亩50~75 kg，或腐熟烂肥1 000~1 500 kg，并把畦上泥块敲碎，均匀地撒在苗床上，苗床即形成。播种、覆土、覆盖等操作与常规育苗相同。

(5)芽苗移栽。一些珍贵稀有种子，可应用芽苗移栽方法，种子先播于薄膜封闭的湿沙床中，当种子萌动，子叶伸展，种壳开始脱落时，将芽苗(幼苗)分批移栽至床中，浇定根水，保持苗床湿润，扎根成活后转入正常管理。

1)带芽播种有的要适当增加保护措施，如盖塑料薄膜、苇帘等。水量不宜过多过大。

2)覆土厚度可根据技术措施、土质、保护措施等而定。

3)幼苗期间注意检查，防治病害、虫害、旱害、草害、鸟害。

3. 间苗

间苗又称疏苗，播种出苗后，可将过密的苗拔去，同时进行除草，但不要一次间得过稀，要逐次进行。

4. 移植

露地花卉中除了一些不耐移植的种类直接播于栽种地外，大多数花卉均先在苗床育苗，经1~2次移植后，最后定植于花坛或花圃畦中。

移植要选择阴天无风之日。起苗前先在苗床上浇水，避免土壤过硬使根部受伤，尽量做到随挖随栽。栽植时先挖穴，使根须均匀分布在穴内，然后封土压紧，栽后要立即浇透水，阳光强烈时还要遮阴。

5. 浇水

由于植物种类、大小、土壤质地、季节不同，浇水工具、浇水量、浇水次数、浇水时间也各不相同。如播种刚出土的幼苗，植株过小，宜用细孔喷壶喷水；大面积的栽培苗，可用皮带管喷洒。夏季灌溉宜在清晨或傍晚进行，冬季灌溉应在中午前后进行，阴天则随时可以进行。每次浇水必须浇透，决不能仅将土面湿润就停止。

6. 施肥

花卉施肥要恰到好处。应先施足基肥，厩肥、堆肥、河泥、骨粉、砻糠灰、过磷酸钙等是常见的基肥。施肥方法不可采用整地普施或穴施、条施。为弥补基肥的不足，常根据花卉不同生长发育时期的特殊要求，追施一些粪干、粪水及豆饼等，也可追施化学肥料。

知识链接

施肥方法

(1)积肥。苗圃要有专业人员负责积肥，要有专业队伍和专用积肥场地。年积肥任务为苗圃总面积每亩 $2\ m^3$。苗圃积肥应以鲜杂草、树叶、秸秆、河泥、牛、羊、猪、鸡粪为主，掺土堆积，经腐熟，翻倒后方可施用。其中有机质含量不应低于 30%。

(2)施基肥。

1)每次换茬作业耕地前，每亩施积肥 2.5 t(2.5 m^3)。

2)春耕地春施基肥，秋耕地(春季不再复耕)秋施基肥。

3)苗木繁殖区，小苗培育区、试验区，母本区有机质含量不低于 3.5%，大苗移植区有机质含量不低于 2.5%。

(3)施追肥。

1)播种区当年生小苗、移植苗的当年，一般不再施追肥，如秋后生长过旺或表现缺素，可适当由叶面补充磷、钾或所缺元素，其浓度不超过 0.2%。

2)苗圃施追肥的重点是养护苗。追肥的重点时期是三月下旬至六月下旬。

3)苗木施追肥的比例是：落叶树追肥的 N、P、K 的比例，可掌握在 4∶1∶1；常绿树追肥的 N、P、K 的比例，可掌握在 2∶1∶1，尽量不施纯氮肥。

4)部分小、弱苗可叶面追施混合肥，总浓度不超过 0.2%。

(4)干施。

1)撒施。一般用于播种苗。将细土和肥料拌匀，在雨后晴天或在抗旱后苗床湿润，苗木枝叶干燥时施，施后立即用细树枝轻扫苗木震落肥料。

2)条施。应在苗木行间或行间附近开沟，施入肥料，然后盖土。碳酸氢铵、氨水等易挥发的肥料，只能在大苗区开沟条施。

(5)水施。腐熟人粪尿浓度以波美 2～3 度为宜。化肥水施浓度以 0.3%～0.5%，以阴天或傍晚施为宜。

(6)施肥次数和数量。

1)苗圃追肥，一般 2～3 次，每次施尿素 3～5 kg。

2)扦插苗木在生根前，可用 0.1%～0.2% 的磷酸二氢钾、ATP 生根粉、尿素或过磷酸钙溶液进行根外追肥。

7. 防寒越冬

防寒主要是防霜冻及保护越冬。要注意预防秋季的早霜和春季的晚霜。防霜方法主要有浇水、覆盖、烟熏、包扎束叶等。

三、物业绿化植物的养护

(一)绿化植物的养护内容

物业绿化的布置与选种完成后，要达到长期满意的效果，必须及时跟进养护工作，保证花木生长旺盛、花红草绿。要想保证良好的绿化效果，养护工作必须长期不断地进行。绿化植物的养护主要包括以下内容：

(1)整形、修剪。树木的形态、观赏效果、生长开花结果等方面，都需要通过整形修剪来解决或调节。绿化部应先根据树木分枝的习性、观赏功能的需要以及自然条件等因素来综合考虑，然后对树木进行整形和修剪。

(2)病虫害防治。病虫害防治，贯彻"预防为主，综合治理"的基本原则。根据病虫害发生的规律实施预防措施和综合治理，创造有利于花木生长的良好环境，提高花木的抗病虫能力。

(3)浇水、施肥。根据季节、气候、地域条件决定浇水量；根据绿地、花木品种、生长期限等决定浇水量。根据土质、花木生长期和培植需要，决定施肥的种类和数量。

(4)除草松土。除草是将树冠下非人植的草类清除，以减少杂草与树木争夺土壤中的水分和养分。松土是把土壤表面松动，使之疏松透气，达到保水、透气、增温的目的。

(5)绿化植物分段养护。由于不同绿化植物的生长周期以及生长季节不同，在进行绿化植物养护的时候，要注重绿化植物的分阶段养护。下面以草坪为例，讲述绿化植物的分阶段养护。

草坪的养护原则是：均匀一致，纯净无杂，四季常绿。在一般管理水平情况下绿化草坪（台湾草）可按种植时间的长短划分为四个阶段。一是种植至长满阶段，指初植草坪，种植至一年或全年覆盖（100％长满无空地）阶段，也叫长满期。二是旺长阶段，指植后2～5年，也叫旺长期。三是缓长阶段，指植后6～10年，也叫缓长期。四是退化阶段，指植后10～15年，也叫退化期。

知识链接

除草方法

除草的方法主要有人工除草、除草机除草、化学除草三种。

(1)人工除草。人工除草是农业上最古老的一种除草方式。仅除草使用的手锄，据考证已有3 000年以上的历史，但目前无论在农业、林业还是园林中，仍被广泛应用。人工除草灵活方便，适应性强，适合于各种作业区域，而且不会发生各类明显事故。但人工除草效率低，劳动强度大，除草质量差，对苗木伤害严重，极易造成苗木染病。

(2)除草机除草。除草机可以将园林中的杂草进行切割。面积较小的草坪，可以选用手推式草坪机，草坪上树木和障碍物较多时，可以选择前轮万向的草坪机。面积较大时，可以选择草坪拖拉机。

(3)化学除草。化学除草是通过喷洒化学药剂达到杀死杂草或控制杂草生长的一种除草方式，具有简便、及时、有效期长、效果好、成本低、省劳力、便于机械化作业等优点。但化学除草是一项专业技术很强的工作，对除草人员的要求较高，要求其具有化学农药知识、杂草专业知识、育苗栽培知识，另外还要懂得土壤、肥料、农机等专业知识。

(二)绿化植物整形与修剪

1. 行道树的整形与修剪

行道树是指在道路两旁整齐列植的树木，每条道路上树种应相同。城市中，干道栽植的行道树，主要的作用是美化市容，改善城区的小气候，夏季增湿降温、滞尘和遮阴。行道树要求枝条伸展，树冠开阔，枝叶浓密。冠形依栽植地点的架空线路及交通状况决定。主干道上及一般干道上，采用规则形树冠，修剪整形成杯状形、开心形等立体几何形状。在无机动车辆通行的道路或狭窄的巷道内，可采用自然式树冠。

行道树一般使用树体高大的乔木树种，主干高要求在 2～2.5 m。城郊公路及街道、巷道的行道树，主干高可达 4～6 m 或更高。定植后的行道树要每年修剪扩大树冠，调整枝条的伸出方向，增加遮阴保温效果，同时也应考虑到建筑物的使用与采光。

2. 花灌木的整形与修剪

花灌木的修剪要观察植株生长的周围环境、光照条件、植物种类、长势强弱及其在园林中所起的作用，做到心中有数，然后再进行整形与修剪。

(1)因时整形与修剪。落叶花灌木依修剪时期可分冬季修剪(休眠期修剪)和夏季修剪(花后修剪)。冬季修剪一般在休眠期进行。夏季修剪在花落后进行，目的是抑制营养生长，增加全株光照，促进花芽分化，保证来年开花。夏季修剪宜早不宜迟，这样有利于控制徒长枝的生长。若修剪时间稍晚，直立徒长枝已经形成。如空间条件允许，可用摘心办法使之生出二次枝，增加开花枝的数量。

(2)因树势整形与修剪。幼树生长旺盛，以整形为主，宜轻剪。严格控制直立枝，斜生枝的上位芽在冬剪时应剥掉，防止生长直立枝。一切病虫枝、干枯枝、人为破坏枝、徒长枝等用疏剪方法剪去。丛生花灌木的直立枝，选生长健壮的加以摘心，促其早开花。壮年树应充分利用立体空间，促使多开花。于休眠期修剪时，在秋梢以下适当部位进行短截，同时逐年选留部分根蘖，并疏掉部分老枝，以保证枝条不断更新，保持丰满株形。老弱树木以更新复壮为主，采用重短截的方法，使营养集中于少数腋芽，萌发壮枝，及时疏删细弱枝、病虫枝、枯死枝。

(3)根据树木生长习性和开花习性进行整形与修剪。春季开花，花芽(或混合芽)着生在二年生枝条上的花灌木，如连翘、榆叶梅、碧桃、迎春、牡丹等灌木是在前一年的夏季高温时进行花芽分化，经过冬季低温阶段于第二年春季开花。因此，应在花残后叶芽开始膨大且尚未萌发时进行修剪。修剪的部位依植物种类及纯花芽或混合芽的不同而有所不同。连翘、榆叶梅、碧桃、迎春等可在开花枝条基部留 2～4 个饱满芽进行短截。牡丹则仅将残花剪除即可。夏秋季开花，花芽(或混合芽)着生在当年生枝条上的花灌木，如紫薇、木槿、珍珠梅等是在当年萌发枝上形成花芽，因此应在休眠期进行修剪。将二年生枝基部留 2～3 个饱满芽或一对对生的芽进行重剪，剪后可萌发出一些苗壮的枝条，花枝会少些，但由于营养集中会产生较大的花朵。一些灌木如希望当年开两次花的，可在花后将残花及其下的 2～3 芽剪除，刺激二次枝条的发生，适当增加肥水则可二次开花。

3. 片林的整形与修剪

(1)有主干轴的树种(如杨树等)组成片林，修剪时注意保留顶梢。当出现竞争枝(双头现象)只选留一个；如果领导枝枯死折断。应扶立一侧枝代替主干延长生长，培养成新的中央领导枝。

(2)适时修剪主干下部侧生枝，逐步提高分枝点。分枝点的高度应根据不同树种、树龄而定。

(3)对于一些主干很短，但树已长大，不能再培养成独干的树木，也可以把分生的主枝当作主干培养，逐年提高分枝，呈多干式。

(4)应保留林下的树木，地被和野生花草，增加野趣和幽深感。

4. 绿篱的整形与修剪

绿篱是萌芽力、成枝力强、耐修剪的树种，密集呈带状栽植而成，起防范、美化、组织交通和分隔功能区的作用。适宜作绿篱的植物很多，如女贞、大叶黄杨、小叶黄杨、桧柏、侧柏、冬青、野蔷薇等。

绿篱的高度依其防范对象来决定，有绿墙(160 cm 以上)、高篱(120～160 cm)，中篱(50～120 cm)和矮篱(50 cm 以下)。绿篱进行修剪，既为了整齐美观，增添园景，也为了使篱体生长茂盛，长久不衰。高度不同的绿篱，采用不同的整形方式，一般有下列两种：

(1)中篱和矮篱，常用于草地、花坛镶边，或组织人流的走向。这类绿篱低矮，为了美观和丰富园景，多采用几何图案式的修剪整形，如矩形、梯形、倒梯形、篱面波浪形等。绿篱种植后剪去高度的1/3～1/2，修去平侧枝，统一高度，和侧面萌发的枝条形成紧枝密叶的矮墙，显示立体美。绿篱每年最好修剪2～4次，使新枝不断发生，更新和替换老枝。整形绿篱修剪时，顶面与侧面兼顾，不应只修顶面不修侧面，这样会造成顶部枝条旺长，侧枝斜出生长。从篱体横断面看，以矩形和基大上小的梯形较好，下面和侧面枝叶采光充足，通风良好，生长茂盛，不易发生下部枝条干枯和空凸现象。

(2)绿墙、高篱和花篱，适当控制高度，并疏剪病虫枝、干枯枝，任枝条生长，使其枝叶相接，紧密成片，提高阻隔效果。用于防范的绿篱和玫瑰、蔷薇、木香等花篱，也以自然式修剪为主。开花后略加修剪使之继续开花，冬季修去枯枝、病虫枝。对蔷薇等萌发力强的树种，盛花后进行重剪，使新枝粗壮，篱体高大美观。

5. 藤本植物的整形与修剪

在自然风景中，对藤本植物很少加以修剪管理，但在一般的园林绿地中则有以下几种处理方式。

(1)棚架式。对于卷须类及缠绕类藤本植物多用此种方式进行修剪与整形。剪整时，应在近地面处重剪，使发生数条强壮主蔓，然后垂直诱引主蔓至棚架的顶部，并使侧蔓均匀地分布架上，则可很快地成为荫棚。除隔数年将病、老或过密枝疏剪外，一般不必每年剪整。

(2)凉廊式。凉廊式常用于卷须类及缠绕类植物，偶尔用于吸附类植物。因凉廊有侧方格架，所以主蔓勿过早诱引至廊顶，否则容易形成侧面空虚。

(3)篱垣式。篱垣式多用于卷须类及缠绕类植物。将侧蔓进行水平诱引后，每年对侧枝施行短剪，形成整齐的篱垣形式。其中，一种为"水平篱垣式"，适合于形成长而较低矮的篱垣形式，又可依其水平分段层次的多少，分为二段式、三段式等。另外一种为"垂直篱垣式"，适于形成距离短而较高的篱垣。

(4)附壁式。附壁式多用于吸附类植物。方法很简单，只需将藤蔓引于墙面即可自行靠吸盘或吸附根而逐渐布满墙面。如爬墙虎、凌霄、扶芳藤、常春藤等均用此法。此外，在某些庭园中，有在壁前20～50 cm处设立格架，在架前栽植蔓性蔷薇等开花繁茂的植物，多采用本法在建筑墙面前形成附壁式果观。修剪时应注意使壁面基部全部覆盖，各蔓枝在壁面上应分布均匀，勿使相互重叠交错。在本式修剪与整形中，最易发生的缺点为基部空虚，不能维持基部枝条长期茂密。对此，可配合轻、重修剪以及曲枝诱引等综合措施，并加强栽培管理工作。

(5)直立式。对于一些茎蔓粗壮的种类，如紫藤等，可以修剪整形成直立灌木式。此式如用于公园道路旁或草坪上，可以收到良好的效果。

(三)绿化植物病虫害防治

1. 植物检疫

(1)应符合《进出境动植物检疫法》《植物检疫条例》。

(2)从外地引入苗木、花卉、草被及绿化材料，必须先经植保专业人员检查，确无检疫性病、虫、草害，才能种植，若有其他严重病虫必须经植保人员进行技术处理后方可种植。

(3)本地苗圃出售苗木、花卉、草被及绿化材料，严禁附带病虫源及杂草出圃。

(4)对有检疫性危险病、虫、草害源的进口园林植物,必须在隔离温室或隔离区观察或处理,经一年以上确无危险病、虫、草害后才能繁殖或定植。

2. 人工防治

(1)应摘除悬挂或依附在植物体和建筑物上的越冬虫茧、虫囊和卵块、卵囊等休眠虫体,并集中焚烧。

(2)应剪除、孵化初期未分散的幼虫枝叶。

(3)应直接捕杀个体大、危害状明显的害虫和有假死性或飞翔力不强的成虫。

3. 园艺防治

(1)在一地严禁种植互为转主寄生病虫源的园林植物(梨、桧、海棠、龙柏等)。

(2)应按照园林植物的生长特性,删除病、虫危害枝及挡风、遮光、徒长枝。

(3)应随时伐(拔)除和处理已枯死和严重受病虫危害并成为传播病虫源的园林植物。有土传病害的土壤,应及时消毒。

(4)在株际空隙处,应进行冬耕、翻晒。

(5)夏、秋生长季节应适量控制氮肥,增施磷、钾肥,严禁施用未腐熟的堆肥、厩肥、饼肥和植物残体。

(6)应保护好土表的无病源落叶或经粉碎的枝叶屑,养好、管好多层次的地被植物。

4. 物理防治

(1)在成虫发生期应利用有一定装置规格的黑光灯(短光波 3 600～4 000 A)诱杀成虫,在诱杀害虫时应防止误伤益虫(主要开灯期5月下旬～6月下旬,8月中旬～9月中旬)。

(2)应利用热力(干温或湿温)处理种子,种球以及植物组织,以消灭内、外病虫源。

5. 化学防治

(1)宜用触杀剂防治虫口密度大、发生范围广的虫害。

(2)宜用胃毒剂防治取食量大的食叶害虫,或较隐蔽的地下害虫。

(3)宜用熏蒸剂防治(或消毒)病虫源。

(4)宜用激素剂抑制害虫的生长发育或诱集、迷向,抑制其繁衍。

(5)宜用保护剂、治疗剂、内吸剂防治多种植物病、虫、草害。

6. 生物防治

(1)在园林植物群落中,有增植蜜源植物、鸟食植物。

(2)应保护和利用天敌资源,加强优势天敌的引迁繁殖、饲养以及助迁、招引等工作。

1)红环瓢虫是草履蚧的优势天敌,在已有此虫地区要切实保护,在尚少或缺乏此虫地区应引迁。

2)在防治大蓑蛾时,应注意保护伞裙追寄蝇。

3)管氏肿腿蜂,应繁殖或引进予以释放。

4)智利食绥螨,拟长毛钝绥螨,应引迁繁殖。

(3)宜积极推广和施用致病(或拮抗)细菌、真菌、病毒等微生物制剂。

1)对鳞翅目食叶害虫的药物防治,应优先施用苏云金杆菌制剂(Bt 乳剂)并安排在幼虫低龄期施用。

2)在空气、土壤较湿润的环境条件下,可用白僵菌制剂。

3)苏云金杆菌制剂、白僵菌制剂,在蚕桑区严禁施用。

4)对黄尾毒蛾、斜纹夜蛾、蓑蛾、油桐尺蠖、粉蝶可应用多角体病毒制剂。

5) 对多种花卉植物的白绢病，可应用木霉菌制剂，对球根、宿根花卉细菌性病害，可应用抗生素（放线菌类代谢物）制剂；植物病毒病可应用干扰素，桃根癌病可用 K84——生物制剂。

（4）应利用自然或合成性信息激素，诱杀一次性交配的杨、葡萄透翅蛾。

7. 绿化人员防护、保健

（1）直接操作施用药物的植保人员，必须正确选用质地较好的透气性工作服、胶鞋、胶皮手套、适用的防毒面具或口罩、防护眼镜等。

（2）在施用有毒化学农药时，作业人员不得喝酒、吸烟、饮水、进食，不得用手擦抹眼、脸和口鼻，不得嬉闹。

（3）施药人员如有头疼、头昏、恶心、呕吐等症状时，应立即离开现场，脱卸污染衣物，用肥皂洗手、脸和裸露皮肤，使其在通风、清静处休息或送医院。

（4）在进行有毒农药操作时，应避免过累、过热、过冷；施药人员每日工作时间，不宜超过 4~6 h；连续喷药 4 天后，应停止一天，一年中应有较多的休养期。

（5）接触有毒农药人员，应有适当的保健津贴，标准参照国家农业农村部、国家林业和草原局、人社部的有关规定办理。

（6）怀孕期、哺乳期，以及经期妇女均不得参与施用有毒农药。

四、突破季节限制的植物栽植与养护

植物生长需要的环境因子

一般绿化植物的栽种时间，都在春季和秋季，但有时为了一些特殊目的而要进行突击绿化，就需要突破季节的限制进行绿化施工。此时，为了施工获得成功，就必须采取一些比较特殊的技术方法来保证植物栽植成活。

1. 苗木选择

在非适宜季节种树，需要选择合适的苗木才能提高成活率。选择苗木时，应从以下几方面入手：

（1）选移植过的树木或假植的苗木，其新生的细根都集中在根蔸部位，树木再移植时所受影响较小，在非适宜季节中栽植的成活率较高；

（2）选土球最大的苗木，其土球应比正常情况下大一些，土球越大，根系越完整，栽植越易成功；

（3）如果是裸根的苗木，也要求尽可能带有心土，并且所留的根要长，细根要多；

（4）尽量选用小苗，小苗比大苗的发根力强，移栽成活率更高，只要不急于很快获得较好的绿化效果，都应当使用小苗。

2. 修剪整形

对选用的苗木，栽植之前应当进行一定程度的修剪整形，以保证苗木顺利成活。修剪整形的对象有裸根苗木和带土球苗木。

（1）裸根苗木修剪。栽植之前，应对其根部进行整理，剪掉断根、枯根、烂根，短截无根的主根，还应对树冠进行修剪，一般要剪掉全部枝叶的 1/3~1/2，使树冠的蒸腾作用面积大大减小。

（2）带土球的苗木的修剪。带土球的苗木不用进行根部修剪，只对树冠修剪即可，修剪时，可连枝带叶剪掉树冠的 1/3~1/2，也可在剪掉枯枝、病虫枝以后，将全树的每一个叶片都剪截 1/2~2/3，以大大减少叶面积的办法来降低全树的水分蒸腾总量。

3. 栽植技术处理

为了确保栽植成活，经过修剪的树苗应马上栽植。如果运输距离较远，在根蔸处要用

模块二　物业环境绿化管理

湿草、塑料薄膜等加以包扎和保湿。栽植时间最好在上午 11 时之前或下午 4 时以后；在冬季则只要避开最严寒的日子即可。种植穴要按一般的技术规程挖掘，穴底要施基肥并铺设细土垫层，种植土应疏松肥沃，把树苗根部的包扎物除去，在种植穴内将树苗立正栽好，填土后稍稍向上提一提，再压实土壤并继续填土至穴顶，最好在树苗周围设置拦水的围堰。树苗栽好后要立即灌水，注意不要损坏土围堰。土围堰中要灌满水，让水慢慢浸下到种植穴内。

4. 苗木养护

由于是在不适宜的季节中栽植，苗木栽好后就更需要强化养护管理。

要注意浇水。浇水要掌握"不干不浇，浇则浇透"的原则，还要经常对地面和树苗叶面喷洒清水，增加空气湿度，降低植物蒸腾作用。在炎热的夏季，应对树苗进行遮阴，避免强阳光直射。

绿化管理的基本内容如下：

(1)园林绿地设计和营造。

(2)建设施工中的质量监督和竣工验收由园林部门负责。

(3)日常养护和管理由物业服务企业负责，同时也可接受园林绿化部门的技术指导、监督与检查。也可以由物业服务公司在社会上聘请专业的绿化服务公司代管。

(4)物业服务公司应设置专门的部门和人员负责此项工作，还应有 1~2 名技术员，负责专业技术指导，对绿化工人做技术培训和对住户做技术咨询服务。

单元五　物业环境绿化管理工作内容

一、物业环境绿化规划设计

(一)物业环境绿化规划设计概述

城市园林绿地作为人居环境的重要组成部分，不仅是对城市生态环境产生较大影响的因素之一，又对调节城市生态环境起着关键的作用，是城市生态平衡的"调节器"。同时，城市绿地是居民游憩、娱乐、进行体育活动的重要场所，是人类实现自然完善的载体，是提高人们生活质量的保证。我国城市《21 世纪城市规划宣言》中提出的 21 世纪城市规划三大纲领，就是解决三大"和谐"的问题的，三大和谐即"人与自然的和谐""时间延续性的和谐"以及"人与人的社会和谐"。因此，在进行城市绿地规划建设时，必须正确处理人与自然、人与人的协调关系，以"以人为本"以及"整体协调发展"的设计理念为依据。

"以人为本"是指以人的生存和发展为中心，根据人们的行为规律和区域的功能进行规划布局，从人的心理和审美要求出发营造环境，按照人体功效原则进行城市园林绿地的空间设计。这是人类对过去城市化进程中暴露出来的种种问题进行反思得出的结论。"以人为本"的设计宗旨，要求在规划设计中必须满足人类生存和发展的需求。也就是说不但要满足当代人的需要，还要为后代人的发展需要留有余地，实现人类的可持续发展。而且必须把关心人、满足人的需要落到具体的规划设计中，满足人们对城市园林绿地的生理、心理需求，创造舒适、优美的绿化环境。

"整体协调发展"是指城市的各项发展必须相互协调，保证整体的生态平衡。这就要求在城市园林绿地建设中，必须正确处理自然环境、建筑、城市风格和园林绿化相互之间的关系。在进行人工环境的建设中，保证与自然环境的同步发展，使自然环境与人工环境有机结合，达到人与自然的和谐共处。同时城市绿化营造的局部小气候环境，为在大范围内共同改善人居环境创造了条件。

总之，必须把维护居民身心健康、维护自然生态平衡，作为城市绿地的主要功能。它是实现绿化环境质的飞跃的关键，是跨世纪的绿色环境塑造方法的一大进步。

(二) 物业环境绿化规划设计原则

1. 增加绿色空间，创造适宜的气候条件

进行城市建设时，不能忽视绿化环境的同步建设，特别要利用闲置及零星的室外绿化空间，尽可能提高绿地面积，创造绿化条件美化环境。在提高绿地面积困难的情况下，也应考虑屋顶、墙体及底层架空空间的立体绿化的运用，以提高绿化覆盖率，为居民多营造接近自然的绿化环境条件，净化生活空间环境，创造适宜的小气候条件，提高环境质量。

2. 创造具有美感的城市绿地环境

城市绿地环境是优美人居环境的重要组成部分，有特色、有艺术感染力的园林绿色环境，能给人带来美的享受，能创造舒适优美的生活环境，满足人们对美的心理需求。

3. 创造具有区域文化特征的城市绿地环境

设计前，应对所在地区文化特征进行深入分析。不同城市、不同区域，其气候、地理、居民生活习惯、地方历史文化的特点也不相同，只有具有地区文化特征的绿化环境才具有鲜明特色，才更有生命力。这是塑造城市绿地环境质的飞跃的重要因素之一。

4. 创造内容丰富、功能齐全的绿色空间

城市园林绿地空间是人们使用率较高的日常户外生活空间，是满足城市居民休闲时室外体育、娱乐、游憩活动需要的主要场所。因此，在城市园林绿地环境的塑造中，应尽可能地从人们休憩、体育、娱乐的功能需要出发，满足不同结构层次人们的各类需求。

5. 为人们的社会交往创造条件

社会交往是人的心理需求的重要内容，是人类的精神需求，处于信息时代的人们对此项需求更加迫切。城市绿地则可通过各种绿化空间以及适当设施的设置，为广大居民提供良好的社会交往场所和优良的环境。

6. 因地制宜，结合现有资源

要利用自然地形和现状条件，尽量结合当地现有的坡地、洼地、河湖及原有的树木、建筑物等进行绿化设计和管理，因地制宜地选择用地和布置绿地，以节约用地和节省建设资金。

7. 尽量配合其他功能

植物配置要发挥绿化在卫生防护等方面的作用，改善居住环境与小气候；树木的形态及布置能配合组织居住区的建筑空间。当然，树种选择和种植方式尽量做到投资少、有收益和便于管理。

8. 统一规划，合理分布

居住区或居住小区内的各项绿地要统一规划、合理组织，使其服务半径能让居民方便地使用，使各项绿地的分布形成分散与集中、重点与一般相结合的形式。绿地内的设施与布置要符合该项绿地的功能要求，布局要紧凑。出入口的位置要考虑人流的方向，各种不同的年龄不同的活动之间要有分隔。

模块二　物业环境绿化管理

绿地的布置要能美化居住环境，既要考虑绿地的景观，注意绿地内外之间的借景，还要考虑到在季节、天气和时间等各种不同情况下的景观变化。

总而言之，城市绿地在协调人与自然关系中发挥着不可替代的作用，担负了保护生物多样性和文化多样性的重任。人类生活空间和自然生物环境和谐发展，可以实现经济与高效、循环与再生等可持续发展的目的，因而城市绿地具有巨大的发展空间和机遇。

(三)居住区规划设计

1. 居住区规划要求

(1)充分利用自然地形和现状条件，尽量利用劣地、坡地、洼地及水面作为绿化用地，以节约用地，对原有树木，特别是古树名木应加以保护和利用，并组织到绿地内，以节约建设资金，早日形成绿化面貌。

(2)要根据居住区的规划结构形式，合理组织，统一规划。采取集中与分散，重点与一般，点、线、面相结合，以居住区公园(居住小区中心游园)为中心，以道路绿化为网络，以住宅间绿化为基础，协同市政、商业服务、文化、环卫等建设综合治理，使居住区绿化自成系统，并与城市绿化系统相协调，成为有机的组成部分。

(3)居住区绿化应以植物造园为主进行布局。植物材料的选择和配置要结合居住区绿化的种、养、管依靠居民的特点，力求投资节省、能有收益，管理粗放，以充分发挥绿地的卫生防护功能。考虑到居民的休息和点景等的需要，适当布置园林建筑、小品也是必要的，其风格及手法应朴素、简洁、统一、大方。

(4)居住区绿化中既要有统一的格调，又要在布局形式、树种的选择等方面做到多样化和有特色，可将我国传统造园手法运用于居住区绿化中，提高居住区绿化艺术水平。

2. 居住区规划结构

(1)居住小区。居住小区是由城市道路或城市道路和自然界线所划分的并不为城市道路所穿越的完整地段，区内设有一整套满足居民日常生活需要的基层公共服务设施和机构。如某居住区，人口4万，由5个居住小区组成居住区，如图2-6所示。

(2)居住生活单元。居住区由数个居住生活单元直接组成。居住生活单元相当于一个居委会的规模。一个居委会一般有3 000～5 000人。如某居住区，人口3.2万，由10个居住生活单元组成，如图2-7所示。

总之，若干个居住生活单元组成居住小区，若干个居住小区组成居住区。如某居住区，人口2.4万，每3个居住生活单元组成一个居住小区，5个居住小区组成了该居住区，如图2-8所示。

■ 居住区级公共服务设施
■ 居住小区级公共服务设施

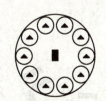
■ 居住区级公共服务设施
▲ 居住生活单元级公共服务设施

■ 居住区级公共服务设施
· 居住小区级公共服务设施
· 居住生活单元公共服务设施

图2-6　以居住区为基本单位　　图2-7　居住生活单元为基本单位　　图2-8　以居住生活单元和居住小区为基本单位

(3)居住区建筑的布置形式。

1)行列式布置。根据一定的朝向，合理的间距，成行成排地布置建筑，是在居住区建筑布置中最普遍采用的一种形式。其优点是使绝大多数居室获得好的日照和通风，但由于过于强调南北向布置，处理不好，容易造成布局单调呆板的现象，因此在布置时常采用错落、拼接、成组偏向、墙体分隔、条点结合、立面上高低错落等方法，在统一中求变化，打破单调呆板感，如图2-9所示。

北京龙潭小区住宅组

南宁市南湖路住宅组

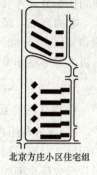
北京方庄小区住宅组

图2-9　行列式布置

2)周边式布置。建筑沿着道路或院落周边布置的形式。这种形式有利于节约用地，提高居住建筑面积密度，形成完整的院落，便于公共绿地的布置，能有良好的街道景观，也能阻挡风沙，减少积雪。然而由于周边布置，使有较多的居室朝向差及通风不良，如图2-10所示。

第一汽车厂居住区住宅组　　北京百万庄居住小区住宅组　　瑞典某住宅组

图2-10　周边式布置

3)自由式布置。结合地形，考虑光照、通风，将居住建筑自由灵活的布置，其布局显得自由活泼，如图2-11所示。

4)混合布置图。行列式布置与周边式布置两种形式的结合，以行列式为主，由公共建筑及少量的居住建筑沿道路院落布置，以发挥行列式和周边式布置各自的长处，如图2-12所示。

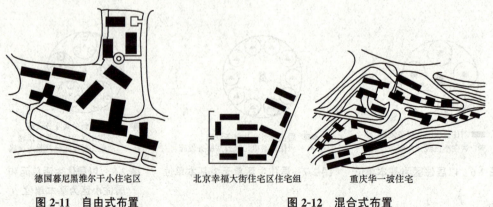

德国慕尼黑维尔干小住宅区　　北京幸福大街住宅区住宅组　　重庆华一坡住宅

图2-11　自由式布置　　　　　图2-12　混合式布置

3. 居住区绿地设计

(1)公共绿地。居住区公共绿地分为居住区公园、居住区组团绿地、小游园。

1)居住区公园。居住区级公园是为整个居住区居民服务的，公园面积比较大，其布局与城市小公园相似，设施比较齐全，内容比较丰富，有一定的地形地貌及小型水体。一般有功能分区、划分了景区，除了花草树木外，有一定比例的建筑、活动场地、园林小品、活动设施等。居住区公园布置紧凑，各功能分区或景区间的节奏变化比较快。居住区公园与城市公园相比，游人成分单一，主要是本居住区的居民，游园时间比较集中，多在一早一晚，特别是夏季的晚上是游园高峰。因此，加强照明设施，灯具造型，夜香植物的布置，成为管理居住公园的重点。

2)居住区组团绿地。组团绿地是直接靠近住宅的公共绿地，通常是结合居住建筑组群布置，服务对象是组团内居民，主要为老人和儿童就近活动和休息提供场所。居住区组团绿地的布置方式有：

①封闭式：绿地为绿篱、栏杆所隔离，居民不能进入绿地，也无活动休息场地，可望而不可即，使用效果较差，如图 2-13 所示。

②半封闭式：以绿篱或栏杆将绿地与周围分隔，但留有若干出入口，如图 2-14 所示。

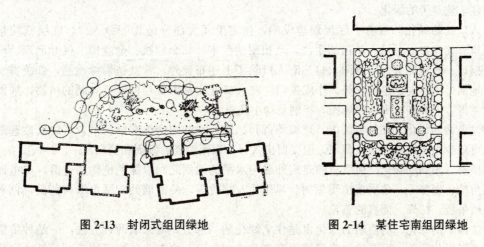

图 2-13　封闭式组团绿地　　　　图 2-14　某住宅南组团绿地

③开敞式：居民可以进入绿地内休息活动，不以绿篱或栏杆与周围分隔，如图 2-15 和图 2-16 所示。

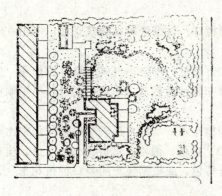 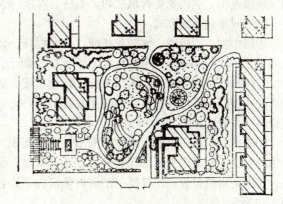

图 2-15　常州清潭"兰园"组团绿地　　　　图 2-16　常州清潭"梅园"组团绿地

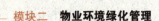

3)小游园。小游园是为居民提供茶余饭后活动休息的场所，利用率高，要求位置适中，方便居民前往。充分利用自然地形和原有绿化基础，并尽可能和小区公共活动场所或商业服务中心结合起来布置，使居民的游憩和日常生活活动相结合，使小游园以其易方便到达而吸引居民前往。

小游园的位置多数布置在小区中心，也可在小区一侧沿街布置，以形成绿化隔离带，美化街景，方便居民及游人休息，游园中繁茂的树木，可减少街道噪声及尘土对住宅的影响。小游园面积的大小要适宜，如面积太小，与宅旁绿地相差无几，不便于设置老人、少年儿童的游戏活动场地；如面积太大，不分设小块公共绿地，则会减少公共绿地的数目，分布不匀，增加居民到游园的距离，给居民带来不便。因此可采用集中与分散相结合的形式布置小游园。

（2）宅间及庭园绿化。宅间绿地与居民日常生活有着密切关系，为居民的户外活动创造良好的条件和优美的环境，以满足居民休息、儿童活动、晾晒衣物、观赏等的需要，其用地面积不计入公共绿地指标内。其绿化布置因建筑组合形式、层数、间距、住宅类型、住宅平面布置的不同而异。这里的绿化布置还直接关系到室内的安宁、卫生、通风、采光，关系到居民视觉美和嗅觉美的欣赏，阵阵花香飘满院，绿叶红花入室来，是一种美的享受。宅旁绿地遍及整个居住区，绿化状况能反映出小区绿化的总体效果。

1）住宅建筑旁的绿化。

①入口处的绿化。目前小区规划建设中，住宅单元大部分是北（西）入口，底层庭院是南（东）入口。北入口以对植、丛植的手法，栽植耐荫灌木，如金丝桃、金丝梅、桃叶珊瑚、珍珠梅、海桐球、石楠球等，以强调入口。南入口除了上述布置外，常栽植攀缘植物，如凌霄、常春藤、地锦、山荞麦、金银花等，作成拱门。在入口处注意不要栽种带有尖刺的植物，如凤尾兰、丝兰等，以免伤害出入的居民，特别是幼小儿童。

②垃圾站的绿化。在住宅区内，垃圾箱（筒）、垃圾站外围密植常绿树木，将垃圾站遮蔽起来，也可减少由于风吹而垃圾飘飞，但要留出入口，以便垃圾的倾倒和清扫。

③墙基、角隅的绿化。使垂直的建筑外墙与水平的地面之间以绿色植物为过渡，如植铺地柏、鹿角柏、麦冬等，角隅栽植珊瑚树、凤尾竹、棕竹等，使沿墙处、屋角绿树茵茵，色彩丰富，打破呆板、枯燥、僵直的感觉。

④防西晒的绿化。防西晒的绿化也是住宅绿化的一部分，可采取两种方法：一是种植攀缘植物，垂直绿化墙面，可有效地降低墙面温度和室内气温，也美化装饰了墙面，常见的可栽植地锦、五叶地锦、凌霄、常春藤等；二是在西墙外栽植高大的落叶乔木，盛夏之时，如一堵绿墙使墙面遮阳，室内免受西晒之灼，如杨、水杉、池杉等。

2）宅间绿化布置方式。

①围栏型。用砖墙、预制花格墙、水泥栏杆、金属栏杆、竹篱笆等在建筑正面、围出一定的面积，形成首层庭院，布置花木，如图2-17所示。

②树林型。用高大的乔木，多行成排地布置，对改善环境、改善小气候有良好的作用，也为居民在树荫下进行各项活动创造了良好的条件。这种布置比较粗放、单调，而且容易影响室内通风及采光，如图2-18所示。

③绿篱型。在住宅前后用绿篱围出一定的面积，种植花木、草皮，是早期住宅绿化中比较常用的方法。绿篱多采用常绿树种，如大叶黄杨、侧柏、桧柏、蜀桧、女贞、小叶女贞、桂花等；其中花木的布置，在有统一基调树种前提下，各有特色，或根据住户的爱好种植花木。如图2-19所示。

图 2-17　围栏型　　　　图 2-18　树林型　　　　图 2-19　绿篱型

④庭园型。一般在独立庭院的住宅内布置，除花木外，往往还有山石、水池、棚架、园林小品的布置，形成自然幽静的居民生活环境；也可以草坪为主，栽种树木、花草，如图 2-20 所示。

⑤花园型。在宅间用地上，用绿篱或栏杆围出一定的用地，可以选择采用自然式或规则式、开放式或封闭式的布置，起到隔声、防尘、遮挡视线、美化环境的作用，如图 2-21 所示。

图 2-20　庭园型　　　　图 2-21　花园型

3）居住区道路绿化。

①住宅小路是联系各住宅的道路，一般宽 2 m 左右，供人行。绿化布置时要适当后退 0.5～1 m，以便必要时急救车和搬运车驶近住宅。小路交叉口有时可适当放宽，与休息场地结合布置，也显得灵活多样，丰富道路景观。采用行列式分布的住宅各条小路，其绿化从树种选择到配置方式可多样化，形成不同景观，也便于识别家门。

②居住小区道路，是联系各住宅组团之间的道路，是组织和联系小区各项绿地的纽带，对居住小区的绿化面貌有很大作用。此处的绿化要根据居住建筑的布置、道路走向以及所处位置，周围的环境等加以考虑。这里以人行为主，也常是居民散步之地，树木配置要活泼多样，树种选择上多选小乔木及开花灌木。

4）儿童游戏场。在小区规划中可把儿童游戏场地分成三级：

第一级儿童活动场地，安排在居住建筑的宅前宅后的庭院部分，是最小型的活动场地，主要供学龄前儿童活动，以 3～6 岁的儿童居多，其独立活动能力不强，需要大人照料。活动设施比较简单，有一块乔木遮阴的地坪，地面排水要求比较良好，可设小沙坑，安放椅子供家长照顾孩子使用，周围不以灌木相围，以便家人从窗口看顾和照料。

第二级儿童活动场地，安排在住宅组团绿地内，主要为学龄儿童活动。这一阶段的儿童活动量较大，且喜欢结伙游戏，要有足够的活动场地，设于单独地段，可减少住宅附近的喧哗。在场地上进行一些集体活动，如跳皮筋、跳绳、踢毽子等，还可设置简单的活动器械，如小型单杠、沙坑、秋千等。

第三级为小区级的游戏场地，每个小区可设 1～2 处，可与小区公共活动中心、少年之家结合布置，有较大型的游戏设备和小型体育器械，如秋千、滑梯、转椅、攀登架、篮球架、小足球门等。

在住宅区内靠近住宅布置儿童游戏场，是少年儿童课余活动最方便的地方，可利用图 2-22 所示安排活动场地。

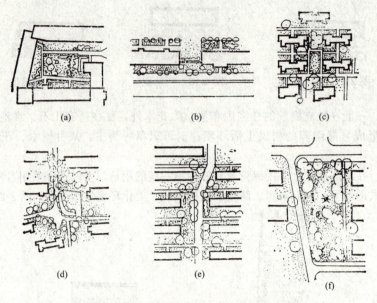

图 2-22 儿童游戏场在住宅附近布置

(a)在住宅院落内；(b)以围墙连接住宅；在山墙间布置；(c)山墙间隔处；
(d)在道路交叉口布置；(e)在人行通道与山墙之间或将通道加宽；(f)上海控江新村居住区儿童乐园

（四）工业厂房庭园绿化设计

(1)工厂的庭园绿化与其生产性质、厂房车间、道路、上下管网和电缆都有密切的关系。工厂前庭也叫作厂前区，包括工厂的大门、办公楼、技术楼等外围环境，它是工厂行政、技术和管理中心。厂前区往往设在污染风向的上侧，管线较少，所以绿化条件较好，该区又是内、外宾必到之处，人流较多。该区域绿化形式应与建筑形式相协调，共同创造一个美观的环境。

(2)办公楼与车间厂房之间应设乔、灌木防护林带，借以防护来自车间的污染。

(3)在车间出入口可以重点布置草坪、花坛、配以花灌木，与门口的宣传廊相结合，创造一个百花齐放的热烈环境。在车间附近的绿化可选用树姿优美、花色鲜艳的花木，但不能影响车间内部的通风和采光。在车间附近可设休息亭、廊，布置松、柏和垂直绿化，为工人工间休息使用。在污染车间周围进行绿化，应以通风、扩散为主要目的，可种植低矮的抗污染性强的花灌木或草坪。

(4)工厂的车间是生产重地，也是工人集中的地方，其绿化主要是为了净化空气、调剂精神、维护工人身体健康，但是不能妨碍生产活动。对卫生要求较高的车间四周绿化，应全面铺设草坪，再用乔、灌木配置，但不宜采用有飞絮的树种。另外，对防火、防爆要求较高的车间四周绿化应以防火隔离为主，选用含水量较高不易燃烧的树种，如柳、珊瑚、银杏等，在距离上还要保证有消防车的活动空间。

(5)为了职工就近休息和开展各种文娱、社交活动，在厂内外布置小庭园是有必要的。在绿化布置上，可以采用因地制宜的方法，全面铺设草坪，栽植色彩鲜艳的花灌木或孤植树。适当设立座椅、花架、水池、瀑布、喷泉等。还可以采用花灌木分隔空间，在建筑厂房墙面上可设立荫棚，花架进行垂直绿化。

（五）学校庭园绿化设计

大、中专院校的庭园绿化布局，可采用自然式或规则式的方式进行布局，学校庭园一般可分为前庭、中庭、侧庭、后院等。

1. 前庭的绿化布局

从学校大门口到院内第一幢建筑物前面的空间为前庭。大门口的绿化既要与街景一致，又要有学校自身特色。门内可设较大的广场，其间可布置花坛、雕像、喷泉等。

2. 中庭的绿化布局

教学楼之间的绿地空间为中庭。中庭绿化的主要作用是防护和隔离，还要有利于学生的课间休息活动。在树种选择时要注意选用常绿乔灌木，在树种的配置上，常用高大的乔木进行绿化，既要注意保证教室内的自然采光，又要在两教学楼之间起隔离作用，还要在树下设立适当的游戏场地和设施；墙基可种植花灌木或花草，但其高度不应超过窗口，较大的常绿树应布置在两个窗口之间，远离建筑物 7 m 之外。教室东、西两侧可种大乔木，以防夏季东西日晒。在教室的南向还应该保留适当的空间，以便学生下课后在阳光充足的场地上活动。

3. 侧庭的绿化布局

侧庭位于各校舍建筑物之间，围墙的转角或富有地形变化的山、水之间。侧庭的绿化可用常绿乔木创造出各种大小不同的绿化空间，同时布置座椅，以便学生室外学习之用。

4. 后院的绿化布局

后院处于学校建筑群的后方，一般将体育活动场地、科学实验场等布置在这里。体育活动场地，一般要远离教室 15 m 以外，这里的绿化要根据活动项目的功能不同，进行合理布局，四周可布置数行常绿或落叶乔灌木混交林带，以防止干扰教室内学生的学习，也防止周围的污染气体、灰尘、寒风对场地上运动员的危害，并有利于运动员夏季的遮阴。

（六）宾馆庭园绿化设计

（1）宾馆建筑的庭园以服务性为主，主要功能是便于接待来短期开会、生活、居住的宾客。宾馆位置一般都处于城市交通便利地区，除主体建筑外，还有裙房等。

（2）宾馆园林绿化风格，要体现出民族风格和地方特色。宾馆庭园绿化的布局一般来说，应从大门广场直到前庭的主景，各个不同的庭园绿化直到楼顶，形成内外结合，上下呼应的统一立体效果。每个花园又要有各自的主体和中心，配以假山、水池、亭、廊等小品，构成一个完美的园林空间，使客人得以美的享受。

（3）各园林空间以绿化为主，各种乔木、灌木、花卉、草坪等高低错落，烘托其中主体设施，创造出花园特色。整个花园建成后，植物配置的高低错落，可用花廊将花园、空间分隔成大小不同的园林空间，各个园林空间中又有各自独立景观。

二、物业环境绿化方式

1. 物业环境绿化方式布局的目的

(1) 满足居住区居民方便地进行文化娱乐、休息游览的要求。
(2) 满足城市生活和生产活动安全的要求。
(3) 满足工业生产卫生防护的要求。
(4) 满足提升城市环境艺术面貌的要求。

2. 物业环境绿化方式布局的原则

(1) 综合考虑，全面安排。绿地在城市中分布很广，潜力较大，园林绿地与工业区布局、公共建筑分布、道路系统规划应密切配合、协作，不能孤立地进行。

(2) 从实际出发，因地制宜。我国地域辽阔、幅员广大，各地区城市情况错综复杂，自然条件及绿化基础各不相同，因此城市绿地规划必须结合当地自然条件特点。各种园林绿地必须根据地形、地貌等自然条件、城市现状和规划远景进行选择，充分利用原有的名胜古迹、山川河湖,组成美好景色。

(3)均衡布局。城市中各种类型的绿地担负有不同的任务,各具特色。以公共绿地中的公园为例,大型公园设施齐全,活动内容丰富,可以满足人们在节假日休息游览、文化体育活动的需要;分散的小型公园、街头绿地,以及居住小区内的绿地,则可以满足人们日常的休息活动的需要。

各类园林在城市用地范围内大体上应均匀分布。公园绿地的分布,应考虑一定的服务半径,根据各区的人口密度来配置相应数量的公共绿地,保证居民能方便地利用。可以将绿地的分布归纳为四个结合:即点(公园、游园、花园)、线(街道绿化、游憩林荫带、滨水绿地)、面(分布广大的专用绿地)相结合,大中小相结合,集中与分散相结合,重点与一般相结合,构成一个有机的整体。各种功能作用不同的绿地相连成系统之后,才能起到改善城市环境及小气候的作用。

(4)远近结合。规划中要充分研究城市远期发展的计划,根据人民生活水平逐步提高的要求,制定出远期的发展目标,不能只顾眼前利益,而造成将来改造的困难,此外还要照顾到由近及远的过渡措施。

3. 物业环境绿化布局的分类

(1)从空间形式上划分,可分为地面绿化和立体绿化两种类型。

1)地面绿化可以通过乔木、灌木和花草等多种植物形成多层覆盖,以营造各种不同类型的室外绿地空间。地面绿化是环境绿化中最常见、最普遍、规模最大的绿化方式。地面绿化主要的空间类型如下:

①疏林草地空间。以乔木与草坪相结合,一般铺设在绿化面积较大的居住区域,夏季可以供人蔽荫,林间空旷草地,可供人们活动和休息。

②草坪空间。以草坪为主要绿化材料,营造绿色的地被景观效果,形成开阔的草坪空间,包括花坛性质的草坪、运动性质的草坪、休息性质的草坪、观赏性质的草坪等。草坪空间草种的选择应与当地气候条件相适应,冷季型草坪经常种植黑麦草、紫羊茅、羊胡子草等,这些植物的主要特征是耐寒性较强,夏季不耐炎热,春秋两季生长旺盛,最适宜的生长温度为15 ℃～25 ℃,十分适合于在我国北方地区栽培。暖地形草坪草种主要有结缕草类、狗牙根、天堂草、野牛草等,其最适宜的生长温度为26 ℃～32 ℃,抗寒能力较差,适合我国的南方地区栽植。

③乔、灌、草多层覆盖的密林空间。

④以灌木种植为主的半开敞空间。

2)立体绿化。立体绿化主要采用爬藤植物来达到立体空间绿化的目的,包括各种建筑物和构筑物的墙面绿化、棚架绿化、栅栏绿化、屋顶绿化等。立体绿化,可以充分发挥城市有限的空间,增加绿量,以创造更佳的生态环境。

①屋顶绿化。屋顶绿化是增加城市绿地、营造空中鸟瞰景观非常重要的一环,随着空中交通的日益发展,屋顶绿化对城市整体风貌将产生深远的影响,因此也日益受到人们的重视。

屋顶绿化是指将植物栽植于排水坡度小于5%的平层面上。屋顶绿化的特点是对屋面防水要求较高,必须解决好屋顶的防漏问题;同时受屋顶承载能力的限制,屋顶供种植的土层很浅,土壤有效含水量小,易干燥;另外,屋顶风力比较大,因此屋顶绿化应以小型的花灌木、草坪等浅根系的植物为主,以中型的盆栽花卉为辅,来进行布置。

②阳台绿化。阳台绿化必须考虑到建筑立面的整体效果,布置力求整洁、美观、有秩序,以营造出丰富多彩的空中小花园。

阳台绿化的布置形式可采用平行垂直线构图、平行水平线构图、斜线吊篮相结合的构图,布置时可用绳、铁丝、花篮等辅助材料。

阳台绿化一般采用盆栽的形式,爬藤植物应选择抗旱性强的中小型木本或草本爬藤植物,也可以选择多年生又见花又见叶的植物,如地锦、金银花、月季、牵牛等。

③墙面绿化。利用爬藤植物装饰建筑物或构筑物的墙面称为墙面绿化，用于墙面绿化的爬藤植物基本上都属于攀附型爬藤植物。墙面绿化要根据建筑物的高度及艺术风格选择植物，一般要求植物具有吸盘或吸附根，以便于攀附墙面，如爬山虎、常青藤、五叶地锦、凌霄等。在炎热的夏季，墙面爬满爬藤植物的建筑，其室内温度比没有墙面绿化的建筑要低 2 ℃～4 ℃。

选择墙面绿化植物时主要考虑以下因素：

a. 墙面朝向。朝阳的墙面，可选种爬山虎、五叶地锦、凌霄等；背阳的墙面，可选种常春藤、薜荔、扶芳藤等。

b. 墙面高度。根据爬藤植物的攀缘能力选择树种，建筑物较高时可选种爬山虎、五叶地锦，建筑物较低时可选用常春藤、凌霄、薜荔等。

墙面绿化的种植形式主要有地栽和容器栽植两种。

(2) 从布局形式上划分，可分为带状绿地布局、楔形绿地布局、块状绿地布局、混合式绿地布局。

1) 带状绿地布局。多利用河湖水系、城市道路、旧城墙等因素，形成纵横向绿带、放射状绿带与环状绿地交织的地网。带状绿地的布局形式容易表现城市的艺术面貌。

2) 楔形绿地布局。结合居住区道路布局，在居住区交通枢纽地带及特殊地域可以形成由宽到狭的绿地，称为楔形绿地，一般都是利用河流、起伏地形，放射干道等结合市郊农田防护林来布置，其优点是能使城市通风条件好，有利于城市艺术面貌的体现。

3) 块状绿地布局。块状绿地布局，是以块状为主，分布均匀，造型规整，可利用性好。这种绿地布局形式，可以做到均匀分布，居民方便使用，但对构成城市整体的艺术面貌作用不大，对改善城市小气候条件的作用也不显著。

4) 混合式绿化布局。混合式绿化布局是前三种绿化布局形式的综合，可以使点、线、面绿化相结合，形成较为完整的绿化布局体系，最大限度地满足人们接触绿地、方便游憩的需要，有利于丰富区域整体景观效果。

4. 物业环境绿化方式布局要求

(1) 布局合理。按照合理的服务半径，均匀分布各级公共绿地和居住区绿地。结合城市各级道路及水系规划，开辟纵横分布于全市的带状绿地，把各级各类绿地联系起来，相互衔接，组成连续不断的绿地网。

(2) 指标先进。城市绿地各项指标不仅要列出各类绿地的指标，还要分别近期与远期的指标。

(3) 质量良好。城市绿地种类不仅要多样化，以满足城市生活与生产活动的需要，还要有丰富的园林植物种类，较高的园林艺术水平，充实的园林文化内涵，完善的服务设施。

(4) 环境改善。在居住区与工业区之间要设置卫生防护林带，设置改善城市气候的通风林带，以及防止有害风向的防风林带，起到保护与改善环境的作用。

三、物业环境绿化管理方案

1. 物业环境绿化管理方案

物业的绿化系统一般由庭院绿化的"点"、道路绿化的"线"和公共绿地的"面"组成。进行绿化管理要本着"经济、美观"的指导思想，正确选择植物的品种，注意植物布置的层次搭配，利用精巧的园林艺术小品和丰富多样的园林植物进行多层次的立体绿化，形成优美清新、绿意盎然、赏心悦目的生态环境。

进行绿化管理时必须制定合适的管理方案，做到管理有序。根据物业的具体情况，制定相应的工作标准和服务程序，明确规定绿化管理工作每一个岗位的工作职能，每一项工作的操作步骤，各种问题的处理方法，使每一个员工工作都有章可依，从而不断提高绿化管理质量。

模块二　物业环境绿化管理

绿化植物的日常养护管理十分重要。绿化养护管理工作包括除草、松土、浇水、整形、防虫等，还有防止人为的毁坏。在做好日常性管理的同时，还要针对不同花草树木的品种、不同习性、不同季节、不同生长期，进行动态管理，做到树木生长茂盛无枯枝，树形美观完整无倾斜，花坛土壤疏松无垃圾，草坪平整清洁无杂草。

2. 物业环境绿化管理方案的内容

(1)绿化管理机制。绿化部根据物业的具体情况制定合适的绿化管理机制，使绿化工作井然有序地进行。如今，大部分物业服务公司都会采用"闭环＋激励"的内部运作机制进行绿化区域分工，区域负责，责任到人。下级对上级负责，事情一环扣一环，形成一个有机结合的绿化管理闭环；进行"零干扰"的隐性服务，尽量减少绿化作业时间对用户正常工作的干扰。同时，在进行绿化管理日常工作时，按照绿化实施、绿化检查、绿化改进的步骤，先制订出科学合理的绿化作业标准，然后组织实施，并对绿化作业进行监督、检查，分析其有效性，以不断改进绿化工作。

(2)绿化管理人员。绿化管理人员的配备和培训是关系到绿化管理工作能否落实、能否管好的关键。绿化管理人员的配备并不是一次性的工作，而是随着物业绿化工作的开展和绿化工作的需要逐步到位的。因此，绿化管理人员的配备应根据本部门的实际情况，把好招聘关，对新招收人员要有一定期限的试用期(一般3个月)，试用期间表现良好的才能正式聘用。

如果管理人员不能集中培训，可边工作边培训，可灵活利用各种培训方式进行培训；如果管理人多，则可集中正规培训。

培训内容主要包括环境绿化基础知识、植物种植与繁殖方法、种植技术措施以及园林植物的营造和养护知识等。

绿化管理的工作多，技术要求也多，因此要求绿化部门的管理人员，要全面掌握有关绿化方面的知识，要学会生产技艺，做到一专多能，这样才有利于绿化管理工作的开展。

(3)绿化管理的标准。在制定绿化管理方案时，首先要根据物业内绿化的具体情况明确绿化管理的标准与措施等。

1)绿化面貌的要求：绿地内清洁、整齐；无明显病虫危害，无药害；根据实际情况制定养护、补种计划，并按期实施。

2)绿化养护的要求：本地新种树苗成活率达95%以上，外地苗成活率达85%以上；病虫害的树木不超过2%；绿地更新及时率达到98%；绿化存活率达到98%以上；残枝断叶控制率达到98%；有专业人员实施绿化养护管理；及时修剪和补栽补种，无杂草、杂物；根据花卉、绿篱、树木的品种和生长情况，及时修剪整形，保持观赏效果；定期组织浇灌、施肥和松土，做好防涝、防冻工作；绿化建筑小品无损坏；保持绿地土壤疏松、无积水；合理、有效施肥，增强土壤肥力，改善土壤理化性状。

3)病虫害防治的要求：应采取病虫害综合防治措施，病虫害对植物的危害性应控制在不影响观赏效果的指标之内；基本无病害危害迹象；食叶性害虫危害率小于5%；刺吸性害虫危害率小于10%；蛀干性害虫危害率小于3%。

4)景观效果的要求：

①根据管理区域绿地植物分布状况及生长的各个阶段，对植物群落合理养护，保持植物季相分明、色彩丰富、群落完整、层次得当、生长茂盛，营造管理区域优美的整体景观效果；

②群落结构合理完整、层次丰富，黄土不裸露，树木种间、株间生长空间与层次处理得当，整体观赏效果好；

③树木生长好，乔灌木主干挺立，树形完整优美，枝叶茂盛，季相明显；针叶树应保持明显的顶端优势；整形树木应按观赏要求养护成一定形态；花灌木按时开花结果，绿篱连续、无空档、无死树枯枝；地被植物应为四季常绿的观花或观叶品种；

· 68 ·

④花卉布置恰当，花卉健壮，始花期方可种植，株行距适宜，花期整齐，图案美观，按时开花；

⑤草坪铺植效果好，草种纯，生长茂盛，无空秃；

⑥杂草控制好，无大型野草、无缠绕性、攀缘性杂草，基本无杂草；

⑦建筑小品、辅助设施完好无损；

⑧环境卫生好，绿地整洁，无垃圾。

(4)物业空间立体绿化管理。物业空间立体绿化管理主要包括对空间立体绿化的指导和宣传教育工作。物业环境绿化管理部门不但要搞好地面绿化，而且在条件适宜的地方，应自觉且鼓励用户搞好物业的空间绿化，包括墙面绿化、阳台绿化、屋顶绿化、室内绿化等。空间绿化除了观赏作用外，还可弥补建筑物的缺陷。

物业空间立体绿化工作，如阳台绿化、窗台绿化、室内绿化等基本上是由用户自己控制的。为此，物业服务企业要做好指导工作，即通过技术咨询方式传授有关绿化的技术与技艺，帮助用户找到美观、安全的绿化美化方法，使住户提高环境绿化的认识，积极参与空间环境立体绿化。同时，要对住户进行立体绿化安全宣传教育，注意防止花盆及其他绿化设施与器具等坠落而发生安全事故等。

(5)绿化管理的宣传教育。要做好绿化管理工作，除了要靠物业服务公司人员的努力外，还需要物业用户的配合。绿化部应对物业用户进行绿化管理的宣传教育，加强物业用户爱护花草的意识，同时绿化部应根据具体情况，制定相关的绿化管理规定，并进行公示，告知所有工作人员及物业用户，要求其遵守。下面列出部分规定，以供参考。

1)凡是物业范围内一切用户和过往人员，均须遵守本规定。

2)搞好物业绿化是全体居住人员及过往行人应尽的责任和义务，要树立"爱护绿化，讲究文明"的社会风尚。

3)设立专业花圃组，对物业范围内的绿地、苗木进行管理、培植、养护，负有美化物业的责任。

4)严禁在树木、绿化地带内设置各种广告标语牌；未经同意，不准在绿化带空地上铺设管线，迁移和损坏树木、花草。

5)提倡、鼓励用户在围栏内布置花草，阳台上种植花卉，增设物业景观；提醒业主在阳台摆置盆景要有保护架等安全措施；严禁楼上向下乱扔杂物、泼水等不文明行为，对教育无效者除责令清扫干净外，并报有关部门处理。

6)严禁偷摘花草；禁止轿车、出租车驶入草坪。

7)绿化用水不得擅自改为他用。

8)破坏绿化按规定进行处罚，具体处罚金额由绿化部根据实际情况制定并公示。

模块小结

本模块主要介绍了物业绿化管理概述、物业环境绿化的前期介入与接管验收、物业绿化植物的配置、物业环境绿化植物栽培与养护、物业环境绿化管理工作内容五部分内容。

一、物业绿化管理概述

1. 绿化管理包括绿化管理人员实施管理、绿化管理规定、绿化管理方案、绿化植物的布置要求、具体布置方法、绿化植物的种类介绍、种植方法以及种植后的养护等。

2. 环境绿化按功能可分为公园绿地、防护绿地、广场用地、附属绿地、区域绿地等。

模块二　物业环境绿化管理

3. 环境绿化的功能：净化空气、吸收放射性物质、吸收有害气体、吸滞粉尘、净化水体、调节湿度和温度、净化土壤、降低噪声、安全防护、提升城市景观、提供休闲场所等。

二、物业环境绿化的前期介入与接管验收

1. 由于在建筑物绿化设计和施工中通常会存在一些不足或缺点，为了便于物业服务企业做好接管后的绿化环境工作，在其绿化建设施工中就要提前介入其中，监督工程质量，以确保今后的绿化工作能顺利进行。

2. 物业服务企业在承接物业绿化委托管理时，对新建物业绿地或原有物业绿地按行业接管验收标准进行综合检验的过程称为物业环境绿化接管验收。

三、物业环境绿化植物的配置

1. 掌握绿化植物的配置原则，因地制宜地选择树种。

2. 植物的配置方式有：规则式、自然式两种。

四、物业环境绿化植物栽培与养护

1. 了解植物器官：根、茎、叶、花、果实、种子的基础知识。

2. 掌握花卉的栽培技术、对植物进行细心的养护。

3. 突破季节限植物栽植与养护：苗木的选择、修剪整形、栽植技术处理、苗木养护等。

五、物业环境绿化管理工作内容

1. 了解园林绿地设计的原则，进行绿化管理方案的设置。绿化管理方案的内容有：绿化管理机制、绿化管理人员、绿化管理标准等。

2. 物业环境的绿化规划设计：居住区规划要求、居住区规划结构、居住区绿化设计等。

复习与思考

一、填空题

1. 环境绿化，按主要功能可分为_____、_____、_____、_____、_____五个大类。

2. 环境绿化的主要功能包括_____、_____、_____、_____、_____、_____、净化土壤、降低噪声、安全防护、提升城市景观、提供休闲场所等。

3. 绿化方式布局的原则包括_____、_____、_____、_____。

4. 绿化布局从空间形式上划分，分为_____和_____两种类型。

5. 植物配置方式主要有_____和_____两种。

6. 华北地区大部分落叶树和常绿树在_____至_____种植。

7. 绿篱的高度依其防范对象来决定，有_____、_____、_____和_____。

二、简答题

1. 简述物业环境绿地的特点。
2. 简述物业绿化管理的内容。
3. 简述绿化工岗位职责。
4. 简述绿化工程质量标准。
5. 什么是草坪植物配置的色彩与季相？
6. 简述绿化植物的养护内容。

模块三 物业环境水景管理

学习目标

通过本模块的学习，了解水景的概念、作用，喷泉造景、水池造景、小区游泳池的组成；掌握小区水景系统，水景水质管理，水景养护与管理制度，水体设备养护制度，水体清洁养护制度。

能力目标

能正确维护与管理水景设施设备。

案例引入

水景住宅如何"美而不费"？

面朝大海，春暖花开，临水而居的魔力无处不在。如今各种水景房也吸引着人们纷纷购买入住。但是，理想和现实之间总有差距，看起来很美的水景，在业主入住后，因水景养护引发的诸多问题，让使用者对水景住宅产生怀疑。探究其原因，有的是小区物业管理不当，导致水景设施损坏，无法正常运行，而更多的是小区物业无法负担起高昂的水费和电费。这美丽的负担该如何担起，小区水景究竟如何"美而不费"？

购房者对水景住宅的偏爱，让更多的开发商瞄准了机会。适当的水景构造，可以丰富小区环境、调节小气候，增强居住的舒适性，而湖泊、瀑布、小溪、喷泉、流水等元素的引入，也着实演绎出了居所的不凡品质。当然投入是有回报的，据开发商透露，拥有大面积"湖泊"水景的项目售价均比同地段"旱楼盘"高出5%～10%，即使在同一楼盘，临近水景的户型也比其他远离水景的户型每平方米均价高出100～200元，而且产品供不应求，前景非常好。

但随着时间的推移，小区里原本优雅、美丽的人工水景，如今已变了模样，如某小区业主入住时，壮观的水景衬托着茂盛的树木花草，看起来非常"高大上"。可是喷泉用了一年左右就停了，湖底慢慢累积了很多淤泥，水变浑浊了，有时甚至散发出异味，加之污水横流的水道两侧没有安全护栏，给跳广场舞的老人和在池边玩耍的孩子带来危险，后来物业就用铁板覆盖了水道，将它变成了停车场。

模块三　物业环境水景管理

在多次调查中，很多物业都说维护小区水系太费钱，需要业主的支持。但事实上，谁都清楚问题的症结，在于开发商在兴建的时候，完全不去理会水景运转后所产生的昂贵费用。在前期物业管理阶段，开发商为了售房需要，往往会对物业管理给予补贴。一旦楼盘销售结束，补贴自然逐步减少甚至取消。而对于目前许多举步维艰的物业服务公司来说，不可能拿出这笔不菲的费用。让业主们自掏腰包，操作起来难度又很大。这直接导致了建成后的闲置，更造成对业主利益的损害。只是，购房合同中没有明确规定人造水景日后的花费由谁支付，没有法律意义上的负责方，自此，水景才成为业主们难以承担的"美丽负担"。

专家表示，开发商在修建人造景时，应该充分考虑后期的维护成本，尽量利用地势、自然资源，不但要做水景，还要做能够保持住生态系统的水景。一是要强调活水的作用，毕竟"流水不腐，户枢不蠹"。二是要强调自净的功能。现在很多水景采用的都是混凝土等硬质材料，水面无法和土壤进行接触，使得自净功能大大下降。因此，开发商有必要采用一些草坪、灌木为主的自然型护坡，用石块护脚，并放养一些水生植物，通过生物链的作用，消化和吸收内外污染源，增强水体的自净能力。

问题与思考：美丽的水景往往需要投入大量的人力、物力、财力去维护，你知道水景需要进行哪些维护和管理吗？

单元一　水景概述

一、水景的概念

水景是指以水为主要景观要素而营造的环境景观，即利用瀑布、跌水、水帘、湍流、缓流、静水、水雾等水的形态，形成各种特色的水道、湖、塘、池、泉等室内外景观。常见的居住区水景主要有喷泉、瀑布、池塘、游泳池、溪流等。

二、水景的作用

1. 美化人们生活的环境

人造水景是建筑空间和环境创作的一个组成部分，主要由各种形态的水流组成。水流的基本形态有镜池、溪流、叠流、瀑布、水幕、喷泉、涌泉、冰塔、水膜、水雾、孔流、珠泉等，若将上述基本形态加以合理组合，又可构成不同姿态的水景。水景配以音乐、灯光形成千姿百态的动态声光立体水流造型，不但能装饰、衬托和加强建筑物、构筑物、艺术雕塑和特定环境的艺术效果及气氛，而且有美化生活环境的作用。

2. 改善小区气候

水景工程可起到类似大海、森林、草原和河湖等净化空气的作用，使景区的空气更加清洁、新鲜、湿润，使人们心情舒畅、精神振奋、消除烦躁，这是由于：

(1)水景工程可增加附近空气的湿度，尤其在炎热干燥的地区，其作用更加明显。

(2)水景工程可增加附近空气中的负离子的浓度，减少悬浮细菌数量，改善空气的卫生条件。

(3)水景工程可大大减少空气中的含尘量，使空气清新洁净。

3. 综合利用资源

进行水景工程的策划时，除充分发挥上述作用外，还应统揽全局、综合考虑、合理布局，尽可能发挥以下作用：

(1)利用各种喷头的喷水降温作用，使水景工程兼作循环冷却池。

(2)若水池容积较大，可利用水流能起充氧防止水质腐败的作用，使之兼作消防水池或绿化贮水池。

(3)利用水流的充氧作用，使水池兼作养鱼池。

(4)利用水景工程水流的特殊形态和变化，结合灯光和音乐，使水池兼作艺术观赏池。

(5)利用水景工程可以吸引大批游客的特点，为公园、商场、展览馆、游乐场、酒店等招徕顾客进行广告宣传。

(6)水景工程本身也可以成为经营项目，进行各种水景表演。

三、水景管理范围

(一)喷泉造景

1. 喷泉的种类

在园林工程建设中，喷泉的种类和形式比较多，如图 3-1 所示，大体可以划分为如下四类：

(1)普通装饰性喷泉，是由各种普通的水花图案组成的固定喷水型喷泉。

(2)与雕塑结合的喷泉，喷泉的各种喷水花型与雕塑、水盘、观赏柱等共同组成景观。

(3)水雕塑，用人工或机械塑造出各种抽象的或具象的喷水水形，其水形呈某种艺术性"形体"的造型。

(4)自控喷泉，是利用各种电子控制设备和技术，按设计程序来控制水、光、音、色的变化，从而形成变幻多姿的奇异水景。

2. 喷泉与环境

喷泉一般是为了满足造景的需要，有时人们还会建造一些具有装饰性的喷水装置，以美化环境。喷泉可以湿润周围空气，减少尘埃，降低气温；喷泉的细小水珠同空气分子产生撞击，能产生大量的负氧离子，因此，喷泉有利于改善小区面貌和促进居民身心健康。

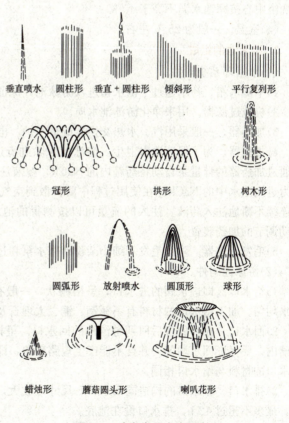

图 3-1 喷泉常见水姿形态

(二)水池造景

水景中水池的形态种类众多，深浅和池壁、池底结构及材料也各不相同。目前较为常见的水池有喷水池、观鱼池及水生植物种植池等。

水池可以在缺乏天然水源的地方开辟水面以改善局部的小气候条件，为种植、饲养有经济价值和观赏价值的水生动植物创造生态条件，并使空间富有生动活泼的景观。

(三)小区游泳池

现代化的大、中型物业项目中，游泳池已成为供人们休闲、娱乐和健身的重要公共设施。游泳池按使用性质可分为比赛用游泳池、跳水用游泳池、儿童游泳池和幼儿戏水池等；按经营方式可分为公用游泳池和商业游泳池；按有无屋盖可分为室内游泳池和露天游泳池。

1. 室内游泳池的一般标准

(1)游泳池尺寸。一般长度为 25 m(或 25 m 的倍数)；宽度为每泳道 2～2.5 m，两侧的泳道再加 0.25～0.5 m；深度为 1.4～1.8 m。成人池最深≤2.2 m；儿童池最深≤1.2 m；幼儿戏水池最深≤0.6 m。

(2)水质。游泳池的用水一般由城市管网供给，其水质应符合现行国家标准《生活饮用水卫生标准》(GB 5749—2006)的规定。

(3)水温。室内游泳池水温一般为(28±2)℃；比赛用室内游泳池水温为 25 ℃～27 ℃；酒店及洗浴中心按摩池水温不高于 40 ℃。

(4)室温。一般为 25 ℃左右。

2. 游泳池的组成

(1)水循环系统附件。

1)平衡水箱。补水通过平衡水箱进入游泳池，保证水位。

2)机械过滤器。用来净化游泳池水质。

3)加热器。一般采用汽、水热交换器或热水炉、电加热器等。

4)加药器。为了保证池水卫生，游泳池水除进行过滤及加热以外，还必须进行消毒。消毒是通过加药器的计量泵自动将药箱内的 $NaClO_3$ 溶液注入循环系统中，随水一起进入游泳池内。因为进入池水中的 $NaClO_3$ 在使用过程中要扩散到空气中去，致使池水含氯量降低，所以加药器要连续不断地注入药液。注入的流量可以按测得的池水含氯量进行调节，也有采用自动测定、自动调节的加药装置。

5)毛发聚集器。防止毛发等细小杂物堵塞水泵和过滤器。

(2)游泳池附件。

1)给水口。即进水阀的进水口，呈格栅状，一般有多个，分别设在池底或池壁面，要保证配水均匀。加工给水口的材料有不锈钢、铜、大理石及工程塑料等。

2)回水口。循环处理后回到游泳池的回水口，呈格栅状，一般有多个，分别设在池底或溢水槽内。要保证回水均匀，并且不能产生短路现象，即回水口要同循环泵的入口保持一定距离，回水口的材料与给水口相同。

3)排水口。排水口的构造同回水口，尺寸可放大，以便排水畅快，一般要求 4～6 h 将水放掉，最多不超过 12 h，排水口设在池底。

4)溢流口。一般在池边做成溢流槽，溢流槽要保证一定的水平度，槽内均匀布置回水口或循环泵吸入口。

5)排污口。可由排水口兼任。每天在游泳池开始使用前，短时微开排污阀，以排出沉积在池底的污物，保证池水的卫生。

模块三　物业环境水景管理

单元二　水景养护与管理

一、水景水质管理

(一)水景水源

景观水可以采用自来水、地下水，也可以采用雨水或中水。一般将自来水作为水景水源时可直接将其用于观赏水体。

随着城市自来水价逐年上涨，高昂的水费使物业管理费增加，很多水景运行困难，无奈断水。相对来说，雨水、中水资源丰富且价格低廉，能有效促进景观水体的循环，且处理系统一旦建成，便会带来持续的经济效益、环境效益，是今后城市居住小区景观用水的发展方向。

(二)水景水质要求

《城市污水再生利用景观环境用水水质》(GB/T 18921—2019)对水景水质做了相关规定。

1. 水质指标

作为景观环境用水的再生水的水质应符合表3-1的规定，同时还应符合《城镇污水处理厂污染物排放标准》(GB 18918—2002)的规定。

表3-1　景观环境用水的再生水水质

序号	项目	观赏性水景类景观环境用水	娱乐性水景类景观环境用水
1	基本要求	无漂浮物，无令人不愉快的嗅和味	
2	pH 值	6.0～9.0	
3	五日生化需氧量(BOD_5)/($mg \cdot L^{-1}$)	≤6	
4	浊度/NTU	≤5	
5	总磷(以 P 计)/($mg \cdot L^{-1}$)	≤0.3	
6	总氮(以 N 计)/($mg \cdot L^{-1}$)	≤10	
7	氨氮(以 N 计)/($mg \cdot L^{-1}$)	≤3	
8	粪大肠菌群/(个·L^{-1})	≤1 000	≤3
9	余氯/($mg \cdot L^{-1}$)	—	0.05～0.1
10	色度/度	≤20	

注：未采用加氯消毒方式的再生水，其补水点无余氯要求。

2. 利用要求

(1)再生水厂水源宜选用生活污水，或不含重污染、有毒有害工业废水的城市污水。

(2)使用再生水的景观水体中宜培育适宜的水生植物并定期收获处置。

(3)利用过程中，应注意景观水体的底泥淤积和水质变化情况，并应进行定期底泥清淤。

3. 安全要求

(1)使用再生水的景观水体，应在显著位置设置"再生水"标识及说明。

(2)使用再生水的景观水体中的水生动植物不应被食用。

(3)使用再生水的景观环境用水，不应用于饮用、生活洗涤及可能与人体有全身性直接接触的活动。

(三)水质净化方法

1. 物理净化法

景观水体净化的物理方法有引水换水、机械过滤、疏浚底泥等方法。

(1)引水换水。引水换水是在水池中加入新的水体,降低原有水体中有害物质的浓度,使其发挥出水体原有的生物净化功能。但这种方法耗水量大且需更换频繁,对较大面积的水域而言,经济上是不可行的。再者,换水也只能对防止水体水质变坏、水体的富营养化起到延缓的作用,并不能从根本上解决水体水质问题。

(2)机械过滤。在水景设计的初期,根据水体的大小,设计配套的过滤系统和循环水泵,并且埋设循环用的管网,用于以后日常的水质保养。如水体面积较大,循环过滤的周期必定延长,使水质净化不能达到预期的效果。与引水换水方法相比较,机械循环过滤方法虽然减少了用水量,但日常的耗电量却增加了,日常维护保养费也就相应增加了。

(3)疏浚底泥。疏浚是指挖泥增深,并不能达到水质更加清澈的预期目标。

2. 化学方法

化学方法主要指投加化学灭藻剂来杀死藻类。虽一时效果较明显,但久而久之,水中会出现耐药的藻类,灭藻剂的效能会逐渐下降,导致投药的间隔会越来越短,而投加的药量却越来越多,灭藻剂的品种也要频繁的更换,对环境的污染也在不断地增加。

3. 曝气充氧

目前,曝气的方式主要有自然跌水曝气和机械曝气,自然跌水曝气充氧效率低,但能耗低,维护管理简单,在要求充氧量较大时一般很难满足;而机械曝气充氧效率高,选择灵活,被广泛应用于湖泊或水塘的充氧。有时为了保证鱼类的供氧,水体中溶解氧一般应大于 3 mg/L。曝气的方法只能延缓水体富营养化的发生,也不能从根本上解决水体富营养化。

4. 微生物方法

在景观水水质恶化的时候,投加适量的微生物(各类菌种),加速水中污染物的分解,起到水质净化的作用。微生物的繁殖速度惊人,呈几何级增长,每一次繁殖都或多或少地会产生一些变异品种,导致微生物处理水质能力下降,而且很难控制其数量,其生长又受环境的影响很大,例如温度、气压等。同时微生物的分解物,会造成藻类的大量繁殖,再次导致水质变坏。因此,用微生物处理水质,必须定期进行微生物的筛选培育、保存、复壮等一系列专业处理,而且不能保证水质长期处于良好的状态之中。

5. 水生植物净化法

水生植物净化法是一种通过水中植物吸收水中的有害因子从而净化水质的方法。一般常利用的水生植物有浮萍、蒲草等,它们的根系发达,除了具有植物过滤的作用外,还能吸收水中的铁离子及农药。

在水体物理净化过程中,始终都少不了植物、微生物的参与,因而,生物净化在水体的净化过程中显得尤为重要。生物净化直接利用植物的净化功能,既可在池边栽种一些植物,阻止泥水进入水池,实现对雨水的初步净化;也可在水中植一些净化功能强、观赏性能好的水生植物,不但可吸收水体中的营养盐、有害成分,降低水体中氮、磷的浓度,达到净化水体的功效,还可以对水体环境起到一定的美化作用。

知识链接

水景中可净化水质的水生植物

常见的净化水质的水生植物有以下几种:

(1)蒲草:香蒲科香蒲属,多年生沼生草本,分株繁殖。其蒲棒可做切花或干花。

(2)芦苇：禾本科芦苇属，播种或分株繁殖。其净化水质的效果较好，如将芦苇布置于自然式水岸边，别有一番野趣。

(3)荷花：睡莲科睡莲属，多年生水生植物，分株或播种繁殖。荷花花叶清秀、花香四溢，是良好的美化水面、点缀亭榭或盆栽观赏的植物材料。

(4)水葱：莎草科蔍草属，多年生宿根挺水草本植物，茎秆高大通直，青翠碧绿。其变种花叶水葱，在茎秆上有黄色环斑，具有一定观赏价值。水葱多于初春分株繁殖，栽种初期宜浅水。水葱茎秆挺拔翠绿，常用于水面绿化或作岸边点缀。

(5)浮萍(又称青萍)：浮萍科浮萍属，多余生草本植物，分株或播种繁殖。浮萍能大量吸收、积累废水中的重金属元素，能有效吸收、积累、分解废水中的营养盐类和多种有机污染物。

二、水景养护与管理制度

为保证小区水景景观设施的正常运行，物业服务公司应有专业人员负责水景景观设施的维护保养工作。一般由物业服务公司工程部维修人员负责对小区内的水景景观设施进行日常维修保养，并做好巡查保养记录。具体操作流程如下：

(1)使用水景景观前，首先打开各个水池的进水阀并检查是否渗漏。

(2)当循环水进入集水坑后，打开喷泉、瀑布、溪流的阀门。

(3)从设备所在的配电室开启循环泵。

(4)冬季不使用水景景观时，必须关闭水景景观的所有进水闸并打开水池的泄水阀，放空水景景观内的水，以防管道被冻坏。

(5)水中灯具工作电压不大于 24 V。

(6)有漏电保护器，且保护器工作正常。

(7)在喷泉等水景设施的醒目位置，设置"严禁嬉水"等警示标识。

三、水体清洁及设备养护制度

(一)水体清洁养护制度

(1)水景系统保洁标准：应达到目视水池清澈见底，水面无杂物，池边无污迹。

(2)清洁人员应及时用捞筛对水景系统水面漂浮物进行打捞。

(3)水景系统喷水池清洗：小喷水池每周一次，大喷水池每月一次。

(4)水景系统清洁前，物业保洁管理部应通知维修人员做好停电停水工作，然后再对水景系统进行清洗。

(5)遇重大节日、庆典活动时，提前做好清洁工作，保持良好的水系环境。

(二)水体设备养护制度

1. 水泵的日常维护

(1)进口管道必须充满水，禁止水泵在含气状态下长期运行。

(2)定时检查电机电流值，避免超过电机额定电流。

(3)过滤水泵进行长期运行时，应常打开泵前过滤器上盖，倒掉并清洗滤筒内的杂质后再装上。

(4)水泵进行长期运行后，由于机械磨损，机组噪声及振动增大时，应停机检查，必要时要更换易损零件及轴承。一般机组运行一年就要一次大修。

(5)如长期停机，应将泵内的水放尽。

2. 过滤器的日常维护

(1)过滤器如长期不用，应将过滤器内的水放掉。
(2)过滤器在运行过程中，进水压力不得超过过滤器的最高压力。
(3)在调节多路阀位置时，应先停止过滤水泵，再按下手柄并转动。
(4)如手柄按下后无法转动，切不可蛮力转动，应拆开上盖，清洗转盘内的沙粒或其他杂质。

模块小结

本模块主要介绍了水景概述、水景养护与管理两部分内容。

一、水景概述

1. 水景是指以水为主要景观要素而营造的环境景观，即利用瀑布、跌水、水帘、湍流、缓流、静水、水雾等水的形态形成各种特色的水道、湖、塘、池、泉等室内外景观。

2. 喷泉一般是为了造景的需要，有时人们还会建造一些具有装饰性的喷水装置，以美化环境。

3. 水池可以在缺乏天然水源的地方开辟水面以改善局部的小气候条件，为种植、饲养有经济价值和观赏价值的水生动植物创造生态条件，并使空间富有生动活泼的景观。

4. 现代化的大、中型物业项目中，游泳池已成为供人们休闲、娱乐和健身的重要公共设施。

二、水景养护与管理

1. 景观水可以采用自来水、地下水，也可以采用雨水或中水。

2. 水质净化方法主要有物理净化法、化学方法、曝气充氧、微生物方法、水生植物净化法等。

3. 为保证小区水景景观设施的正常运行，物业服务公司应有专业人员负责水景景观设施的维护保养工作。

复习与思考

一、填空题

1. 水景工程分_____、_____和_____三种。
2. 现代水景的水流形态和照明控制有_____、_____和_____三种形式。
3. 景观水可以采用_____、_____，也可以采用_____或_____。
4. 水质净化方法主要有_____、_____、_____、_____、_____等。

二、简答题

1. 简述水景的作用。
2. 简述水景养护与管理制度。
3. 简述水体设备养护制度。
4. 简述水体清洁养护制度。

模块四 物业环境卫生管理与服务

学习目标

通过本模块的学习，了解物业环境卫生管理的概念、内容，掌握物业环境卫生管理的基本要求和措施；掌握物业保洁管理机构的设置与职责，日常操作，常用物业清洁工具，物业开荒清洁管理，生活垃圾管理，物业外墙清洗，公共场所卫生防疫管理以及物业保洁人员职业病的预防；了解物业区域内直接饮用水系统与中水供水系统。

能力目标

能进行有效的物业环境卫生管理，做好物业环境的保洁工作，对物业水环境进行有效管理。

案例引入

小区门口垃圾成堆，物业：外面的人倾倒，管不了

小区门口垃圾成堆，居民不但要忍受恶臭，还有滑倒危险……近日，住在成都青羊区东顺路一小区的业主就遭遇了这等事情。

不过，垃圾处理完全可以由收了垃圾清运费的物业，以及专门的环卫公司来处理。但是，这个小区的居民询问后有点郁闷，因为物业和环卫公司都说，不该他们管，他们也"管不了"，然后就任由成堆的垃圾一直堆着，日晒雨淋，散发着恶臭，这究竟是怎么一回事呢？

5月29日上午9点半，记者来到位于青羊区东顺路39号的小区。门卫旁边停着一辆属于青羊环卫的垃圾运输车，上面堆放着一袋袋生活垃圾。在垃圾车后面地上，堆放着大量建筑垃圾。当天上午下着细雨，气温并不高，记者仍可以闻到恶臭；垃圾堆积导致地面湿滑，很容易让过路的人滑倒。

据小区清洁员李先生介绍，垃圾运输车上堆放的是小区内的生活垃圾，街道环卫工会定时清理。但是，地面上的垃圾是小区外的人堆放的，已经很久没人清了。

负责该街道垃圾清运的环卫工人告诉记者，他每天上午8点、下午4点都会定时清运垃圾车里的生活垃圾，"今天压缩车还没有来，所以还没来得及去清。"但是，该环卫工表示堆在垃圾车旁边的建筑垃圾并不归他管。

模块四　物业环境卫生管理与服务

上午10点左右，该环卫工来到小区北门，将垃圾运输车开走。"这个人拉一包，那个人扔一堆，就在地上堆了那么多，都几个月了。"他说，"但这些建筑垃圾不是我们负责的，应该小区物管来清理。"随后，记者来到该小区物业管理中心。"外面的人看到门口停了一辆垃圾车，就把建筑垃圾也扔在旁边了。"物业经理吴先生说，"今天清了，明天又有人来丢。"每当有居民投诉或者相关部门检查时，他们都会清理，"也是花钱找环卫工来清"。

吴先生说，物业曾在那里张贴"禁止倾倒垃圾"的标识，但是并不管用；也想安装铁栏杆围住门卫室后面的空地，但是城管不允许，"我们也很恼火"。

最后，他呼吁小区外居民不要在此堆放垃圾，也会与相关部门协商一致，想办法将此处围起来。

就在记者准备离开时，3名环卫工人来到小区北门，开始清理地上的建筑垃圾，不过他们表示以后不会来清理，"现在曝光了我们都要赶紧处理，但这根本不是我们的事情，以后肯定不清。"

问题与思考：
小区环境卫生该由谁管理？物业环境卫生管理的范围及工作内容有哪些？

单元一　物业环境卫生管理与服务基础知识

一、物业环境卫生管理概念

环境卫生是指与人有关的周围环境是否干净和清洁。物业环境卫生管理是指通过采取各种措施来改善、消除特定区域内单位和个人在工作和生活中产生的废弃物、灰尘对环境、个人健康等的影响，创造有利于健康的工作和生活环境。物业环境卫生管理工作重点是物业服务企业通过宣传教育，直接监督和进行日常清洁工作，保护物业辖区的环境，防治环境污染，同时对辖区环境定时、定点、定人进行日常生活垃圾收集、处理、清运。

物业环境卫生管理是物业管理中一项经常性和专业化的管理服务工作，其目的是净化环境，给业主提供一个清洁宜人的工作和生活环境。良好的卫生环境不但可以保持物业管理区域的整洁，而且对于减少疾病，促进身心健康十分有益。同时，对社区精神文明建设也有很重要的作用。物业环境卫生的好坏是评判一个物业管理公司管理能力强弱的直观指标。

二、物业环境卫生管理内容

物业环境卫生管理内容主要包括：物业管辖区域内生活垃圾管理、公共场所保洁管理、公共场所卫生防疫管理。

（一）生活垃圾管理

（1）装修建筑垃圾的收集和清运。城市居住面积大幅度提高，相应带来的装修建筑垃圾问题日益凸显。建筑垃圾产生量大，不易降解。建筑垃圾如果混杂在普通生活垃圾中，会降低生活垃圾的热值和增加生活垃圾的数量，使生活垃圾难于采用焚烧处置或占用卫生填埋场地，增加生活垃圾处理的难度。因此，装修产生的建筑垃圾应单独收集和清运，并可采取综合利用的办法进行处置。

(2)生活垃圾的收集和清运。根据物业管辖范围内居住人员情况和管辖区域物业的用途确定垃圾产生量，并以此来确定收集设施的规模，合理布设垃圾收集设施的位置，包括垃圾桶、垃圾袋、垃圾箱等，制定日常的清运计划和时间安排。

(3)垃圾收集设施的维护和保养。近年来，垃圾收集设施品种和规格不断增加，垃圾场中转设施更加完善，各种形状、规格的垃圾箱、果皮箱逐渐取代了传统的大型铁皮垃圾箱，应根据垃圾收集设施的特点经常性地对其进行维护和保养。

(二)公共场所保洁管理

(1)楼宇内公共场所清洁管理。楼宇内的公共部位是指楼宇内从底楼（含地下室）到顶楼天台的所有公共部位。楼宇内的物业保洁包括楼内大堂、楼道、大厅等地方的卫生清扫、地面清洁、地毯清洗，门、玻璃、墙裙、立柱等物品的擦拭，卫生间清扫与清洁。

(2)楼宇外墙清洁管理，是指楼宇的外墙清洁和墙面的保养，以及雨篷等楼宇的附属设施维护。

(3)室外公共场所的清扫和维护。室外公共场所主要有道路、花坛、绿地、停车场地、建筑小品、公共健身器材等。重点应做好地面清扫、绿地维护、建筑小品维护和清洁等。

(三)公共场所卫生防疫管理

(1)所有场所杀虫、灭鼠。公共场所有许多病媒昆虫、动物，它们容易在人群居住地区传播疾病，尤其是苍蝇、老鼠、蚊子、臭虫（"四害"），以及蟑螂、蚂蚁等。

(2)所有场所杀菌消毒。公共场所包括旅店业、文化娱乐场所、公共浴池、图书馆、博物馆、医院候诊室、公交汽车、火车等。就目前物业管理范围而言，重点涉及的是宾馆、商场、办公楼等公共场所的消毒问题。

三、物业环境卫生管理基本要求

1. 环境卫生管理要责任分明

环境卫生管理是一项细致、量大的工作，每天都有垃圾要清运、场地要清扫，涉及物业管理范围内的每一个地方。因此，必须做到责任分明，做到"五定"，即"定人、定地点、定时间、定任务、定质量"。对上述范围的任何一个地方均应有专人负责清洁卫生，并明确清扫的具体内容、时间和质量要求。

2. 环境卫生管理要明确指标

环境卫生不是能用自然指标来衡量的，它的成果是一个相对比较值，比如地面的清洁就是一个相对值，只有明确具体的管理指标，才能对卫生清扫、垃圾清运等工作进行评判和验收。物业区域道路的清洁标准可以是每天清扫两遍、全日清洁，并要达到"六不""六净"。"六不"即：不见积水、不见积土、不见杂物、不漏收堆、不乱倒垃圾、和不见人畜粪；"六净"即：路面净、路沿净、人行道净、雨水口净、树坑墙根净、果皮箱净。

3. 环境卫生管理要因地而异

不同类型，不同档次的物业对楼宇内的公共部位清洁卫生的质量标准不同，物业服务企业应根据实际情况判定相应的清洁卫生标准、制定相应的管理制度。

4. 环境卫生管理要及时快速

垃圾的清除必须及时，做到日产日清，建立合理的分类系统。如果采用垃圾道的方式，要保持垃圾道畅通。如采用在各楼道设垃圾桶或分发垃圾袋的方式，必须设专人负责，最后送到垃圾站或转运站。粪便一般纳入城市污水处理系统。

四、物业环境卫生管理措施

（一）物业环境卫生的管理制度

物业环境卫生管理制度是环卫保洁工作得以顺利进行的根本保证。因此，环境卫生管理部门要认真制定卫生管理制度。一般来说，比较完整的环境卫生管理制度应包括部门劳动纪律管理规定和部门奖罚条例两个方面的内容。

1. 部门劳动纪律管理规定

环境卫生管理部门劳动纪律管理规定包括以下基本内容：

(1)按时上下班，不迟到、不早退；有病需请假，请事假必须经过上级领导批准。

(2)上班时不得无故离开岗位，有事离岗必须征得领班同意后才能离岗，不无故旷工。

(3)当班时不准做与工作无关的事情(如看书报、做私活等)，如有特殊情况，必须经上级批准；当班时，不得大声喧哗、说笑、追打。

(4)负责或承包的岗位，卫生必须达到规定的质量标准；无论何种情况，都必须听从上级领导的调配。

(5)对物业业主和使用人的投诉，必须立即处理，不得与其发生争执。

(6)上班时，必须穿戴整洁，佩戴岗位证，不得穿短裤、背心、拖鞋上岗；不得浓妆艳抹，留长发、长指甲等。

(7)当班时，不准打私人电话；做好交接班工作，互帮互助，以礼相待。

(8)运送物品，必须使用内部货梯或工作人员用梯，不得乘坐客梯。

(9)不得私拿公物，有意损坏或丢失卫生保洁工具和材料用品者，必须照价赔偿；拾金不昧，拾到物品立即上交。

2. 部门奖罚条例

环境卫生管理部门奖罚条例应根据员工的表现，制定适当标准，给予员工以奖罚。奖励分嘉奖、晋升和奖励三种；惩罚可根据员工工作过失的程度，分别给予批评教育、警告及罚款，或降职、降薪、记过、留岗查看、劝退或辞退等处理。如有违法乱纪行为者，除了作及时除名或开除处理外，对于情节严重者，还要移交司法机关，追究其法律责任。

（二）物业环境保洁的实施原则

(1)扫防结合，以防为主。环境卫生清扫工作非常重要，但是不应将重点放在垃圾的清扫工作上，而应放在环境不被污染的防治工作上，否则会出现普遍存在的为了扫而扫、扫不胜扫的现象。因为，优良物业环境的形成是管理者与被服务者共同配合、相互作用的结果，也是环境管理标准与物业业主和使用人不断调适的过程。

(2)执法必严，直接监督。已出台的《中华人民共和国环境保护法》，建设部颁发的《城市生活垃圾管理办法》，各城市、各小区的有关卫生管理的实施细则、文明市民手册、文明公约以及物业管理规定的公共契约等都规范了管理者、被服务者必须遵循的准则。物业服务企业必须做到执法必严，直接监督，杜绝以权代法、以情代法的行为，凡是遇到有损物业环境的行为，都应该进行耐心的教育和严格依法处罚，决不因人而异。

（三）制定定量、定期考核标准

物业环境卫生保洁工作的考核是以保洁操作细则的具体要求作为标准的。根据考核的时间、频度不同,可分为每日、每周、每月的保洁工作考核标准。

知识链接

卫生保洁工作操作考核标准

卫生保洁工作操作考核标准可参考表 4-1～表 4-3。

表 4-1　每日卫生保洁工作操作考核标准

序号	保洁项目和内容	保洁方式	保洁次数
1	指定区域内的道路(含人行道)	清扫、洒水	2
2	指定区域内绿化带(含附属物)	清扫	1
3	各楼层楼梯(含扶手)过道	清扫、抹擦	1
4	居民生活垃圾、垃圾箱内垃圾	收集、清除、集运	2
5	电梯门、地板及周身	清扫、抹擦	2
6	通道扶手、电梯扶手、电梯两侧护板与脚踏	清扫、抹擦	2
7	男、女卫生间	拖擦、冲洗	3
8	会议室、商场等公众场所	清扫、拖擦	2～4

表 4-2　每周卫生保洁工作操作考核标准

序号	保洁项目和内容	保洁方式	保洁次数
1	天台、天井	清扫	1
2	各楼层公共走廊	拖洗	1
3	用户信箱	抹擦	1
4	电梯表面保护膜	贴上	1
5	手扶电梯打蜡	涂上	1
6	公用部位门窗、空调风口百叶	抹擦	1
7	地台表面	拖擦	2
8	储物室、公共房间	清扫	1

表 4-3　每月卫生保洁工作操作考核标准

序号	保洁项目和内容	保洁方式	保洁次数
1	公用部位天花板、四周围墙	清扫	1
2	公用部位窗户(小区)	抹擦	1
3	公用电灯灯罩、灯饰	抹擦	1
4	地台表面打蜡	涂上	1
5	卫生间抽排气扇	抹擦	2
6	公用部位地毯	清洗	1

(四)搞好环境卫生设施建设

做好环境卫生工作,必须要有相应的卫生保洁设施,这是环境卫生工作得以顺利进行的根本保证。因此，物业服务企业环境卫生管理部门要搞好环境卫生管理工作，必须备有相应的卫生保洁设施。这些设施主要包括：环卫车辆，是指清扫车、洒水车、垃圾运输车、粪便清运车等；便民设施，是指方便居民和大众维护环境卫生和保洁成果的卫生设施，如果皮箱、垃圾箱、垃圾清运站等。

物业服务企业应多方筹集资金，添置新型卫生设备设施，同时还应该做好这些卫生设备设施的保养和维修工作。

(五)搞好物业区域的日常卫生保洁工作

日常卫生保洁工作主要是指日常清扫与保洁和生活废弃物的清除。

1. 日常清扫与保洁

物业区域面积一般较大，要清扫与保洁的范围、项目和内容也较广，除要注意建筑物及其相关设施、设备各个项目和内容的保洁外，还要特别注意道路的清扫与保洁。道路的清扫，目的在于除污去尘，有条件的物业服务企业，可采用洒水和水洗路面的保洁方式。这种保洁方式在夏季不仅可以降低气温、增加湿度，还可以减少空气中的含尘量。但这种方式也存在着严重的弊端：一是不利于节约用水；二是容易造成浊水横流。对于每天清扫的项目和内容，必须达到1次以上，确保全日保洁。

2. 生活废弃物的清除

生活废弃物的清除，应做到及时收集，迅速送到适当地点(垃圾转运站、垃圾堆放场)，以便进行无害化处理。根据现行城市环境卫生的有关规定，以煤气(包括液化气)为燃料的地区，必须实行垃圾袋装化。在物业管理实践中，这一规定的实施范围逐渐扩大，如有的物业服务企业规定，装修垃圾(建筑垃圾)必须袋装(蛇皮袋)并运放到规定地点。实行生活垃圾的袋装化，至少可以带来以下7个方面的好处：

(1)有利于改变乱倒乱扔垃圾的陋习，培养良好的卫生习惯；

(2)有利于消除垃圾裸露现象，减少空气污染，净化美化环境；

(3)有利于降低蚊蝇虫的数量和密度，减少滋生地；

(4)有利于避免垃圾运输中的散落现象；

(5)有利于减少拾荒现象及辖区(楼)内的治安保安；

(6)有利于垃圾集中分类和处理；

(7)有利于区域内人们减少疾病和身心愉快。

物业服务企业应向物业业主和使用人大力宣传生活垃圾袋装化的优越性，要求居民将日常生活垃圾装入相应的塑料袋内，丢入指定的容器或者指定的收集点，不得随意乱扔、乱倒。存放各种生活垃圾的塑料袋，应完整无损，袋口应扎紧不造成撒漏。

(六)做好环境卫生宣传工作，增强居民的环保意识

环境卫生保洁工作，一要经常，二要保持。因此，环境卫生管理部门在做好卫生保洁工作的同时，要做好环境保护的宣传教育工作，注意提高人们的环境保护意识，把纠正居民不良的卫生习惯与环境卫生管理工作较好地结合起来，使居民和用户自觉地参与到物业环境管理工作中去，在双方共同的努力下，创造出优美、洁净的物业环境。从一个较高的层次来看，做好环卫宣传教育工作，有助于使人们形成科学的、理性的价值观念、伦理观念、审美观念、自然观念、社会观念和自我意识等，指导人们对自然界、社会的适应与改造，从而获得人们自身所需的生活资料和各种服务与享受，满足人们物质、精神、交往、发展等方面的需要。环境保护教育家们期望通过环境意识的宣传教育，使人类达到个体自身与自然的和谐、个体与社会的和谐

的境界。

个体自身与自然的和谐，就绿色物业和绿色城市的建设来说，是指人与自然在个体内心的和谐。人与自然和谐的关系，并不是抽象空洞的东西，它存在于我们每个人的心中，并每时每刻在我们每个人对自然物和自然环境的关系中，表现在日常生活的一举一动中。日本的环境保护意识日趋增强，已经到了反而要撤除影响视觉美感的公共场所的垃圾箱的程度。日本一些公园的公告栏写道：为了美化环境，应将公园里的垃圾箱撤掉；为了维护公共环境卫生，请把你的垃圾全部带回家。这充分表现了人们热爱自然、保护环境，人与自然高度和谐与协调统一的境界。

个体与社会的和谐即指个体内在地与他人、社会的和谐统一。一个在内心与社会基本达成和谐的人，其个人行为即使是仅从自身的考虑出发，都会顾及他人的想法和评价，都会从他人角度考虑或注意自己的行为是否符合法律和社会规范，是否无意中会侵害到他人或社会利益。

单元二　物业环境的保洁管理与服务

一、保洁管理与服务含义

物业环境卫生管理其中最重要也最核心的是物业环境的保洁管理与服务。保洁管理与服务是指物业服务企业通过日常清扫、宣传、监督工作，维护物业环境，防治物业污染，定时、定点、定人进行日常生活垃圾的收集，处理和清运。通过清、扫、擦、拭、抹等专业性操作，维护公共场所和公共部位的清洁卫生。从而塑造文明形象，创造环境效益。

保洁工作的基础是保洁工的细致、艰苦的劳动和完备的环卫设备设施。保洁工作的难点是人们"脏、乱、差"的坏习惯。

二、物业保洁管理机构设置与职责

保洁管理一般不设专门的部门负责，而是由公司管理部负责。如果公司规模很大，也可能单独设立保洁部。保洁部根据保洁业务情况再分成不同小组。如：楼内组、外墙组、公共部位组。物业环境卫生管理人员，一般由部门经理、技术人员、保洁领班、保洁员和仓库保管员等人员组成，他们的岗位职责如下。

1. 保洁部经理的职责

（1）制订保洁工作计划，各组各项保洁服务的具体工作。
（2）每日检查各区域清洁任务的完成情况，发现不足之处及时处理、返工。
（3）接洽各种清洁服务业务，为公司创收。
（4）经常在区域内巡查、发现卫生死角应及时调配人员，予以彻底地清扫。
（5）保洁部人员的工作考核、评价。
（6）保洁人员的培训管理。

2. 技术人员的职责

（1）协助经理制定清扫保洁突查。
（2）指导保洁人员正确使用专用清洁设备。
（3）定时检查和保养清洁用具和机械设备。

(4)检查保洁区域的卫生状况。

3. 保洁领班的职责

(1)熟悉保洁管理区域的基本情况,了解各保洁员工作责任范围。

(2)熟悉保洁管理区域设施的摆放、布局。

(3)熟悉管理区域内各岗位职责、清洁用品的使用方法、注意事项以及各类保洁员的操作规程。

(4)每日对管理区域保洁员进行全面检查,如发现问题立即通知保洁员现场整改;负责本岗位区域的清洁、保洁工作;对每日生活垃圾的清运进行跟踪管理和监督。

(5)加强学习,不断提高业务水平和管理能力;努力搞好本职工作,及时掌握员工的思想动态,搞好班组建设。

(6)监督员工工作,经常巡查,发现问题及时处理,努力提高工作效率。对保洁员的上下班进行点名及工作安排。

(7)完成领导交给的其他任务,负责对保洁员的工作进行现场指导。

4. 保洁员的职责

(1)熟悉本岗位卫生环境的基本情况和责任范围。

(2)熟悉保洁员的工作标准及操作规程。

(3)积极参加业务和各类专业知识的培训,不断提高业务水平、工作能力和自身素质。

(4)服务管理和指导,努力高效、高质量地完成任务,使用文明礼貌规范用语与各部门人员进行沟通。

(5)负责本区域电梯轿厢门、楼道地面、墙面、地砖、不锈钢、宣传栏等清洁、保洁工作。

(6)负责本区域楼道地面、墙面、天花板、楼梯、扶手、开关、管道等的清洁、保洁工作。

(7)负责本区域清洁工具的保养、保管工作。正确使用和维护清洁用具,保持用具的完好率,延长用具的使用寿命。

(8)负责本区域洗手间、室内区域地面、墙面、天花板、灯具、办公桌椅、沙发等项目的清洁、保洁工作。

(9)严格按照操作规程作业;保洁员工具、清洁用水专用专放;专业分工清楚;责任明确。

5. 仓库保管员的职责

(1)做好仓库安全、保洁工作。随时检查存放货物状况,有问题及时处理。

(2)按时上岗,经常巡视打扫,合理堆放货物,发现问题及时上报。

(3)负责清洁工具的收发工作,严格执行收发手续,对于收发手续欠妥的一律拒发。

(4)负责其他相关物品的收发工作,严格按照规定把好出库入库关口。及时做好库存盘点工作和物资采购计划。

三、物业环境卫生管理日常操作

(一)室内大堂的清洁工作

1. 工作内容

(1)定期对大堂进行彻底清洁,抛光,定期上蜡。操作时,上蜡区域应有示意牌或围栏绳,以防行人滑跤。

(2)日常保洁要求每天对地面尘推数次,大堂内其他部门如玻璃、柱面、墙面、台面、栏杆等要经常清洁,保持光亮、明净。

(3)操作过程中,根据实际情况,适当避开客人和客人聚集的区域,待客人离散后,再予以补做;客人进出频繁和容易脏污的区域,要重点拖擦并增加拖擦次数。

(4)遇有下雪或下雨天,在大堂出入口处放单踏垫,铺防湿地毯,并竖立"小心防滑"的告示牌并增加拖擦次数,以防客人滑跤及将污水带入楼内。

2. 卫生标准

保持地面无脚印、无污渍、无烟蒂、无痰迹、无垃圾;其他部位,如墙面、栏杆、灯座等,保持光亮、清洁、无灰尘;玻璃大门无手印及灰尘,保持干净、光亮、完好无损。

(二)室外场地的清洁工作

1. 工作内容

(1)清扫地面的灰尘和垃圾。

(2)每星期进行两次大面积的冲洗(星期天的 7:30 前),冲洗后及时打扫干净,保证无积水。

(3)不停地循环地清扫,保持地面无灰尘、无垃圾、无烟蒂。

(4)所有垃圾集中到总垃圾箱里。

(5)保持室外场地的各类标牌、栏杆、墙面、灯座的清洁。

(6)保持室外场地的上、下水道干净、通畅。

2. 卫生标准

地面保持清洁、光亮、无污迹、无水渍、无脚印;走道四角及踢脚板保持干净、无垃圾;烟灰缸保持清洁、无污痕、烟蒂不得超过 6 个;公共部位垃圾间内垃圾箱堆放整齐,垃圾箱内应套有垃圾袋,四周无散积垃圾,无异味;走道及墙面等公共部位的各项设施,如门框、通风口、路灯等保持干净、无积灰;安全扶梯台阶保持清洁、无污物、无垃圾;扶手上保持光亮、无积灰;设有电梯间的部位,电梯梯门光洁、明亮、轿厢及四壁、地面应干净、整洁;室外场地的地面,应做到无垃圾、无灰尘、无烟蒂、无纸屑、使人感到清洁、舒适。

(三)电梯、扶梯及电梯厅的清洁工作

1. 工作内容

(1)每日对电梯厅及扶梯、电梯内的墙面、地面进行全面的擦拭、清扫。如梯门、轿厢四壁、天花板、照明灯具以及地毯等。

(2)对电梯厅等进行循环保洁,保持电梯、扶梯及其部位干净、整洁。

(3)定期对电梯等部位进行清洁、保养,包括对电梯门壁进行打蜡上光。

(4)每天换一次地毯,必要时可增加更换次数。

2. 卫生标准

地面保持光洁、光亮,无污迹、无水印、脚印;走廊四角及踢脚板保持干净、无污渍;墙面、地面、灯具保持干净、无积灰;安全扶梯台阶保持清洁、无污物,栏杆上保持光亮、无污迹;电梯梯门光洁、光亮,轿厢及四壁干净、整洁。

(四)玻璃的清洁工作

1. 工作内容

(1)工作前,准备好所有工具,如刮窗器、沾水毛刷、玻璃清洁剂、水桶、揩布等。

(2)用蘸水毛刷将稀释后的清洁剂搅匀,来回涂在玻璃表面,用刮窗器按 45°从上到下,从左至右,及时将水刮下,最后用揩布把四周和地下的水迹揩干。

(3)如遇玻璃表面较脏,则在进行第二步操作前,先将水涂在玻璃上,用刀片轻轻地刮去表面污垢。

(4)用绒布擦拭不锈钢外框,要用不锈钢光亮剂定期上光。

2. 卫生标准

玻璃无灰尘,无水迹,保持干净、光亮;玻璃上的污斑、手印应及时清除,保持清洁;爱护清洁工具,注意保养,不得用损坏的工具擦洗玻璃;不锈钢外框表面无灰尘,无水迹,无污迹,无手印。

(五)停车场的清洁工作

1. 工作内容

(1)定期清除停车场地的灰尘、纸屑、垃圾。

(2)将墙面及所有箱柜和器具上的灰尘掸掉。

(3)及时清除停车场地进出口的垃圾,以避免下水道堵塞。

(4)经常查看停车场地内的卫生状况,不允许在停车场内堆放物品及垃圾。

(5)经常用湿拖把拖去灰尘,保持场地清洁。

2. 卫生标准

保持停车场地道路畅通,无堆积物品及垃圾;保持地面无灰尘、无垃圾;保持停车场地内空气流畅,无异味、无毒味,定期喷洒药水。

(六)地毯的清洁工作

1. 地毯干洗

(1)准备机械,包括刷地机、刷盘、吸尘器、加压式喷雾器、长把刷、局部防污工具以及粉末清洁剂、预先处理剂等。

(2)清洁作业区域的非必要物品,然后进行吸尘作业。

(3)用地毯清洁剂清除地毯污迹,如有油污多的地方,要先喷洒预先处理剂,使油污溶解。

(4)在准备作业区域内均匀地布洒粉末清洁剂,每平方米洒量为 100 g 左右。为防止粉末干燥,一次布洒面积以 10 m^2 为好。

(5)在刷地机上装好刷盘,按机器使用要领进行操作,依次从里到外对地毯进行刷洗。

(6)用机器刷完后,待粉末干燥后再回收(30 min 左右)。

(7)用长把刷把进行纤维类的粉末刷出,再用吸尘器将粉末回收。

(8)作业结束后,确认作业效果,收拾机器工具。

用此方法,不会使地毯因潮湿而引起收缩。

2. 地毯湿洗

(1)准备机械器材,包括地毯清洗机、刷盘、吸尘器、加压式喷雾器、长把刷、局部除污工具、防污垫布以及地毯清洗剂、预先处理剂等。

(2)清理作业区域内碍事物品,进行吸尘作业。

(3)用地毯清洁剂清除地毯污迹,地毯上如有油污要先喷洒预先处理剂,使油污溶解。

(4)使用地毯清洗机自动喷水、搓洗、吸水、吸泡,从里到外清洁地毯,不要留下空当。

(5)用起毛刷刷起并理顺地毯绒毛。

(6)用吹风机送风干燥,或自然晾干,自然晾干 6 h 后方可走动,故此操作应放在夜间进行。

(7)作业结束后,确认作业效果,将机器工具洗净、揩干、有效。

此方法适用于地毯污脏严重,需全面清洗的情况。

(七)地面的清洁工作

地面打蜡主要是对大理石、木质地板等地坪最主要的清洁保养手段,它可以使地面光亮和减轻磨损,一般情况下应1~2个月打蜡保养一次,每天抛光一次。

(1)准备好抛光机、吸水器、面蜡、底蜡、刷地机、清洁剂等。

(2)打蜡前将需要打蜡的区域,清洁干净。

(3)地面先吸尘,将去蜡水稀释(1:30)后,用拖布均匀地涂在地面上,用机器摩擦、吸干。

(4)用百洁刷摩擦地面,要全部磨到,使原来大理石表面的蜡质全部溶解。

(5)用吸水器吸干地面,再用清水洗两次,并吸干,拖干净,使地面光亮、清洁、无污迹。

(6)待地面干后将底蜡用蜡拖均匀地涂在地面上,纵横各一次,等地面干后,再打1~2次底蜡,并用抛光机抛光。

(7)最后上一次面蜡,并用抛光机抛光。

(8)检查工作质量,合格后收拾工具,清洁干净,做好记录。

(八)公共卫生间的清洁工作

1. 工作内容

(1)先用清洁剂清洗小便池,并喷除臭剂。

(2)按顺序擦拭面盆、水龙头、台面、镜面。

(3)墙面要用清洁剂清洁。

(4)地面要用拖把拖干,保持地面干燥、干净。

(5)配备好卷筒纸及洗手液。

(6)检查皂液器,烘手器等设备的完好情况。

(7)喷洒适量空气清新剂,保持卫生间内空气清新,无异味。

(8)清洁完毕后,检查是否有遗漏,不要遗忘清洁工具。

2. 卫生标准

卫生洁具做到清洁、无水迹、无头发、无异味;墙面四角保持干燥、无蛛网,地面无脚印、无杂物;镜面、玻璃保持明净,无灰尘、无污、无手印、无水迹;金属器具保持光亮、无浮灰、无水迹、无锈斑;卫生用品齐全,无破损;保持卫生间内空气清新。

知识链接

公共道路清洁安全

保洁员在清洁公共道路时,由于来往车辆和人群较多,因此必须注意相关的安全要求,具体应做好以下事项。

(1)穿戴好劳动防护用品和反光衣,穿行道路要特别注意交通安全,遵守交通规则。

(2)检查环保车等是否保持在有效的工作状态。

(3)使用车辆清扫时必须遵守交通规则,要按车辆顺行方向清扫。

(4)清扫车辆应停在路边,必须要在车后适当距离设置安全警示标志,如三角牌。

(5)如果要对地面进行清洗,要使用洒水车,必须注意安全作业。

(6)冲洗地面时,驾驶员和操作员配合得当,水花尽量避免溅及行人。

模块四 物业环境卫生管理与服务

四、物业清洁工具及其使用与保养

（一）常用的清洁工具

1. 吸尘器

吸尘器应用范围极广，不仅可以代替传统清洁工具进行一般的清扫，还能吸附积存在地毯、沙发、服装、墙壁、书架，甚至家用电器内部及外形复杂的各类器具上的尘埃。采用吸尘器除尘，不仅省力、省时、效果好，而且能有效地将灰尘吸聚起来，使灰尘不会扩散、飞扬，有利于保持室内空气的洁净。吸尘器已成为人们进行清扫作业的有力助手。吸尘器启动时能发出强劲的抽吸力，使灰尘顺着气流被吸进内储尘舱，达到清洁地面的目的。吸尘器品种很多，按抽吸力大小有普通型和强力型；按适用范围有吸地面灰尘、吸地毯灰尘、清洁家具污物等不同类型；按功能多少有单用吸尘器和吸尘吸水两用吸尘器等，如图4-1和图4-2所示。

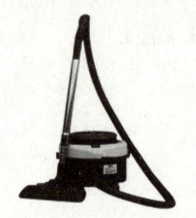
图4-1 单用吸尘器

图4-2 吸尘吸水两用吸尘器

2. 洗地毯机

洗地毯机的主要部位为两个吸力泵，以及污水箱、净水箱、强力喷射水泵、电动机等，采用真空抽吸原理进行工作。洗地毯机的种类很多，但常用的有两种：一种是干泡地毯清洗机；另一种是喷汽抽吸式地毯清洗机。洗地毯机的操作程序是：手握把手用力按动机体，使机体头部向上倾斜，然后在机底部转盘正中安上地毯刷；把机体放平，使转盘连同地毯刷紧贴地面；拉动右手边的高度控制杆，调节好手柄高度和角度；按1份地毯水兑5份清水的比例，兑好地毯水溶液，装入水箱内；拉动左手边的水箱控制杆，将地毯水溶液喷洒在地毯上；按动右手边的机身电源开关，地毯刷开始移动，当手柄提升时，机身向右移动，当手柄向下时，机身向左移动；右行与左行连贯进行，上行与下行之间要重叠1/3，如图4-3所示。

3. 吸水机

吸水机是清除积水的专用设备，主要用于吸取地面积水，对于吸取地毯水分加快干燥也非常有效，是清洁管理中不可缺少的清洁工具之一。有单用吸水机和吸尘吸水两用机。吸水机的操作程序为：把软管接驳在机身，插入220 V电源；开动机身电源开关；吸地面时用带软胶的吸扒，吸地毯时用铁扒吸水。吸水机如果满水时，会发出不同的响声。使用后要拔除电源，然后将电源线绕好。吸水机内的过滤器要拆开进行清洁。如机内吸入酸性清洁剂，用后应立即用清水清洗干净，以免生锈。机身的不锈钢外壳用不锈钢油进行保养，如图4-4所示。

模块四 物业环境卫生管理与服务

图 4-3 洗地毯机

图 4-4 吸水机

4. 高压冲洗机

高压清洗机由高压泵、电动机、高压管及射水枪组成，是利用电动机加压喷射出高压水流，冲洗物体表面。主要用于外墙、汽车和其他需高压水枪冲洗的专用设备。启动时能产生强烈的冲击水流，达到清除灰尘、泥浆和其他污垢杂质的作用，如图 4-5 所示。

图 4-5 高压冲洗机

5. 高速抛光机

高速抛光机是专用作地面抛光的机器，有普通速度和高速之分。高速抛光机，它通过高速旋转，使毛刷盘与地面进行软摩擦，达到抛光效果，适用于大理石、花岗石、木质地板等各种平整硬质地面的抛光。高速抛光机操作程序为：手握把手用力按动机体，使机体头部向上倾斜，然后在机器底部安百洁垫；把机体放平，使转盘连同百洁垫紧贴地面；启动电源开关，进行地面抛光（抛光时，速度不可太快，应保持在 10 cm/s 的速度，行与行之间要重叠 1/3，以免漏抛）；用完之后，卸下底盘针座与百洁垫清洗，清抹机器各零配件，对活动部分的零配件要经常加机油，使其润滑；将抛光机存放在空气流通、干燥的地方，如图 4-6 所示。

6. 擦地机

擦地机是用于地面清洁工作，是最常用的清洁设备之一，有单盘式和多盘式两种。使用时，通过底盘安装不同的刷子，可以进行地毯清洁、地坪打蜡及抛光，如图 4-7 所示。

7. 扫地车

扫地车是用作室外地面清洁的设备。操作简单，吸尘力强，并配有大容量垃圾尘箱，如图 4-8 所示。

· 91 ·

图 4-6　高速抛光机　　　　图 4-7　擦地机　　　　图 4-8　扫地车

8. 自动空气喷香器

将清香剂装入自动空气喷香器后设定好时间，然后放置于办公室或卫生间等需要清香的房间，会定时自动喷香。

9. 其他比较常用的工具

安全梯、刷子、扫把、拖把、布、海绵、喷瓶、胶手套、刀片、长柄手刷、手推车以及小心地滑标志等。

(二) 常用的清洁剂

(1) 空气清香剂。空气清香剂能迅速除去空气中的混浊和难闻气味，使用时将清香剂灌入喷雾器中，喷射使用。其为易燃品，应存放阴凉避光处，温度不得超过 40 ℃。

(2) 洗手液。洗手液的外观为带色彩用的黏稠性液体，具有杀菌、留香、除异味的功效，对皮肤无刺激，是宾馆、写字楼洗手间的常用清洁剂。

(3) 除垢剂。除垢剂为淡绿色透明液体，适用于浴室、卫生间的陶瓷、搪瓷器皿等的清洁，能迅速、强力地清除水垢锈渍，提高清洁保洁的功效。使用时，一般视污垢程度稀释 1~5 倍使用。

(4) 玻璃清洁剂。玻璃清洁剂用于清洗玻璃、镜面、瓷片及电镀物品表面的尘埃及污垢，如门、窗、镜子、电视荧光屏等，能快速地除去尘埃、油渍等污垢，擦拭后玻璃表面具有抗尘埃、抗污垢再积等特点。使用时将本品稀释 20~60 倍后均匀涂在玻璃表面，然后用毛巾、干布或擦窗工具擦拭。若不慎进入眼内，应立即用清水冲洗。

(5) 餐具洗涤剂。餐具洗涤剂对餐具表面的油污有极强的去除力，而且可用于水果、蔬菜的清洗，起到杀菌、去除残留农药的作用。洗餐具，配成 1‰水溶液，清洗水果蔬菜，每 1 L 水中加 5~6 滴洗涤剂。

(6) 除油剂。除油剂适用于各种表面油垢的清洁，对厨房焦油性污垢有奇效，使用时，将其喷淋或涂于污垢表面，稍后用布揩擦即可。

(7) 消毒清洁剂。消毒清洁剂为家庭、餐厅的餐具和食品生产用具的清洁剂，具有杀菌、去污双重功效，使用其擦洗物品后用清水漂洗干净即可。

(8) 祛臭剂。祛臭剂适用于清除厕所、垃圾产生的臭味，并有自然香气。使用时将其喷至墙角或墙面，可保持厕所数日无臭味。

(9) 多功能清洁剂。多功能清洁剂含多种高性能表面活性剂，除不能洗涤地毯外，其他大多数物品均可使用，如地面、墙面、工作台面、桌面、家具、卫生洁具，以及其他由金属、瓷砖、玻璃、塑料和不锈钢制成的硬质表面，具有去除油垢和防霉的功效。原装多为浓缩液，使用前要按使用说明进行稀释。

(10)不锈钢光亮剂。不锈钢光亮剂为不锈钢和镀铬制品的专用清洁剂。使用时，将不锈钢清洁剂涂在制品表面，用布揩擦，直至光亮，有一定防锈功能。

(11)静电除尘剂。静电除尘剂为透明无色的油状液体，用于打蜡地面的保洁。将静电除尘喷洒到拖布上，使其完全渗透，然后对打蜡地面进行拖擦，能快速清除打蜡地面尘埃和污垢，使地面光亮如新。

(12)封地蜡。封地蜡由水溶性高分子树脂及特殊的蜡乳液配制而成。封地蜡作为面蜡的底层涂料，对不平整的地面，如缝隙、针孔等，能起到填充和平整成膜的作用，对于走道等人流繁多的地面，能提高蜡面的丰度，延长使用寿命，一般情况下 1 L 可施工 50 m^2 左右。

(13)去蜡水。去蜡水中含有特殊的解链剂，能迅速破坏蜡中的高分子树脂的力学强度，用于去除封地蜡、面蜡，是大理石等周期性打蜡工作中不可缺少的一个品种。使用时，将本品稀释后涂在蜡面 5~10 min 后，即可用擦地机进行去蜡工作。应放置于干燥阴凉处，使用时戴胶手套，若不慎触及皮肤或眼应立即用清水冲洗。

(14)高泡地毯清洁剂。高泡地毯清洁剂为清洗地毯、各种软垫、室内装饰厚织物使用的清洁剂，发泡率高，去污去油渍力强，可降低清洗后地毯等织物的含水量，缩短干燥时间，它的成分中还含有杀菌剂、抗静电剂、防再污染等增效剂。使用时一般按织物污染程度稀释 20~30 倍后使用。

(15)天那水。天那水一般指香蕉水，用于溶解、稀释油漆。用毛巾蘸取少量天那水，擦拭油漆处，直到其溶解，再用毛巾擦干净。其应轻拿轻放，存放于干燥阴凉处，为易燃、易挥发品，应远离火源，用后盖严，以防挥发。

(16)洁厕灵。洁厕灵用于清洁卫生间的陶瓷制品上的污渍。稀释后，洒于瓷器表面，再用刷子将污渍刷掉，然后用水冲洗干净。使用时戴胶手套，若不慎触及皮肤或眼应立即用清水冲洗。

(17)地毯除渍剂。地毯除渍剂对墨水、咖啡、茶叶、酱油等造成的污渍具有明显效果，使用时将其喷于污渍处，用于揩擦，即可去除污渍。

(18)低泡地毯清洁剂。低泡地毯清洁剂用于各种地毯的手工或机械清洗，专供各类滚刷式地毯清洁机使用，泡沫低，去污力强，价格便宜。使用时，对轻垢按 1∶35 的比例加水稀释，重垢按 1∶10 的比例加水稀释。

(19)面蜡。面蜡用特制的聚合物及树脂配制而成的表面光亮剂，适用于大理石、塑料地板、木地板、水磨石水泥地面。将其均匀涂在地板表面，干燥成膜后表面光滑亮泽，可起到耐磨、防水、耐溶剂的作用，有一定的防滑性能，一般在使用封底蜡以后再使用，不宜稀释，避光保存。

(20)喷洁蜡。喷洁蜡由特殊的蜡乳液和光亮剂配制而成。喷洁蜡的作用是对打过蜡后使用过的地面进行一次抛光增亮，并能去除鞋印、擦痕等，经常使用能使地面光亮如新，延长面蜡的使用周期。使用时先对地面进行清扫，然后用喷壶将喷洁蜡喷在地面，一般 2~3 次，然后对地面进行磨刷抛光即可。

(21)去污粉。去污粉用于清除污渍。将去污粉洒在湿的物体上或湿毛巾上，用力擦拭污渍处，然后冲洗干净，注意防潮。

模块四　物业环境卫生管理与服务

知识链接

清洁剂使用注意事项

(1)配备相应的防护用具,如合适的保洁工具、安全防护手套、安全防护眼镜等。

(2)使用干净的、带有容量刻度的配制容器配制清洁剂,禁止使用同一配制容器对不同清洁剂进行配制。

(3)在清洁剂配制时,首先将配制容器按配制比例装水,然后将药剂缓慢地倒入配制容器,禁止将水倒入待稀释的清洁药剂中。

(4)配制好的清洁剂应以不同的、清楚的产品标签加以区别。

(5)要在通风良好的地方使用,切忌在照明灯或取暖器旁使用清洁剂。

(三)清洁器械的操作

1. 吸尘器的操作

(1)吸尘操作,打开吸尘器箱体,检查吸尘袋是否干净;根据吸尘内容,安装吸尘刷头;检查电源线外观无损坏、无裸露后,再插上电源(指示灯亮),即可启动。启动后电源线搭在肩上,避免电源线卷入机器内;按照从上到下,从内到外原则吸尘;吸尘结束,拔掉电源线并收好,清洁吸尘袋和装尘的容器,保持设备清洁干净,送还仓库。

(2)吸水操作,打开吸尘器,将吸尘袋取出,吸水操作与吸尘操作相同。

2. 抛光机的操作

(1)将抛光机垫安装在抛光机底盘上,手握把手用力按动机体,使头部向上倾斜,然后在抛光机底部转盘针座正中安上百洁垫。把机体放平,将控制转盘手柄提上,使转盘连同百洁垫紧贴地面。

(2)双手把住抛光机把手,将把手调节至腰部适当高度,便于操作。

(3)检查电源线外观无损坏、无裸露后,再插上电源(指示灯亮),即可启动。启动后电源线搭在肩上,避免电源线卷入机器内。

(4)当转盘开始转动时就可以进行地面抛光,抛光速度不可太快,应保持在 $5 \ m^2/s$ 的速度,行与行之间要重叠 1/3,以免漏抛造成不良后果。

(5)抛光机在地面重叠旋转,按照顺序由左向右依次进行,直到地面光滑、无痕印为准;抛光完后,应用毛刷刷干净抛光垫,清洁机器,送还仓库。

3. 洗地机的操作

(1)根据待清洗之物品选择软或硬毛刷头,并安装在洗地机底盘上(一般洗地用硬毛刷头,洗地毯则用软毛刷头)。

(2)按说明比例将水和清洁剂(洗地毯使用)或起蜡水(洗地用),倒入盛液桶内。

(3)双手把住洗地机把手,将把手调节至腰部适当高度,便于操作。

(4)检查电源线外观无损坏、无裸露后,再插上电源(指示灯亮)。

(5)双手抓紧左右把手,把手下左右边任一开关按钮都可启动洗地机。熟练操作洗地机后,可左右开关轮流使用。

(6)启动后,洗地机随着地刷的旋转,会左右或前后移动。洗地机移动的方向与左右手用力的方向始终相反,移动的快慢与用力大小却成正比。要使洗地机向前移动,双手应适当用力向操作者方向往后压；要使洗地机向左移动时，双手应适当用力往右压。

(7)清洗过程中，对较脏或有顽固污渍的地方，刷头停留的时间可适当延长，直到污迹清除。

(8)清洗结束，拔掉电源，收好电源线，调节把手至垂直状态，便于拆下刷头和推着机器走动；清洗干净刷头及盛液桶，并用毛巾擦干净洗地机，放回仓库。

4. 高压冲洗机的操作

(1)将机器推到工作现场，将水管与连接器相接，将高压管与高压出口相连，保证螺帽拧紧；先开进水开关，再打开枪柄开关，待排空水管中的空气后，再打开水泵开关，即可正常工作。

(2)枪柄开关关闭时，请勿将机器开动超过 5 min，因加热后的水会损坏管子。

(3)根据工作需要，工作压和流量压按标准精确地调整。

(4)当机器使用结束后，请先将进水管拔掉，再将机器空开 0.5~1 min，排出机器内的存水。存放地保证有足够的空气流通，勿覆盖机器，切勿在不够通风处操作机器。

五、物业开荒清洁管理

在物业建筑工程中常常会留下许多垃圾污垢，施工方一般只做一些简单的垃圾清理工作，不会对建筑物进行全面、彻底的清洁护理。新建成的建筑物第一次专业保洁称为开荒清洁。

(一)开荒清洁的工作方式

1. 物业服务企业自己做

物业服务企业自己做方式适用于规模不大、开荒时间较充裕的物业，其优点是能锻炼清洁人员的耐劳毅力，增强清洁人员的专业本领，为今后的清洁保养奠定基础。

2. 聘请专业公司承做

聘请专业公司承做的工作方式适用于以下情形：

(1)清洁开荒工作量大，时间要求紧，需要投入大量的人力资源，特别是有些项目的清洁风险程度高，如高空外墙清洁。

(2)专业性强的项目，如不同质地表面污迹的清洁要用不同性质的清洁剂(药剂)。

(3)清洁工具要求较高的项目，如大堂、中厅天花板的清洁需要用升降机等。

3. 物业服务企业自己做与聘请专业公司相结合

物业服务企业立足于自己做开荒，但对一些专业性很强或风险程度高的项目，则委托专业的清洁公司去做，而其他室内的清洁，如洗地、擦窗、抹灰等一般性的工作由自己做。

(二)住宅小区开荒清洁的内容

1. 玻璃窗清洗

使用专业的玻璃清洁剂对玻璃窗进行清洗，以清除各种玻璃门窗、镜面上的污渍；用专业金属除渍剂和金属洁蜡迅速清除金属窗框表面的氧化物及污渍，并形成高级分子蜡保护膜，防止污渍的侵蚀。

2. 地面的清洁保养

对各种地面进行消毒清洗时，首先要彻底清除地面上的油污、蜡渍、锈渍、水泥渍及装修后残留的其他污物，然后进行起蜡、封地、封蜡、磨光面蜡等专业工序的处理，以使污浊地面变得光洁明亮。

3. 居室墙面、屋顶清洗

使用专业清洗剂、保洁蜡，对装修后的墙面、屋顶及角落进行清洗、保洁和上蜡，以使室内干净透亮、无污迹、无印痕。

4. 打蜡

地板表面涂上保护蜡并固化后能隔绝空气、水、尘，从而使地板易于清洁，并可防止磨损，达到延长材料使用寿命，同时防滑、防静电的目的。

5. 木器上光剂

在实木地板或复合地板表面均匀喷上一层上光剂，再用钢丝棉反复打磨，可使地板亮丽美观，且能抵挡轻微地刮划，同时起到防滑、防静电的作用。

六、物业生活垃圾管理

垃圾的收集及处理是住宅小区及商贸楼宇清洁服务的重要项目，如果垃圾收集处理不当，不仅影响物业的环境美观，还会产生臭味、滋生细菌、蚊蝇、害虫，严重污染工作和生活环境，影响人们的身心健康。世界上许多发达国家在垃圾处理方面，已实行垃圾袋装化，这也将成为一种趋势，逐步实行起来。

（一）生活垃圾种类

物业管理范围的垃圾一般可分为四大类：可回收垃圾、厨房垃圾、有害垃圾、建筑垃圾。

(1)可回收垃圾包括纸类、金属、塑料、玻璃等，这部分垃圾主要是通过各种垃圾收购站进行回收，并进行综合处理利用。可回收垃圾是实行垃圾分类回收的主要内容，通过回收这部分可利用的资源，可以减少污染，降低自然资源的使用量。

(2)厨房垃圾包括剩菜剩饭、骨头、菜根菜叶等食品类废物，经生物技术就地处理堆肥。

(3)有害垃圾主要包括废含汞电池、废日光灯管、废水银温度计、过期药品等，这些垃圾需要进行特殊安全处理。

(4)建筑垃圾主要包括砖瓦、陶瓷、渣土等难以回收的废弃物。

（二）垃圾的收集及清运

1. 垃圾清扫

垃圾清扫包括机械清扫和人工清扫。机械清扫是指用扫路机、洒水车等清除路面杂物和尘土，具有清扫速度快、质量好、能改善作业条件等优点，主要用于城市主要干道和宽阔的广场等。人工清扫是指用扫把、簸箕、铁锹等简易工具清除地面尘土、杂物等，具有操作灵活、方便，适用范围广，能有效地保证清扫质量等优点，可以广泛地用于清扫路面、人行道、人行过街天桥、地下通道、广场、梯步、树穴、边沟和收水井等。物业环境卫生管理中主要是采用人工清扫方式。

(1)路面、广场等清扫面较宽广的区域，一般采用大扫帚清扫，清扫面较狭窄的地段宜采用小扫帚清扫。清扫时，垃圾的收集和运输一般采用簸箕、铁锹和人力车。使用大扫帚时，其把子的长短应根据清扫面的宽窄而定，清扫面较宽则把子宜长，清扫面较窄则把子宜短。把子的粗细应适宜，表面光滑不伤手。使用小扫帚和簸箕，宜加装齐胸高的把子，以避免弯腰次数过多，使人疲劳。

(2)一般是从清扫地段一端开始，由中部将尘土、杂物扫向边沿，清扫幅度约 2 m，再沿边沿将垃圾分堆集中，然后用簸箕或铁锹将垃圾装入人力车内运至垃圾中转站。

（3）从事清扫作业应正确使用个人防护用品，如工作服、帽、鞋、手套、口罩等；清扫作业时应注意过往车辆和行人，以保证本人及他人的安全；每天清扫次数应根据道路等级、所处地段等具体情况确定，可每天清扫2次。

2. 垃圾收集

垃圾收集，是指通过不同的收集方式将垃圾收集到垃圾容器中，以免污染环境。

（1）垃圾桶收集，是指在垃圾收集地点设置垃圾桶来收集垃圾。在居住小区，一般在每个楼梯口都设置一个垃圾桶，垃圾桶的大小可以根据使用人口、垃圾日排出量计算。多层建筑可根据户数的多少，并考虑到因特殊情况垃圾的囤积，一般可按每栋楼3～6号配备。垃圾桶收集要求保持垃圾桶完整无缺损，外观清洁，定点设置，摆放整齐，并做好保洁工作。住户应将垃圾倒入桶内，不得乱扔乱倒，并应盖好桶盖。特种垃圾、工业与建筑垃圾不得装入生活垃圾桶内，必须分别收集。垃圾桶内的垃圾应每日清除，无堆积现象发生。它是目前在物业管理区域内应用较广泛的一种生活垃圾收集方式。

（2）废物箱收集。在街道和公共场所设置垃圾收集容器，有室内和室外两种情况，室内一般还附有痰盂。楼宇内的出入口、梯道、走廊、过道两旁均应设置废物箱。街道的两旁和街口应设置废物箱，设置的间隔一般为：商业大街设置间隔为25～50 m；交通干道设置间隔为50～80 m；一般道路设置间隔为80～100 m。广场和室外活动场地可在出入口、甬道旁设置废物箱。

3. 物业生活垃圾实行袋装化

根据现行城市环境卫生的有关规定，以煤气为燃料的地区，必须实行垃圾袋装化。在物业管理实践中，多数物业服务企业将装修垃圾也纳入到了袋装化收运的范围，装修垃圾也必须袋装并运放到规定地点。

（1）实行生活垃圾的袋装化的好处：有利于改变人们乱倒、乱扔垃圾的陋习，培养良好的卫生习惯；有利于消除垃圾裸露现象，减少空气污染，净化、美化环境；有利于降低蚊蝇虫的数量和密度，减少滋生地；有利于避免垃圾运输中的散落现象；有利于减少拾荒现象及辖区（楼）内的治安保安的工作量；有利于垃圾集中分类和处理；有利于区域内人们减少疾病和身心愉快。

（2）物业服务企业应向物业业主和使用人大力宣传生活垃圾袋装化的优越性，提倡居民将日常生活垃圾装入相应的塑料袋内，丢入指定的容器或指定的收集点，不得随意乱扔、乱倒。

4. 加强居住区垃圾中转站的管理

（1）居住区生活垃圾收集和清运工作应由物业服务企业的专门部门（管理站）负责，实行分片区包干，集中管理，协同作战。

（2）居住区内生活垃圾的整体清运工作必须指定合格的分包商负责，规定专人、专车、清运地点、清运次数和清运时间。

（3）居住区内的生活垃圾必须实行袋装化，必须指定倾倒地点，并密封加盖，必须配备足够的垃圾桶箱，并进行经常性的垃圾清理和筒箱清洁工作，保障环境清洁。

（4）居住区垃圾中转站内不得堆放任何建筑垃圾，对居住区业主进行二次装修必须严格管理，避免建筑垃圾与其他生活垃圾混合堆放造成清运工作不能顺利进行。

（5）管理站在实施辖区生活垃圾收集和清运工作的同时，必须指定专人负责，专人清洁、收集和清运；必须有检查、有记录。生活垃圾必须做到日产日清，始终保持小区垃圾中转站内的卫生、干净、清洁，无任何污染。

（6）管理站指定专人负责居住区垃圾中转站内的清洁卫生工作，并协助分包商进行日常垃圾清运工作。在做好日常清运和清洁的同时，还要对垃圾中转站内进行经常性的施药杀虫工作；

在炎热的夏季要增加施药分量和消杀频次，以杜绝各种病虫害对小区环境的污染和对小区居民身体健康的影响。

(7)每月应对居住区垃圾中转站的日常清运和清洁工作实行严格考核，对该专项工作完成情况做出评价，评价结果应与清洁工的月份奖金或工资直接挂钩，实行"奖勤罚懒，奖优罚劣"。

(三)垃圾收集及清运技术

(1)生活垃圾从收集、中转、运输至最终处理组成一个完整的生活垃圾处理系统，该系统中的前三个环节即收集、中转、运输被称为生活垃圾的收运系统，涉及的技术环节有：垃圾收集技术或分类收集技术、收集站建设、转运站建设、收集车辆、中转车辆等。此外，有时需要对生活垃圾进行最终处理前的预处理，如分选，对大件垃圾进行破碎处理，对被分选的可回收物进行打包处理等。

(2)国外发达国家在垃圾收运技术方面发展较快，已形成了形式多样的垃圾收运模式，而且均采用压缩运输和中转方式，效率高、经济性好，目前研究的主要方向是系统的环保技术、节能技术和系统内各环节的接口技术。

(3)目前，国内的生活垃圾收运系统主要是在20世纪80年代建立的，随着经济的发展，生活垃圾的成分已发生了很大的变化，生活垃圾的无害化处理工艺也得到快速的发展，原有的收运模式已不能适应这些变化的需求，并暴露出了收运效率低、经济性差、配套不完善、影响城市环境等诸多问题，迫切需要更新。

(四)城市生活垃圾的污染危害

(1)侵占土地、污染土壤。许多未分类的垃圾填埋后，由于垃圾里化学物质含量高，数十年甚至上百年都不会降解，加上有毒成分和重金属含在其中，这些被污染的土地就失去了使用价值。而现有的垃圾处理场的数量和规模远远不能适应城市垃圾增长的要求，大部分垃圾仍呈露天集中堆放状态。

(2)侵占并破坏农田。在我国城郊，大量未经处理或未经严格处理的生活垃圾直接用于农田，造成了严重后果。由于这种垃圾肥颗粒大，而且含有大量玻璃、金属、碎砖瓦等杂质，因而破坏了土壤的团粒结构和理化性质，致使土壤保水、保肥能力降低。

(3)引发垃圾爆炸事故。有机废物在分解过程中会放出大量甲烷，甲烷又有爆炸的危险，在没有通风设备和控制设备的较老的堆积站里易引起地下着火。随着城市垃圾中有机质含量的提高和由露天分散堆放变为集中堆存，只采用简单覆盖易造成产生甲烷气体的厌氧环境，使垃圾自燃、自爆现象不断发生，造成很大损失。

(4)严重污染水体。垃圾不但含有病原微生物，而且在堆放腐败过程中还会产生大量的酸性和碱性有机污染物，并会将垃圾中的重金属溶解出来，是有机物、重金属和病原微生物三位一体的污染源。大量堆放或简易填埋的垃圾，经雨水渗沥，极易污染地表水和地下水，进而严重危害人类健康。

(5)严重污染空气。大量堆埋特别是露天堆放的垃圾，在堆存腐化过程中，产生大量的氨、氮、硫化物、甲烷等有害气体，不断地释放到大气中，其中仅有机挥发性气体就多达100多种，其中含有许多致癌、致畸物质。垃圾腐化还产生恶臭，污染空气、散发热量，加剧了温室效应。

(6)造成生物性污染。垃圾堆放场几乎是滋生所有有害微生物的温床，病毒、细菌、螨虫、支原体和蚊蝇、蟑螂等疾病传播媒体在其中滋生，啮齿类动物在其中大肆繁衍。所以，固体废物如果不采取卫生填埋方式进行处理将造成生物性污染。

因此，生活垃圾必须及时清运和统一管理，实行卫生填埋等有效的处置方式，才能杜绝生活垃圾对生态环境的危害。

（五）生活垃圾的处理

生活垃圾在物业管理区域经集中收集和堆放后，都要运送到城市卫生管理部门管理的生活垃圾处置场进行处置。目前对于生活垃圾的处置有焚烧、卫生填埋、堆肥、热解等方法，但具体采用哪种方法一般是根据每个城市生活垃圾的组成和城市的实际情况等多种因素来确定。

1. 卫生填埋法

(1)卫生填埋法是指将混合垃圾直接填埋，有的还可用来沼气发电。

(2)垃圾填埋在我国实行的时间只有十几年，人们对填埋场的运行规律还有需要深入探讨的地方，如渗滤液的产生过程，垃圾成分随时间的变化过程，垃圾表面的沉降规律等。

(3)垃圾卫生填埋涉及转运、推铺、压实、覆盖、复垦、渗滤液处理、沼气处理、防渗、恶臭防治等过程，包括设备和技术两方面。

(4)生活垃圾卫生填埋产生的垃圾渗滤液比较难处理，目前国内许多生活垃圾卫生填埋场都存在这个问题，这主要是由于垃圾渗滤液成分复杂，难以确定，有机成分较多，传统的污水处理装置的处理效果很难完全满足标准要求。解决途径需要通过综合措施，如部分渗滤液回喷、垃圾实行分类回收堆积、完善生物滤池、膜分离、湿式氧化等污水处理技术。

(5)卫生填埋场在国内逐渐增多，投入的先进设备越来越多、性能结构越来越复杂、自动化程度越来越高。卫生填埋必须满足两个方面的要求，一方面是填埋场的硬件设施要符合技术要求，另一方面应该具备完善的填埋场现场运行管理技术，包括劳动卫生保护、设备内部管理和维护技术等。

2. 焚烧法

(1)焚烧法是将混合垃圾直接焚烧，利用热能发电。

(2)焚烧方法将生活垃圾处理工业化，其优点是占地较少，可以回收垃圾中的大部分能量，而且国外也有比较成熟的经验。但我国由于生活垃圾中热值较低的成分占比较大的比例，而且适合于中小型城市特点、技术先进且投资和运行费用较少的焚烧设备还没有完全过关，特别是有些国产焚烧炉因未配备技术完善的尾气处理设施，致使垃圾焚烧不可避免地产生二噁英等大量有害气体和有害烧结渣等二次污染物。

(3)国内的焚烧设备普遍存在着焚烧投资大，而且处理每吨生活垃圾的运行费用很高，造成企业亏损较大。焚烧法主要适合人口密度较大、经济较发达、生活垃圾热值高的城市区域。

3. 热解法

热解法是利用混合垃圾中有机物的热不稳定性，在无氧或缺氧条件下对之进行加热蒸馏；使有机物产生裂解，经冷凝后形成各种新的气体(甲烷、一氧化碳、二氧化碳、氢气)、液体和固体，从中提取燃油、油脂和燃气。燃气可用来发电。

4. 生物发酵法

(1)生物发酵法是将混合垃圾进行静态发酵生产堆肥。这种方法适于乡村农家肥生产，而非城市垃圾产业化处理。

(2)由于城市生活垃圾成分复杂，造成发酵而生产的堆肥质量差、肥效低、市场小、售价低、成本高，国内建设的一些垃圾堆肥厂近年先后关闭。

(3)在实施垃圾收费以前，堆肥厂主要是出售肥料产品。但由于生产成本高于售价，堆肥厂难于维持下去。垃圾实行收费后，生物发酵厂可以不考虑产品的出路问题，将堆肥产品无偿送给农民使用，而仅仅考虑工艺的先进性、二次污染控制、处理成本的降低、自动化程度的提高等，其目标是有机废物的减量化和无害化，最大限度地利用废物，如生产沼气并用于发电等，来进一步提高利润，降低成本。

生活垃圾处理应当因地制宜，采取资源化的综合处理技术。

七、物业外墙清洗

按照不同的墙体材料和外墙不同的清洗周期要求，作为环境卫生的管理人员，应掌握和了解一些外墙情况的一般知识。

(一)清洗前的准备条件

(1)气候条件，由于外墙情况一般是在室外高空中进行，危险性大，因此，应注意清洗的气候条件。一般情况下，风力应小于四级，尤其是高空风力。此外如果下雨、下雪、下雾及高温(35 ℃以上)气候条件，均不宜进行外墙的清洗。

(2)人员条件，必须身体条件要好，心理素质好。无心脏病，高血压等症，严格进行定期体检，并须经过专门培训，取得高空作业证书，并在证书有效期内，持证上岗。

(3)清洗方式有吊篮和吊板两种，室外吊篮也叫擦窗机，通过吊篮上、下、左、右移动，达到清洗的目的。吊篮内有电话，可以与外界随时联络，比较安全，是今后高楼外墙清洗的发展趋势。吊板是由悬挂支架、大绳(直径 16 mm)，吊板和安全带、安全滑动锁组成。它将清洁工吊到工作位置上进行外墙清洗。使用这种清洗方式，危险较大，因此，要求各项安全措施到位，避免危险事故的发生。

(二)擦窗机的操作

1. 操作程序

(1)准备工作：查看清洁现场，确定工作方案。
(2)现场测风力，是否符合工作条件。
(3)检查擦窗机性能，工作位置地面设好围栏，安全告示牌，由安全员现场监督。
(4)准备清洗工具。
(5)两名操作人员携带清洗工具和用品进入吊篮，系好安全带。

2. 安全操作规程

(1)作业者必须是年满 18 岁男性公民，经过专门技术培训，经考试合格后持证上岗。
(2)作业者必须是经过定期体检，确认身体合格者。
(3)作业者在工作前及工作期间，不准喝酒、嬉笑，更不准吊篮内打闹或投掷物品。
(4)作业期间必须穿工作服，戴安全帽及手套，系好安全带(包括室内的清洁人员)。
(5)作业者如遇身体不适，不得参加高空作业。
(6)作业前应由专门人员对现场进行安全检查，确定安全后方可工作。
(7)作业前对屋面结构悬挂装置的连接件、紧固件、牵引绳等进行检查，确认无隐患后，方可作业。
(8)在吊篮作业中，严禁修理或移动吊篮悬挂机构及制动器等。
(9)在移动屋面某部分结构时，吊篮中严禁站人，在吊篮跨越障碍移动中，必须用缆绳稳定吊篮以防止碰撞到其他地方。
(10)严禁用吊篮作垂直运输工作，更不能超负荷。
(11)在吊篮工作时要设法使吊篮稳定，以防大的晃动。
(12)注意电器部件的防护，雨天应停止作业。

(13)指挥人员必须集中精力从事专项指挥工作,不得兼做其他工作。

(14)爱护设备及工具,提升机每 24 h 注油并检查一次。悬挂钢丝绳每工作 56 h 全面查一次,提升机制动器每日检查一次。

(15)作业后,将一切设备及工具及时进行保养,按指定位置集中放置。

(16)作业后应将吊篮停放或悬挂在安全地点,并上好安全锁,防止损坏。

八、公共场所卫生防疫管理

公共场所的卫生管理除了要创造一个洁净的卫生环境,还有一个重要的工作是预防和控制公共场所中传染病的发生和流行。物业管理区域一般都是人群比较密集的区域,如商场、宾馆、办公楼等,对这些场所进行简单的消毒、灭菌和杀虫是物业管理公司应负责的工作之一。

公共场所如何防疫

(一)公共场所传染病的流行过程

传染病在公共场所中流行必须有病原体存在,还必须有传染源、传播途径和易感人群三个环节。

传染源指受病原体感染的机体,可以是人,也可以是生活在人周围的动物。

传播途径是指传染源排除到体外的病原体借助外界物体(传播因素)经不同的途径再传给新的机体,如呼吸道传播、消化道传播、日常生活接触传播、吸血节肢动物传播等。

常见的经呼吸道传播的传染病有:麻疹、流行性腮腺炎、流行性感冒、流行性脑脊髓膜炎、肺结核等。

常见的经消化道传播的传染病有:病毒性肝炎、伤寒、痢疾、霍乱等。

常见的经接触传播的传染病有:皮肤病、性病等。

易感人群是指对某种传染缺乏免疫力,易受该病感染的人群和对传染病病原体缺乏特异性免疫力,易受感染的人群。

(二)消毒灭菌基础知识

1. 消毒

消毒是指杀灭或清除传播媒介上病原微生物及其他有害微生物使其达到无害化的处理过程。

按照消毒的目的,可以将消毒分为以下六类:疫源地消毒;疫点消毒;疫区消毒;随时消毒;终末消毒;预防性消毒。

对消毒一词含义的理解,有两点需要强调:一是消毒是针对病原微生物和其他有害微生物的,并不要求杀灭或清除所有微生物;二是消毒是相对的而不是绝对的,它只是要求将病原微生物或其他有害微生物的数量减少到无害化的程度,并不要求把所有病原微生物或其他有害微生物全部杀灭。

消毒剂是指能杀灭外环境中感染性的或有害的微生物的化学因子,即用于杀灭微生物的可达消毒要求的药物,如过氧乙酸、臭氧、乙醇等。

2. 灭菌

灭菌是指灭杀或去除外环境中媒介物携带的一切微生物(包括致病性微生物和非致病性微生物)的过程。

灭菌是个绝对的概念,灭菌后的物品必须是完全无菌的。消毒不一定达到灭菌要求,而灭菌一定能达到消毒的要求。然而事实上要达到完全无菌是很困难的。因此,规定灭菌过程必须使物品污染微生物的存活概率减少到 10^{-6}。

模块四　物业环境卫生管理与服务

灭菌剂是指能杀灭外环境中一切微生物（包括细菌繁殖体、芽孢、真菌、病毒等）的化学物质。医学上常用的灭菌剂有环氧乙烷、甲醛、过氧乙酸等。所有灭菌剂均为优良的消毒剂。

3. 消毒灭菌的方法

(1) 物理消毒法。利用物理因子作用于病原微生物，将之杀灭或消除的消毒方法称为物理消毒法。该方法只能从物体上清除或减少病原体，不能起到杀灭病原体的作用。常用的物理消毒方法有：

1) 清洗。清洗属于通过机械方法除菌，虽然不能杀死病原体，但可显著减少病原体的数量。如人体皮肤上的细菌，用淋浴和洗手即可去除90%，用水和肥皂用力擦抹可去除97%。

2) 过滤。过滤为饮水净化的一个步骤，口罩也是过滤法的一种形式，是预防呼吸道传染病的重要方法。

3) 通风。通风虽不能杀灭病原体，但在短时间内可明显减少空气中细菌、病毒的数量，对预防呼吸道传染病的效果很好，比其他物理、化学消毒方法更为有效，而且无残留药物，对人体健康无影响。

4) 干热灭菌。干热灭菌主要有焚烧、烧灼和干烤（含红外线辐射灭菌）。

5) 湿热空气消毒。

6) 煮沸消毒。

7) 高压蒸汽灭菌。

8) 日光消毒。

9) 紫外线消毒。

10) 微波消毒。

(2) 化学消毒法。利用化学药物杀灭病原微生物的方法，称为化学消毒法。用于消毒的化学药物叫作化学消毒剂，以植物制成的消毒药物则称为植物消毒剂。平时大量使用的多为化学消毒剂。化学消毒剂从使用时的物理状态可划分为：液体消毒剂、固体消毒剂与气体消毒剂三大类。

(3) 生物消毒法。利用一些生物来杀灭或去除病原微生物的方法称为生物消毒法。如污水净化可利用缺氧条件下厌氧生物的生长来阻碍需氧微生物的存活。

(三) 公共场所常见的病媒动物

在物业环境卫生管理中消毒工作至关重要，但病媒动物所致危害也不可忽视。据调查，公共场所中最常见的病媒动物是苍蝇、蚊子、蟑螂、老鼠、蚂蚁等。

(1) 苍蝇。苍蝇骚扰人群、传播多种疾病。它传播疾病的方式主要是通过身体携带，将致病微生物传给人。传播的疾病有伤寒、副伤寒、菌痢、霍乱、细菌性食物中毒、化脓性球菌感染、脊髓灰质炎、病毒性肝炎、阿米巴痢疾、蛔虫感染等。

(2) 蚊子。蚊子不仅骚扰人群，通过叮咬吸血还能传播疟疾、乙型脑炎、丝虫病、登革热等疾病。

(3) 蟑螂。蟑螂是室内常见害虫之一，尤其是在居住小区、旅店容易存在，它不仅偷吃食物，污染和损害物品，还可以通过体表和肠腔携带各种致病微生物，传播霍乱、伤寒、副伤寒、菌痢、炭疽、结核、阿米巴痢疾等疾病。

(4) 老鼠。老鼠是许多疾病病原体的储存宿主，通过它身上的寄生虫叮咬、排泄物的污染、机械携带，以及直接咬人等方式，可传播鼠疫、钩端螺旋体病、恙虫病、森林脑炎、蜱传回归热、地方性斑疹伤寒、野兔热、鼠咬热、肠道传染病等。

(5) 蚂蚁。有些种类如棕黄家蚁和小黑家蚁，常侵入室内、仓库等处，咬毁和污染食物，甚至蜇、咬人，成为目前公共场所中常见的害虫之一。

(四)公共场所杀虫灭鼠

除四害小视频

1. 公共场所灭蚊

蚊子属昆虫纲，双翅目，蚊科。蚊子的幼虫滋生在水里，繁殖快、数量大、分布广、种类杂。

(1)滋生习性。成蚊卵巢成熟后即开始排卵，孵化的幼虫在水面活动。不同种幼虫对滋生环境有一定的选择，选择大型静水环境，如稻田、池沼、苇塘等有中华按蚊；选择缓流清水环境，如缓流的山溪、河汊、清泉等有微小按蚊；选择小型积水环境，如缸罐、石穴、树洞的积水等有白纹伊蚊、埃及伊蚊；选择污水，如污水沟、沤粪池等有淡色库蚊。

(2)栖息习性。不同种类的蚊子栖息环境不尽相同，有家栖、半家栖和野栖等方式。淡色库蚊等吸血后，白天多栖息于人房、畜舍的阴暗、潮湿角落；三带喙库蚊、中华按蚊等，兼有室内、室外栖息性；白纹伊蚊等吸血后，多栖息于野外的树丛、草丛等处。

(3)吸血习性。成蚊羽化后 24 h 即开始于黄昏或黎明时群舞交配。雌蚊交配后必须吸血卵巢才能发育成熟，因此交配有刺激雌蚊吸血活动的作用。按蚊、库蚊吸血活动多在夜间，尤其初夜或黎明为盛，而伊蚊多在白天吸血，吸血习性分别为主嗜人血，主嗜畜血，兼嗜人畜血。

(4)蚊子的杀灭方法。

1)清除滋生地。及时疏通沟渠，防止积水，加快水流速度，能防止蚊子滋生；填平坑洼，尽量减少蚊子的滋生地；不用的盆罐、缸、锅等倒置，防止积水；树洞、石穴、竹节等必须堵塞，防止雨后积水生蚊。

2)控制滋生地。难以清除的较大的滋生地，如水坑、池塘等要定期喷洒杀虫剂。一般 7~10 d 检查一次滋生地，发现蚊子幼虫要及时喷洒杀虫剂消灭。常用药物如下：

①双硫磷，用 0.5%（质量分数）的药液喷洒滋生地，使水中质量浓度达到 1~2 mg/L，药效可达 10~14 d。

②倍硫磷，用 0.5%浓度的药液喷洒滋生地，使水中质量浓度达 1~2 mg/L，药效 10~14 d。

③杀螟松，用 0.5%浓度喷洒滋生地，使水中质量浓度达 1~2 mg/L，药效 7~10 d。

④辛硫磷，用 0.5%（质量分数）的药液喷洒滋生地，使水中质量浓度达 0.5~1 mg/L，药效 7~10 d。

⑤苏云金杆菌($B.T.H_{14}$)，饮用水缸和水池可用 3~5 mg/L 处理，药效可达 7~10 d。

3)杀灭成蚊。

①空间喷雾。用市售杀蚊蝇气雾剂消灭成蚊，用量为 0.5~1 mg/m³，关闭门窗 1 h。

②用 0.03%溴氰菊酯粉或胶悬剂、顺式氯氰菊酯粉剂喷洒墙面。也可用此两种杀虫剂处理蚊帐，用量为 5~10 mg/m³，药效可达 2~3 个月。

③滞留喷洒。在蚊虫密度较高的公共场所，如宾馆、影剧院、候车室等，可将残效期较长的杀虫剂喷涂在蚊虫栖息场所的墙壁、天棚和家具下面。如三氯杀虫酯，2 g/m²（纯品用量），药效达 1~2 月；倍硫磷，2 g/m²，药效达 3~4 月；马拉硫磷，2 g/m²，药效达 1~2 月。

2. 公共场所灭蝇

(1)食性。苍蝇的嗅觉灵敏，食性复杂多样。绿蝇、丽蝇、麻蝇主嗜腐败的动物质；家蝇、厕腐蝇则为杂食性，兼嗜动、植物质；大头金蝇、麻蝇等主嗜新鲜人粪。苍蝇有边吃边吐边排泄的习性，故可通过呕吐物或排泄物污染食物。

(2)活动性。苍蝇活动受温度和光线影响，天气暖和、光线明亮时善飞行，而低温、阴天或黑暗时只能爬行。家蝇、厕蝇等常在室内活动；丽蝇、麻蝇等主要在室外活动，少见于居室内。苍蝇飞行能力较强，可达 5~6 km/h，一般活动范围在 1 000~2 000 m² 内。

(3)苍蝇的杀灭方法。

1)控制滋生条件。公共场所的苍蝇滋生物主要是粪便和废弃食物、果蔬等，所以垃圾必须日产日清；食堂的厨余垃圾和剩饭剩菜要用专门容器密闭存放，且垃圾要当日清运，不得积存；厕所应改造为水冲式，旱厕必须加盖，并有专人经常保洁。应通过各种形式进行宣传，使群众形成良好的卫生保洁习惯，不随地乱扔果皮、果核及其他废弃的食物。

2)消灭成蝇。

①器械捕杀。一是拍打，在春季或晚秋季节，气温较低，苍蝇活动迟缓，对卫生条件较好的室内或不适宜使用药物灭蝇的场所，均可用蝇拍扑打成蝇。二是诱蝇笼捕杀，以腐败的动植物质，如鱼、豆饼、臭豆腐为诱饵，适用于室外蝇多的场所。注意用过的诱饵要深埋，防止滋生蝇蛆。三是粘蝇纸捕杀，将粘蝇纸悬挂于蝇多的室内。注意用过的粘蝇纸要烧掉。

②室内速杀灭蝇。可用各种市售商品喷洒剂、气雾剂，用量按说明书。

③毒饵诱杀。灭蝇毒饵是将胃毒作用强的杀虫剂掺入蝇类所喜食的诱饵中制成。常用药物有 0.1%~0.2% 的敌百虫等。使用毒饵诱杀时要注意预防儿童误食中毒。

3. 公共场所灭蚁

(1)生活习性。蚂蚁是膜翅目蚁科昆虫，一般对人无害，但有些种类如棕黄家蚁和小黑家蚁等常侵入家屋、仓库、病房等处，咬毁和污染食品，骚扰人类，甚至蜇咬人畜，为目前公共场所中常见害虫之一，必须加以消灭，以便营造舒适的公共场所环境。

(2)蚂蚁的杀灭方法。

1)搞好环境卫生，消灭蚂蚁滋生地。对各类公共场所的墙壁、窗台、家具、地板等处缝隙或洞穴进行堵塞。食堂、餐厅和旅店客房、仓库的食品要妥善保藏，不可乱扔乱放，以免引诱蚂蚁入室侵害。清扫地面，防止食物残渣、垃圾滞留，注意消灭蚂蚁滋生地，也可用开水浇烫蚂蚁穴洞。

2)挖巢法。白蚁的灭治还可以利用白蚁在严冬季节基本集中在巢内的特点，采用挖巢法消灭。该法优点是简便，不需药物，缺点是损坏建筑构件，残留的白蚁会发展成新的群体。

3)药物灭治法。药剂灭治首先要抓住施药的有利时机，选择好施药点，施药要深、散、匀，将药物均匀而广泛地喷施在危害物的最里层。常用药物包括粉剂和液剂两类。粉剂有低容量溴氰菊酯、灭蚁灵等。粉剂灭治主要是利用白蚁喜欢彼此接触的习性，当少量白蚁沾染了药剂后，会逐渐传播到整个群体，达到大量灭治的目的；液剂无传递性，使用时必须接近地面的木构件全面施药。液剂有敌百虫、二氯苯醚菊酯等。

4)诱杀法。灭治白蚁也可以采用诱杀法，就是选择白蚁爱吃的食物，如玉米秆、甘蔗等为诱饵，可用一只或几只白蚁来诱使其他白蚁，当白蚁聚集到很多时，用药物或其他方法(如开水浸烫、高温或高频微波)进行歼灭。一般采用的诱集方法有：诱集坑、诱集箱、诱集桩。对于不允许进行破坏性检查和施药的房屋建筑可采用此种方法，但这种方法要反复多次和坚持很长时间才能奏效。

4. 公共场所灭鼠

(1)食性。鼠类为杂食动物，多以谷物、蔬菜、瓜果等为食。鼠类在干燥食物丰富的地方，易被含水量多的食物所诱；反之，在含水量食物丰富的地方，易被干燥食物所诱。灭鼠时，应注意鼠的食性，选择诱力较好的诱饵。

(2)繁殖。鼠类繁殖率高，一般家鼠每年产仔2~8次，四季均可繁殖，以春秋两季为高潮。

(3)栖息。栖息于公共场所的鼠类主要是家栖鼠类，多栖息在住室、仓库、厨房、下水道等处。鼠类多能挖土掘洞，正确识别鼠洞，可以提高灭鼠效率。有鼠洞（实洞）一般较光滑，周围有鼠迹（足迹、鼠粪）。

(4)活动。通常，公共场所鼠类均可活动，无蛰伏期。其活动多循一定的路线，形成明显的鼠道。

(5)灭鼠方法。

1)毒饵灭鼠。毒饵灭鼠是最广泛应用的灭鼠方法，效果好，使用方便，经济。毒饵由诱饵、灭鼠剂和附加剂配制而成。

①诱饵。诱饵的好坏常常是影响毒饵灭鼠效果的重要因素。鼠类是杂食性动物，能吃各种食物，如谷物、蔬菜、水果、鱼、肉、垃圾、粪便等，但不意味着鼠类对这些食物都喜欢吃，各种鼠类食性不同，同种鼠类食性也各异，灭鼠前应选择具有高度引诱力的诱饵。

②灭鼠剂。目前灭鼠效果好的一类灭鼠剂为慢性灭鼠剂，这是一类使用安全的灭鼠剂的抗凝血灭鼠剂，主要有杀鼠灵、杀鼠迷、敌鼠钠盐、溴敌隆等。另一类为急性灭鼠剂，主要有溴甲灵和敌溴灵、磷化锌、灭鼠伏等。其毒性作用快速，潜伏期短，用量少，使用方便，农田防治野鼠可直接投放，但对家鼠效果较差。大多数急性灭鼠剂都没有特效解毒药，对人畜安全造成危险，因而为多数国家所禁用。

③附加剂。毒饵的附加剂种类很多，按其性质分为黏合剂、引诱剂、防腐剂、警戒剂、增效剂等。

a. 黏合剂：其作用是使灭鼠剂能均匀地黏附在诱饵外表面或能使诱饵混合均匀，特别是整粒谷物做诱饵时，黏合剂必不可少的。常用的黏合剂有植物油、糨糊、矿物油、糖浆、米汤、水和有机溶剂等。

b. 引诱剂：是一种引诱鼠类接近毒饵的物质。事实上，目前还没有一种具有此种作用的化合物。一般所用的引诱剂指的是味觉增效剂，当鼠类取食时会增加其摄食量。常用的引诱剂有3%~30%的食糖（质量分数），5%的植物油，5%~30%的鱼粉、鸡杂粉和蛋白粉，0.5%~1%的食盐，1%的谷氨酸等。

c. 防腐剂：在夏季或热带，于下水道等潮湿地带使用的毒饵，可加苯甲酸等防腐剂，以防止毒饵腐烂变质。

d. 警戒剂：黄绿色、红色或蓝色的染料鼠类感觉不出来，但对人和其他动物、特别是鸟类却可起警戒作用。常用作警戒剂的染料有亚甲蓝、普鲁士蓝、曙红、氯唑天晴蓝等。配制少量毒饵，最方便的是使用蓝墨水。

2)熏蒸灭鼠，是指某些药物在常温下气化或通过化学反应产生有毒气体，使鼠类吸入致死。同时还兼有杀虫作用，常用的熏蒸剂有磷化铝等，这种方法常用于船舶、火车、仓库等密闭场所。

毒鼠药能毒死老鼠，也能毒害家禽、家畜，甚至危及人的生命。因此，鼠药必须由专人保管、配制和发放，以防中毒事故发生。同时要做好宣传，管好幼儿、家畜、家禽，发现中毒及时采取抢救措施。

5. 公共场所灭蟑螂

(1)食性。蟑螂是杂食性昆虫，可取食各种食物、粪便和痰液等，对含糖和淀粉类食物，如

模块四 物业环境卫生管理与服务

面包、饼干、米饭等尤为善食，蟑螂耐饥性较强，但因过度饥饿常残食其同类及卵荚。

（2）栖息。蟑螂喜栖温暖、潮湿和食物丰富的地方，如厨房、食堂、食品库、动物室、病房、旅客住室、地下室、下水道、垃圾污物堆放场所等。

（3）活动。蟑螂虽有翅，但飞翔能力极差，爬行却相当敏捷，怕光、喜暗，昼伏夜出。蟑螂一般晚6时开始活动，9~11时最为活跃，翌日晨5时后又隐匿于黑暗隐蔽处。在活动时遇光、噪声或振动则立即逃入隐蔽场所。

（4）灭蟑螂方法。

1）药物灭治法。

①敌百虫毒饵。将敌百虫毒饵或毒粉每10 g为一组，放于蟑螂栖息活动场所，连放3 d，可获96%以上杀灭率，尤以粒状毒饵效果最佳。

②林丹粉剂。将24%林丹粉剂撒于蟑螂栖息活动场地，用量为20 g/m^3。

2）防治措施。蟑螂生命力顽强，繁殖力很强，要杀灭居住区的蟑螂，必须要发动群众统一行动，进行全面防治，才能起到成效。要根据蟑螂生长季节，抓住有利时机防治，如在繁殖期（4、5月）突击灭治，可起到很好的控制作用，并大大减少蟑螂的生长密度。

九、物业保洁人员职业病及其预防与救治

（一）保洁人员常见职业病

（1）外伤。保洁人员常见的外伤主要有扭伤、跌伤、撞伤、割伤等。如提重姿势不正确、提重负荷过重会造成扭伤；地面湿滑、杂物绊倒会造成跌伤；高空掷物、不正确操作机械可造成撞伤；处理未包装的破烂杂物、玻璃、罐头盒等可能会造成割伤。

（2）设备造成的伤害。保洁人员工作中使用的设备越来越多，如洗地车、吸尘机等。设备的使用可以降低保洁人员的劳动强度，提高工作效率。然而，如果不注意对设备的维修保养，使其保持最佳的工作状态，或者不按操作规程去操作设备，便有可能造成严重事故，并给保洁人员带来各种伤害。

（3）疲劳损伤。姿势不当并且负担过重的重复动作，容易造成筋肌劳损，如经常弯腰推拉比较重的垃圾桶、垃圾车，经常弯腰扫地、拖地、抹窗均有可能造成腰部、手或前臂的肌腱劳损。患者会感到患部痛楚、乏力、僵硬、麻木，若不加以理会，病情便会持续恶化，从而妨碍正确的工作和生活。

（4）呼吸道疾病。保洁人员在工作中会吸入各种对身体有害的灰尘、烟尘和化学气体等，如果保护不当容易造成呼吸道感染或其他疾病。

（5）传染病。垃圾可以滋生细菌、病毒、真菌或寄生虫等，如果不及时清理，通过各种传播途径，便会引发传染病和寄生虫病等。保洁人员在处理、清运垃圾时，如果没有采取保护措施，就极有可能被传染上疾病。

（6）化学性皮肤炎症。保洁人员经常需要接触化学类清洁剂，如果使用不当则会引起各种伤害，最常见的是因化学品腐蚀等造成的皮肤损害。保洁人员如果不戴手套而直接接触洗洁精、去污剂、清洁剂等化学品，其手部表面起保护作用的油脂层就会被破坏，致使皮肤缺乏保护，时间久了，手部皮肤就会变得干燥，甚至开裂，因而易受细菌感染。另外有些清洁剂和去油污剂还含有腐蚀性强的化学成分，如果直接接触会损害皮肤。

（二）保洁人员的职业防护措施

（1）正确使用劳动保护器具。保洁人员经常接触化学清洁剂及垃圾尘埃等，因此应该佩戴合

适的个人防护器具，如手套、安全工作胶鞋、防尘口罩等。

（2）正确选用工具。使用设计良好的工具不仅可以提高工效效率，还可以降低或避免保洁人员的受伤及患病的机会。因此，应选用较轻便的工具，如果工具或工具连同承载物较重，应让操作人员能同时使用两手。工具的扶手应尽量靠近工具的重心或工具与承载物连线的重心。扶手应易于抓握，并让保洁人员能轻易地转变握持位置。工具和手部接触处应没有尖锐或突出的部分，但接触处也不能太光滑，以免工具滑脱。在有需要时，工具应装配足够的避振配件。

（3）进行规范的操作规程培训。经常对保洁人员进行培训，提高他们的安全健康意识，训练他们熟悉各种操作规程，熟练地使用各种工具和防护器具。需要操作重型设备的人员更要接受专业训练，熟悉工作程序及注意事项。在操作危险性大的重型设备时，应规定必须有其他员工在旁监护操作。

（4）保持正确的工作姿势。正确的工作姿势对预防工伤和职业病极为重要。因此，应对保洁人员进行正确工作姿势的培训，督促其采用正确姿势进行工作，以减少受伤和发生工作劳损的机会。特别要避免弯腰负重或负重扭腰；避免徒手将重物大幅度地移动或徒手搬运一长段距离；避免过度用力推动或拉动物件。

（5）注意个人卫生。保洁人员经常接触垃圾及化学清洁剂等，因此一定要注意个人卫生，养成良好的卫生习惯，避免在工作中感染各种传染病，并避免将病菌带回家中而影响家人的健康。保洁人员在工作期间不得进食；饮水前要洗手；工间休息时应洗净手再进食。工作完毕，一定要沐浴、更衣后再回家。

（6）安全使用化学用品。化学品对人体有多方面的危害。为了保障保洁人员的安全健康，应尽量使用低毒或无毒的清洁剂。所有盛装化学品的容器，都应贴上正确的化学品标签，说明危害性和防护方法。要为保洁人员提供安全使用清洁剂等化学品的训练，监督其安全使用化学品。

（7）定期检查身体。保洁人员要定期检查身体，监测健康状况，发现问题要及早处理，确保其身体健康。

（8）改善工作环境。工作环境的恶劣、不合乎安全要求是影响保洁人员安全的首要因素。工作环境的改善和多种因素有关。因此物业管理人员特别是管理部门的领导要在尽可能的条件下，争取各部门的配合，改善保洁人员的工作环境，以保障其安全，提高工作效率。

（三）现场急救

保洁人员在工作中意外受伤，则要进行现场救治，伤势严重者应立即呼叫救护车将伤者送医院救治。

在救护车到达前的时间里要对伤者进行正确处理，以减轻伤者的痛苦，减少抢救的困难，增加伤者复原的机会，降低伤残的概率。因此，保洁人员和领班应懂得现场急救常识，以便在救护车来到之前，可以现场为伤者做一些必要的处理。常见的意外伤害正确的急救方法如下：

（1）保洁人员意外触电。应该立即切断电源。如一时找不到电源开关，应该用干的竹、木、胶棍等绝缘体将电线打开或将触电者推离电源，然后立即为触电者进行人工呼吸和心脏按压，只有抢救及时才可能挽救其生命。

（2）高空作业时从高处坠下。当从高处坠下者倒卧地上时，在未了解清楚其受伤情况时，不应立即搀扶他。因为，如果坠下者不幸胸椎或颈椎骨折，草率地一扶、一弯甚至会立即危及伤者的生命。如果是跌伤腰骨，出现腰椎骨折，此时扶起伤者就会使其脊椎弯曲，骨折的腰椎就有可能切断脊髓，从而造成其下肢瘫痪。正确的做法是：如果伤者还清醒，应该不断地与伤者对话，尽量保持伤者不昏迷；不要翻动伤者，但见到出血或衣服内有渗血，应及时压迫止血，注意伤者的呼吸，等候救护车到达。

(3)铁钉或铁杆插入身体。正确的处理方法是不要将铁钉或铁杆从伤者身体内拔出，应维护原状，将伤者直接送入医院，由医生妥善处理。因为铁钉或铁杆有可能插着血管，如把铁钉、铁杆拔出则可能导致伤者大出血，如果伤及大血管，就会有生命危险。在搬动伤者时要确保铁钉、铁杆不移动。

(4)沙粒或其他异物入眼。不能用手、纸巾或毛巾擦拭，以免擦伤眼角膜引起角膜炎而造成严重后果。正确的处理方法是用清水冲洗。

(5)利器或设备截断手指。救助者不应该丢掉断指，也不应该找回来就立即接在伤口上包扎。正确的做法是：用力压住伤者的伤口，力度以不出血为准。然后将断掉的手指找回来，用现场可以找得到的干净布料，通常最快捷的方法是撕下衣服的干净部分，包好，救护车到来后，把伤者断离的手指交给救护的医护人员带回医院处理。

(6)跌断肢骨、断骨刺穿皮肉。应用硬木板托住断肢，用现场可以找得到的干净布料包扎止血，尽量不要移动断骨。

(7)保洁人员在烈日下工作突然晕倒。正确的处理方法是将其抬到阴凉且空气流通的地方，使晕倒的人员可以呼吸到充足的氧气，并由镇定而有经验的人员照顾，疏散围观的人群，直到救护车到达。

单元三 物业水环境的管理与服务

一、物业区域内直接饮用水系统

近几年来，生态住宅理念已逐渐融入了中国百姓的居住理念。生态住宅成为 21 世纪最理想的家园，成为住宅建设的趋势。管道直接饮用水系统是为了满足人们在饮用水方面的健康要求，是生态小区的一种时尚标志。在建设部于 2001 年制定的《绿色生态住宅小区建设要点与技术导则》中，提出了关于管道直接饮用水系统的要求。

(一)管道供水系统

1. 管道直饮水系统

管道直饮水系统是将自来水经过深度处理后达到饮用净水水质标准规定的水质指标，通过独立封闭的循环管网，供给居民直接饮用的供水系统。

给水管道系统内的水受外界的影响产生的二次污染不能忽视。给水管道系统中的化学和生物反应给水质带来不同程度的影响，导致管道内水质二次污染的主要因素有水源水质、给水管道的渗漏、管道的腐蚀和管壁上金属的腐蚀、储水设备中残留或产生的污染物质、消毒剂与有机物质和无机物质间的化学反应产生的消毒副产物、细菌的再生长和病原体的寄生、由悬浮物导致的混浊度等。另一方面水在管道中停留的时间过长也是影响水质的又一主要原因。在管道中，可以从不同的水源通过不同的时间和管线路径将水输送给用户，而水的输送时间与管道内水质的变化有着密切的关系。

凡生活饮用水接触的输配水设备，水处理材料和防护材料，均不得污染水质，出水水质必须符合《生活饮用水卫生标准》(GB 5749—2006)的要求。日常生活中用于烹饪、饮用的水量只占城市供水量的 0.5%~2%，因此可以将饮用水单独进行净化处理，专用管道输送。这样可以在住宅小区的自来水供水系统基础上设置两套供水系统。

2. 管道直饮水系统组成

小区的管道直饮水系统通常包括水源、深度净化水站、直饮水供水管网等部分，系统流程如图 4-9 所示。

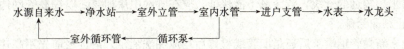

图 4-9　管道直饮水系统循环图

（1）深度净化水站（简称净水站）内设有深度净水设备、加压设备和贮水设备。深度净水设备通常包括前期预处理设备、主要处理设备和后期消毒设备。前期预处理是根据城镇自来水水质情况而设置的措施。可采用粗滤、活性炭吸附和精滤等技术，通过预处理可使水质满足后续深度净化设备的净水要求。主要处理设备是净化水站的核心设备，对采用膜分离技术（微滤、超滤、纳滤和反渗透）。为确保水质安全常使用紫外线消毒设备和臭氧消毒设备。加压设备一般采用变频供水设备，通过管网向千家万户输送直饮水。净水站包括原水调节水池（原水贮水罐）用来贮存城镇自来水；直饮水贮水罐用来贮存直饮水。

（2）直饮水供水管网由室内外配水管网及循环回水管和循环泵组成。配水管网是用来将直饮水输送到各用水点，用水点的数量应根据需要来确定，通常做法是在住宅每户的厨房安装一直饮水水龙头。循环泵和循环回水管道的主要功能是收集配水管网中未能及时使用的直饮水，将其送回净化水站，重新消毒处理，其目的是不至于在直饮水用量小或夜间无用水时滞留在管道中成为死水，确保管网中直饮水的水质始终安全、卫生、可靠。

（3）设置系统监测与自动控制系统，以确保直饮水水质及整个工艺流程的正常运行，对采用运转水表收取水费的直饮水系统，还应有相应的抄表计费系统。

（二）管道直饮水系统防治污染的措施

1. 管材与配件

应选用优质的管材和配件，其应具有良好的卫生性能，在常温下管材中的成分不能溶于直饮水中。

2. 管道的设置

（1）整个供水管网布置成等程式循环管路，并且采用压力传感器或电磁阀根据管网压力调节循环流量，使主干管内多余的水回流至净水站，从而保持水的新鲜、优质。

（2）严禁管道直饮水系统与其他水系统的管道串联。

（3）整个系统必须采用全封闭的方式供水，应尽量采用变频调速供水设备或气压供水装置直接供水，避免由屋顶水箱引起的二次污染。

（4）水力强制冲洗对去除管道内壁的结垢物是一种简单可行的办法，故在管网设计中应留出冲洗的进出口，通过安装的阀门控制，定期对管网进行水力冲洗，达到强制冲洗的目的。

（5）管道安装时应加强施工管理，提高管内的清洁度和管道接口的质量，避免施工不当，使滞留在管内的沉积物引起二次污染。

3. 给水管道的水质控制

随着人们对水污染以及污染水对人体的危害认识的逐步提高，人们希望从管网中得到优质的用水。近年来，用户对给水水质的投诉也越来越多，促使供水企业对给水管道水质的管理逐步加强。为保护给水管道正常的水量或水质，除了对出厂水质严格把关外，目前主要采取以下措施进行控制：

(1)及时检漏、堵漏，避免管道在负压状态下受到污染。
(2)长期未用的管线或管线末端，在恢复使用时必须冲洗干净。
(3)通过给水栓、消火栓和放水管，定期冲排管道中停滞时间过长的"死水"。
(4)对离水厂较远的管线，若余氯不能保证，应在管网中涂加氯，以提高管网边缘地区的余氯浓度，防止细菌繁殖。
(5)无论在新敷管道竣工后还是旧管线检修后均应冲洗消毒。消毒之前先用高速水流冲洗水管，直到合格为止。
(6)用户自备水源与城市管网联合供水时，一定要有可靠的隔离措施。
(7)定期对金属管道清垢、刮管和衬涂内壁，从而保证水质的清洁。
(8)长期维护与定期清洗水塔、水池以及屋顶高位水箱，并检验其贮水水质。
(9)在管网的运行调度中，重视管道内的水质检测，发现问题及时采取有效措施予以解决。

(三)管道直饮水系统卫生标准

饮用水与健康问题日益受到全世界广泛的重视。目前国际公认的健康饮用水标准如下：
(1)不含对人体有害、有毒及有异味的物质；
(2)水的硬度适中；
(3)人体所需矿物质含量适中；
(4)水中溶解氧及二氧化碳含量适中；
(5)pH值呈弱碱性；
(6)水分子团小。

(四)管道直接饮用水方式的现实意义

满足了人们在饮用水对健康影响问题上的重视。随着人们的生活水平的提高，环保和自我保健意识的增强，消费者对饮用水的水质提出了更高的要求。人们饮水不仅仅要求解渴，还对水的营养保健功能有了进一步的要求。切勿说饮用水水源所受到的不同程度的污染。就目前传统的自来水处理设施及工艺不可能彻底去除水中所含有的微量有机污染物。而采用的氯消毒方式本身就会产生对人体健康不利的副产物——卤代烃类物质。此外，自来水在输配过程中的二次污染也会存在水质恶化的可能。管道直饮水就是为了满足人们饮用水的安全问题，提高饮用水的高品质要求应运而生。

二、物业区中水供水系统

为了有效利用水资源，改善小区水环境和生态环境，在一些设计档次较高的住宅小区中，采用了中水技术。即将水质污染较轻的生活废水经过处理，达到规定的水质标准后，在一定的范围内重新利用。这种水称为中水。

(一)中水的水源

住宅小区中水水源的选择要依据经济技术比较来确定。应优先选择水量充裕稳定、污染物浓度低、水质处理难度小、安全且居民易接受的中水水源。住宅小区中水可选择的水源有：住宅小区内建筑物杂排水；城市污水处理厂出水；相对洁净的工业排水；小区生活污水或市政排水；建筑小区内的雨水；可利用的天然水体(河、塘、湖、海水等)。

(二)中水系统

中水系统流程如图4-10所示。

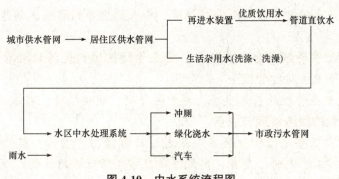

图 4-10　中水系统流程图

(三) 中水系统设置的要求

(1) 中水系统应有一定的规模，比如在国家住宅与居住环境工程中心制定的《健康住宅建设技术要点》中规定：规模达到 5 万 m^2 的住宅小区应设置中水（复用水）系统，中水系统的规模原则以中水成本价不大于自来水系统。

(2) 中水供水系统必须独立设置，严禁中水进入生活饮用水给水系统。

(3) 中水用水量计算按《建筑给水排水设计标准》(GB 50015—2019)中有关规定执行。

(4) 建筑中水供水系统管道水力计算按《建筑给水排水设计标准》(GB 50015—2019)中给水部分执行，建筑小区中水供水系统管道水力计算按居住小区给水排水设计的有关规定执行。

(5) 中水贮存池采用耐腐蚀，易清垢的材料制作，钢板池内壁应采取防腐处理。

(6) 中水供水管道宜采用承压的塑料管、复合管和其他给水管材，不得采用非镀锌钢管。

(7) 中水供水系统上，应根据使用要求安装计量装置。

(8) 中水管道上一般不得装设取水龙头。当装有取水龙头时，应采取严格的防护措施。

(9) 中水管道外壁应涂浅绿色标志；水池（箱）、阀门、水表及给水栓均应有明显的"中水"标志。

(10) 充分注意中水处理给建筑环境带来的臭味和噪声的危害，对处理站中构筑物产生的臭味和机电设备所产生的噪声和振动应采取有效地除臭、降噪和减振措施。

(11) 选用定型设备，尤其是一体化设备时，应注意其功能和技术指标，确保出水水质。

(四) 中水原水水质与中水水质标准

中水原水水质应以实测资料为准，在无实测资料时，各类建筑物各种排水的污染浓度可参照《建筑中水设计标准》(GB 50336—2018)确定。

当中水用于冲厕、道路清扫保洁、绿化、消火栓消防、洗车时，其水质标准应符合《城市污水再生利用城市杂用水水质》(GB/T 18920—2020)的规定。当用作作物、蔬菜浇灌用水、空调系统冷却水和采暖系统补水等其他用途时，其水质应达到相应使用要求的水质标准。对于多种用途的中水水质标准应按最高要求确定。

模块小结

本模块主要介绍了物业环境卫生管理与服务基础知识、物业环境的保洁管理与服务、物业水环境的管理与服务三部分内容。

一、物业环境卫生管理与服务基础知识

1. 物业环境卫生管理是指通过采取各种措施来改善、消除特定区域内单位和个人

模块四 物业环境卫生管理与服务

在工作和生活中产生的废弃物、灰尘对环境、个人健康等的影响，创造有利于健康的工作和生活环境。

2. 物业环境卫生管理内容主要包括：物业管辖区域内生活垃圾管理、公共场所保洁管理、公共场所卫生防疫管理。

3. 物业环境卫生管理的基本要求：要责任分明、明确指标、因地而异、及时快速。

二、物业环境的保洁管理与服务

1. 保洁管理与服务是指物业服务企业通过日常清扫、宣传、监督工作，维护物业环境，防治物业污染，定时、定点、定人进行日常生活垃圾的收集，处理和清运。通过清、扫、擦、拭、抹等专业性操作，维护公共场所和公共部位的清洁卫生。从而塑造文明形象，创造环境效益。

2. 物业环境的保洁服务包括保洁机构的设置、各部门的职责、日常操作、清洁工具及其使用与保养、垃圾的处理、公共卫生防疫等。

三、物业水环境的管理与服务

物业水环境的管理包括直接饮用水系统管理、中水供水系统管理的处理。

复习与思考

一、填空题

1. 物业环境卫生管理人员，一般由_____、_____、_____、_____和_____等人员组成。
2. 新建成的建筑物第一次专业保洁称为_____。
3. 物业管理范围的垃圾一般可分为四大类：_____、_____、_____、_____。
4. 城市生活垃圾的污染危害包括_____、_____、_____、_____和_____。
5. 目前对于生活垃圾的处置有_____、_____、_____、_____等方法。
6. 传染病在公共场所中流行必须有病原体存在，还必须有_____、_____、_____三个环节。
7. 小区的管道直饮水系统通常包括_____、_____、_____等部分。
8. 中水管道外壁应涂_____标志；水池（箱）、阀门、水表及给水栓均应有明显的_____标志。

二、简答题

1. 什么是物业环境卫生管理？
2. 简述物业环境卫生管理的主要内容。
3. 简述电梯、扶梯及电梯厅的清洁工作内容和卫生标准。
4. 简述公共卫生间的清洁工作内容和卫生标准。
5. 简述保洁员的职责。
6. 实行生活垃圾的袋装化的好处是什么？
7. 简述消毒灭菌的方法。
8. 保洁人员常见职业病有哪些？

模块五 物业交通管理与服务

学习目标

通过本模块的学习,了解城市与居住区道路的分类、布置原则、道路规划要求、交通特征;了解物业道路交通设施、交通标志;掌握停车场建设管理、服务内容和车辆保安员的岗位职责与服务考核标准。

能力目标

能对居住小区道路规划与交通设施有一定的认知,能正确进行物业交通管理和停车场管理,能明确车辆保安的管理职责。

案例引入

小区道路行车安全谁来管?物业有权制止,车主更需自觉

"前几天,我骑自行车去上班,经过小区里一个丁字路口时,一辆越野车飞速开过,幸亏我一个急刹车,才没有撞上。"王先生直言自己当时被吓得不轻。"除了汽车,还有一些送快递、送外卖的电动车,见缝插针地穿行,而且开得很快。"王先生说,小区里道路比较窄,路上老人、孩子又多,但是一些人在小区里开车时,就跟行驶在大马路上一样,车速甚至达到时速四五十公里,太危险了。

那么,小区道路安全该由谁来管?"首先需要确认小区道路的性质。"记者从交警部门了解到,因为居民住宅小区多是封闭式的,内部道路不具公共通行性,不属于《道路交通安全法》中规定的"道路",所以封闭小区里的道路不属于交警部门的管辖和职责范围,通常都是由物业进行管理。

"对于驶入小区的汽车,小区物业有责任进行管理。"本市一家物业公司的相关负责人告诉记者,通常物业会安排巡逻人员在小区劝阻和制止各种不合理的交通行为,一些有条件的物业公司还会在小区事故多发地段定时设置人员管理。但物业对小区内交通管理的依据是小区临时规约,因此并不具备法律效力,物业人员和保安更没有执法权,所以管理小区内的交通只能以劝说为主。该负责人同时表示,车主在小区内行车,要自觉限速行驶。

模块五　物业交通管理与服务

问题与思考：

小区道路的行车安全该由谁来管？小区道路该如何布置并采取何种措施以保证交通安全？物业管理公司将提供哪些关于道路交通的管理与服务？

单元一　城市与居住区道路

一、城市与居住区道路分类

城市的各种生产、生活活动，产生大量的货流、客流交通运输。为了保证城市正常活动的进行，必须创造良好的交通运输条件，只有交通通畅，城市功能才能顺利发展。

（一）城市道路的分类

城市道路是指城市建设区范围内的各种道路。因我国各个城市的规模性质、发展过程不同，在规划过程中也有不同的分类方法。一般习惯分为城市干道、次干道、商业街道、居住区道路、过境路等，并以此决定道路的宽度。但是由于近年来城市规模不断扩大，城市交通运输也得到了迅猛的发展，这种分类方式已经不能很好地满足和适应日益复杂的城市交通的要求以及与国际接轨。根据道路在城市中的地位、交通特征和功能的不同，可有不同的分类。为了保证道路上各种车辆能有高效率的通行能力，保证安全，节省能源，减少干扰，使各种功能的道路各尽其用，按照现代城市交通工具和交通流的特点进行道路分类是非常必要的。

(1)按功能分类。城市道路按照道路的功能可分为交通性干道、生活性干道。

(2)按国家标准分类。按照国家标准城市道路可分为快速路、主干路、次干路、支路四种。

（二）居住区道路分类

居住区道路系统是联系居住区内外交通的骨架，形成居住区、居住小区和组团单元布局的结构。

(1)按道路级别区分。按照道路的级别居住区道路可分为居住区级道路、居住小区级道路、组团路、宅间小路四级。

(2)按车流与人流组合形式区分。根据车辆和行人的流动特征可将居住区道路分为人车分行道路和人车混行道路两种。

二、居住区道路的布置原则

居住区道路系统的形式应根据地形、环境、交通、居住区规划结构、通过主流向等因素予以综合考虑，而不能单纯追求某种形式。居住区道路的布置要既能满足居住区内居民日常生活便利的交通活动的需要，又能与外部道路系统取得有机的联系。

（一）居住区道路布置原则

(1)根据地形、气候、用地规模、用地四周的环境条件，城市交通系统以及居民的出行方式，应选择经济、便捷的道路系统和道路断面形式。

(2)小区内应避免过境车辆的穿行，道路通而不畅、避免往返迂回，并适于消防车、救护车、商店货车等的通行。

(3)道路的线型、断面形式应与居住区的规划布局相结合，选择经济、便捷的道路系统的断面形式。

(4)道路的走向要尽量满足居民出行的要求，居住区与最近的公共交通站点间距不大于 500 m。

(5)有利于居住区内各类用地的划分和有机联系，以及建筑物布置的多样化。

(6)当公共交通线路引入居住区级道路时，应减少交通噪声对居民的干扰。

(7)道路的布置要将用地有机地联系起来，以满足区内不同的交通功能要求，满足消防车、救护车、垃圾车和市政工程车辆通行的要求。同时还要有利于建筑群体的景观空间布置的多样性和灵活性。

(8)满足居住区的日照通风和地下工程综合管网的埋设要求。

(9)在地震烈度不低于 6 度的地区应考虑防灾救灾的要求。

(10)应便于居民汽车的通行，同时保证行人、骑车人的安全便利。

(11)城市旧区改建，其道路系统应充分考虑原有道路特点，保留和利用历史文化价值的街道。

(二)道路系统规划设计

道路规划设计规定：

(1)区内道路至外围道路不应少于两个出口，以保证有良好的内外联系。当居住区或居住小区道路在城市交通性干道上设置出入口时，其出口间距宜在 50 m 以上，交角不宜小于 75°，以避免对城市交通的干扰，保证安全。

(2)沿街建筑物长度超过 150 m 时，应设置不小于 4 m×4 m 的消防通道。

(3)区内设置尽端路时，道路长度不宜超过 120 m，尽端应设置回车场地，一般不小于 12 m×12 m。

(4)在居住区内公共活动中心，应设置无障碍通道，以体现人性化的原则。通行轮椅车的坡道宽度不应小于 2.5 m，纵坡为 2%～5%。

(5)当区内道路坡度超过 8% 时，应设置台阶，并宜在台阶旁附设自行车推行车道。

(6)区内道路的纵坡应符合居住区内道路纵坡控制指标的要求见表 5-1。对机动车与非机动车混行的道路，宜按非机动车道纵坡控制指标或分段按非机动车道纵坡控制指标要求进行控制。

表 5-1 居住区内道路纵坡控制指标

道路类别	最小纵坡/%	最大纵坡/%	多雪严寒地区最大纵坡/%
机动车道	≥0.3	≤8.0 L≤200 m	≤5.0 L≤600 m
非机动车道	≥0.3	≤3.0 L≤50 m	≤2.0 L≤100 m
步行道	≥0.3	≤8.0	≤4.0

注：L 为坡长。

(7)在多雪的山坡地区，区内道路要考虑防滑的措施。

(8)区内道路边缘至建筑物、构筑物的最小距离，应符合规范要求，见表 5-2。人行道出口间距不宜超过 80 m，当建筑物长度超过 80 m 时，应在建筑底层设置人行道。

表 5-2　道路边缘至建、构筑物最小距离　　　　　　　　　　　　　　m

与建构筑物的关系			道路级别		
			居住区道路	小区路	组团路及宅间小路
建筑物面向道路	出入口	高层	5.0	3.0	2.0
		多层	3.0	3.0	2.0
	有出入口		—	5.0	2.5
建筑物山墙面向道路		高层	4.0	2.0	1.5
		多层	2.0	2.0	1.5
围墙面向道路			1.5	1.5	1.5

注：居住区道路的边缘指道路红线，小区路、组团路及宅间小路的边缘是指路面的边线，当小区路设有人行便道时，其道路边缘是指便道边缘。

(三)道路系统的分类

居住区道路系统分为人车混行和人车分行两大类。联系形式有互通式、尽端式和综合式三种，在布局上主要采用环型、半球型、树枝型等形式。

1. 人车混行道路系统

(1)在车流小的居住区与人车分行的道路交通系统相比，既经济又方便。

(2)居住区内车行道分级明确，并贯穿于区内各处。道路多用互通式，环状尽端式或混合式布局形式。

2. 人车分行道路系统

(1)保持居住区内安全和安静，保证社区内各项生活与交往活动正常、舒适地进行。

(2)避免大量的车流对居住环境的影响。

(3)车行道分级明确，常设在居住区、居住小区或住宅组团的周围，且以枝状或环状尽端道路伸入到区内或组团内。

(4)步行道贯穿在区内，将绿地、户外活动空间、公共建筑联系起来。

三、居住区道路规划要求

1. 安全便利

安全在此指人身、生命、家庭、财产免受伤害和损失。安全便利也应作为道路设置的重要原则。小区主路连接居住区道路与组团。主路一般实行人车分流，应充分保障行人单独设立人行道入口，主路设减速带降低车辆行驶速度，小区主路不穿过组团，限制外来车辆进入组团，减少进入组团的机动车数量，同时还要照顾到老年人、儿童活动的需要，规定在居住区内公共活动中心，应设置为残疾人通行的无障碍通道。通行轮椅车的坡道宽度不应小于 2.5 m，纵坡不应大于 2.5%。同时还要兼顾紧急情况的需要，满足进入组团的道路，既应方便居民出行和利于消防车、救护车的通行，又应维护院落的完整性和利于治安保卫。

2. 交通噪声控制

交通噪声来源于居住区内外的道路。当然离道路越近的住宅所受干扰越大。噪声影响了居民的休息，破坏了居民的安静生活环境。

(1)居住区外部交通噪声的防治。居住区外部交通噪声主要对小区临居住区主干道一侧建筑物或组团内临小区主路一侧建筑物有很大影响。

(2)居住区内部交通噪声的防治。通过控制机动车进入居住区内部来减少噪声来源。

(3)车辆不进入小区。停车场设在小区外。

(4)小区主路不直通。道路曲折，车辆进入的速度降了，噪声随之下降。

3. 经济便捷原则

节省在途路径，节约行走时间是人们外出出行的要求。在居住区道路布置，组团的出入口，及小区的出入口设置时应加以考虑，尽量给予便利，照顾人们抄近路的心理。经济便捷原则会给管理上带来麻烦。这方面的实例是很多的。随着购车家庭的增多，停车场的位置的选择，对这些家庭的影响较大，这关系到他们要寄停走多远。停车场设置在小区边缘，有可能给车主带来不便、停车场设置在小区内，也可能会引起噪声污染和交通不安全的隐患。因此在道路设置时应综合考虑，在一些最新的居住区设计中，已经体现了这一点。比如小区建地下停车场，车库直接到楼门口，减少行走路程，再有限制车辆进入组团，但又要兼顾紧急情况的需要，因此设末端式道路，使得救护车、购物货车、消防车能够最大限度接近住宅，而无关车辆又不会进入。

4. 日照通风

住宅日照标准应符合表 5-3 的规定，对于特定情况还应符合下列规定：

(1)老年人居住建筑不应低于冬至日照 2 h 的标准；

(2)在原设计建筑外增加任何设施不应使相邻住宅原有日照标准降低；

(3)旧区改建的项目内新建住宅日照标准可酌情降低，但不应低于大寒日日照 1 h 的标准。

表 5-3　住宅建筑日照标准

建筑气候区别	Ⅰ、Ⅱ、Ⅲ、Ⅶ气候区		Ⅳ气候区		Ⅴ、Ⅵ气候区
	大城市	中小城市	大城市	中小城市	
日照标准日	大寒日				冬至日
日照时数/h	≥3		≥2		≥1
有效日照时间/h	8～16				9～15
日照时间计算起点	底层窗台面				

住宅区通风的状况与道路的设置有直接联系。成片建筑群本身产生挡风作用，宽阔的道路形成通风沿风道，廊道流向各个住宅组团，然后从组团内庭院空间分流到住宅。这叫作导流法。

5. 顺而不穿，通而不畅

对于居民区的道路布置，一方面居民希望能顺利进入城市道路，另一方面又不愿意无关车辆进入居民区，干扰他们的居住安静，影响他们的安全。对必须进入的车辆要迫使它们不得不降低速度。

这个原则通过居住区具体的设计和管理来实现。居住区四级道路，主次分明，顺序连接。小区主路经过组团又不穿越组团，居住区路虽然有公交路线，但它是公交车的始端或末端。所以城市道路不穿越居住区，居住小区道路不穿越组团。同时外来车辆的进入要经过居住小区、居住组团二道门岗，有效地阻止外来车辆的驶入。

6. 防灾救灾

道路的设置也要把发生灾难的情况考虑进来，道路的走向要便于小区与主路的联系，出入口宽度、道路宽度，要符合小区人口情况和设计要求。

居住区内道路设置，应符合下列规定：

小区内主要道路至少应有两个出入口；居住区内主要道路至少应有两个方向与外围道路相连；机动车道对外出入口间距不应小于150 m。沿街建筑物长度超过150 m时，应设不小于4 m×4 m的消防车通道。人行出口间距不宜超过80 m，当建筑物长度超过80 m时，应在底层加设人行通道。

7. 形成各类用地的有机联系

小区空间可以划分成三个不同层次。

(1)半公共空间。进入居住区后的主路，小区主路公共绿地平分公共空间。

(2)组团内庭院是半私有空间。

(3)居室内是私有空间。

按照上述领域划分，居住小区内，居住小区主路分隔一侧是组团，学校、医院、公共活动中心在主路另一侧，半公共空间。这样同一小区居民共享公用设施。又不需要进入组团半私人空间。

组团内，小区小路通向各小住宅。建筑之间是绿地、庭园，各类用地功能明确，满足人们各种不同需要，道路把这些用地分成不同的功能区，同时又把各种功能联系在一起，为全体居民服务。这种住宅组团结构能够使居民有较强的领域感、安全感和归属感。

8. 噪声控制的方法

(1)沿道路植树，形成绿化带，起到隔声的作用。对于组团内邻小区小路一侧的建筑来说，通过绿化带能起到一些隔声的作用，但在实际中还要注意道路要与建筑物保持一定的距离。

居住区内道路边缘至建筑物、构筑物的最小距离，应符合表5-2的规定。

(2)沿街布置公共建筑。居住区道路两侧的建筑物，从噪声影响的角度，邻街的一侧用作非住宅用房，也可以低层作非住宅，楼上受影响较小的作住宅使用。

(3)控制噪声声源。限制噪声干扰大的车辆驶入居住区。如拖拉机应在限制之列。限制车辆鸣笛。

四、城市与居住区道路的交通特征

(一)城市道路交通特征

城市作为一个复杂的综合动态体系，城市各组成部分、各项用地以及道路网是城市建设的重要组成部分。城市道路主要骨架一经形成，再想改造就会遇到建筑物、构筑物、各种工程管网等系列问题，因此道路交通体系的规划必须兼顾近远期的规划，制订切实可行、有科学依据的实施计划。

1. 快速路

快速路一般是在特大城市、大城市设置，通常安排在城市各分区边缘的绿地中，完全为交通功能服务，是解决城市长距离快速交通的主要道路。在近郊区与Ⅰ、Ⅱ级公路连接，不允许在此种干道两侧直接布置有大量人流的集散点，两侧不应设置非机动车道。

2. 主干路

以交通功能为主，是大、中城市道路系统中的骨架，大城市还可以分为主要交通干路和一般交通干路。干路上的交叉口不宜太近，间距以800～1 200 m为宜，在非机动车多的主干路上应采用机动车与非机动车分离的形式。

3. 次干路

次干路在工业区、城市中心地区等分区内均存在,是城市区域性日交通干路,为区域交通集散服务,兼有生活服务功能,配合主要干路组成道路网,特点是行车速度较低,次干路两侧可设置公共建筑物,并可设置机动车与非机动车的停车场。

4. 支路

支路为联系各居住小区的道路,主要解决居住区交通,直接与两侧建筑物出入口相连,以服务功能为主,不得与快速路直接相接,应满足公共交通线路行驶的要求。

(二)居住区道路的交通特征

居住区内一般有车行道和步行道两种。车行道主要担负着居住区与外界及居住区内部机动车的交通联系,是居住区道路系统的骨架,步行道与居住区的各级绿地系统相结合,是各类绿地、户外公共活动空间和公共建筑的桥梁纽带。在人车分行的居住区(或居住小区)交通组织体系中,车行道与步行道相对独立,互不干扰,步行道此时具有交通和休闲双重功能。在人车混行的交通体系中,车行道具有居住区(居住小区)内外联系的所有交通功能,而步行道则多作为各类绿地的户外活动空间的内部道路和局部联系道路,更多地具有休闲功能。

(1)居住区道路。居住区道路是居住区内外联系的主要道路,红线宽度一般不宜小于 20 m,山地城市不宜小于 15 m。车行道宽度一般为 9 m,如通行公交车时,应增至 10~14 m。

(2)居住小区道路。居住小区道路是联系居住小区各部分之间的内外联系的主要道路,道路红线宽度一般为 10~14 m。车行道宽度一般为 6~9 m。

(3)组团路。组团路是居住小区内的主要道路,道路红线宽度一般为 8~10 m,车行道宽度一般为 5~7 m。

(4)宅间小路。宅间小路是通向各户或单元门前的小路,供人行,禁止车辆通行,路宽不宜小于 2.5 m。

单元二 物业道路交通设施类型

一、道路交通设施

道路设施指物业区域内道路系统中为道路进行配套的附属性设施,包括道路交通基建设施和道路交通管理设施。

1. 道路交通基建设施

道路交通基建设施主要包括城市各种公共停车场、公共加油站、城市公共客运渡轮站、城市公共交通站等,是为道路上的车辆合理运行而配套的设施。

2. 道路交通管理设施

道路交通管理设施主要是指交通标志、交通信号灯和路面交通标线等,它是实施交通法规的重要组成部分,是保证交通安全畅通不可缺少的附属设施。

二、物业车辆道路

(一)人行道

人行道的主要功能是为了满足步行交通的需要,同时也用来布置道路附属设施(如各种管线、邮筒、清洁箱等)和绿化。

1. 人行道基本断面形式

人行道基本断面形式如图 5-1 所示。

图 5-1 人行道基本断面

2. 人行道设计

(1)人行道宽度的确定。一个步行带的宽度一般需要 0.75 m，在公共场所或城市主干道上则需 0.9 m。城市主干道上，单侧人行道步行带数，一般不宜少于 6 条，次干道上不宜少于 4 条，住宅小区不宜少于 2 条。

(2)人行道允许坡度。人行道最大限制坡度 8%，坡度超过 6% 必须铺设防滑设施，坡度超过 8% 一般应设台阶。

(3)人行道的路面铺装。人行道路面铺装主要采用预制路面砌块(混凝土、陶土等)、砖、天然的石材、板材(机割或自然)、花岗岩、天然砾石、木材等，其形式如图 5-2 所示。

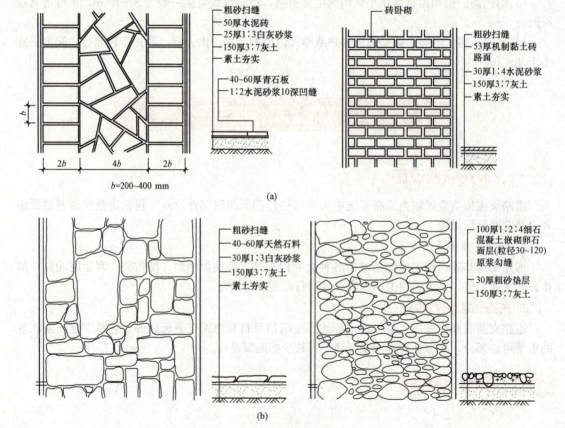

图 5-2 路面铺设形式

(4)路面铺装材料的设计原则。因地制宜,根据不同的周边环境,选择不同的路面铺装材料,并进行合理搭配,以求得达到地面景观的丰富性和协调性。

(二)居住区机动车道

1. 机动车道基本形式

居住区机动车道的基本形式主要有组团级道路(也是最小通车道)、居住小区道路、居住区道路,如图 5-3～图 5-5 所示。

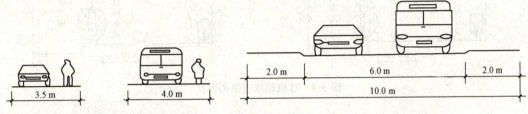

图 5-3　组团级道路(最小通车道)　　　　图 5-4　居住小区道路

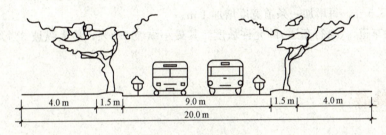

图 5-5　居住区道路

2. 机动车道设计

(1)机动车道允许坡度。最小纵坡 0.3％,最大纵坡 8％,坡长≤200 m。

(2)机动车道宽度的确定。机动车车行道宽度是各机动车道宽度的总和。通常以规划确定的单向高峰小时交通量除以一条车道的通行能力,以确定单向所需机动车道数,再乘以一条车道的宽度,即得到机动车车行道的宽度。

(3)机动车回车场的基本形式及尺寸。长度超过 35 m 的尽端式车行道应设回车场,其基本形式及尺寸如图 5-6 所示。

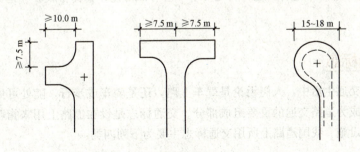

图 5-6　机动车回车场的基本形式及尺寸

(三)居住区自行车道

1. 自行车道基本形式

居住区非机动车道(自行车道)、人行道的基本断面形式如图5-7所示。

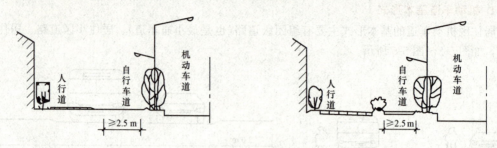

图5-7 非机动车道断面形式

2. 自行车道设计

(1)宽度的确定。一条自行车道的宽度为1.5 m,两条自行车道的宽度为2.5 m,三条自行车道的宽度为3.5 m,每增加一条道宽度增加1 m。

(2)非机动车道。(自行车道)的允许坡度。其最小纵坡0.3%,最大纵坡3%,坡长不大于50 m。

知识链接

居住物业区域内道路的功能

对于居住物业区域内的道路,其功能主要体现在以下几个方面。

(1)居民日常生活方面的交通活动,包括步行、自行车、摩托车和小汽车的交通活动。

(2)清除垃圾、粪便、递送邮件等市政公用车辆的通行。

(3)区域内公共服务设施和工厂之间货运车辆的通行。

(4)满足铺设各种工程管线的需要。

(5)道路的走向和线型是组织区域内建筑群体景观的重要手段,也是居民相互交往的重要场所(特别是一些以步行为主的道路)。

(6)除了具有一些日常通行功能外,还具有一些特殊功能,如提供救护、消防和搬运家具等车辆的通行。

三、交通标志

在现代都市交通生活中,人们无论是驾车上路,还是骑车或步行,随处可见形形色色的交通标志,它已经成为道路交通的重要组成部分。交通标志是设在道路上用来指明道路状况和交通流运行安全的设施。我国道路上所用交通标志主要为下列四类:

1. 指示标志

指示标志是指示车辆、行人、行进的标志。其外形为圆形、黄底、黑色图案。指示标志用于环岛行驶,让路先行,机动车、非机动车车道及步行街标志等,见表5-4。

表 5-4 指示标志

2. 指路标志

指路标志是传递道路方向、地点、距离信息的标志，如停车场点、公路入口、医院标志等，见表 5-5。其外观可为矩形或多边形，绿底，红、白、黑三种图案，标志杆为绿、白两色相间。

表 5-5 指路标示

3. 禁令标志

禁令标志是指用来禁止或限制车辆、行人交通行为的标志。其外形为圆形，白底、红边、红杠、黑图案，标志杆为红、白两色相间。禁令标志用于禁止驶入、停车、超车、调头以及禁行某类车辆等，见表 5-6。

表 5-6 禁令标志

4. 警告标志

警告标志是用来警告车辆、行人注意危险地点的标志。其外形为等边三角形，黄底、黑边、黑色图案，标志杆宜用黄、白两色相间。警告标志用于十字路口、丁字路口、弯道、上下陡坡及其他危险地段，见表 5-7。

表 5-7 警告标志

交通标志应设在司机和行人易见到的醒目地点,通常设在车辆前进方向的道路右侧或分隔带上,牌面下缘距地面 1.8~2.5 m,距路边侧面 30~50 cm 处。交通标志也可横跨道路悬空设置,但应使其下缘高于车辆行驶所需净高。

四、路面交通标线

路面交通标线就是我们常见到的车道线、停车线、人行横道线、导向箭头、分车线、停车道范围线等。所有这些组织交通的线条、箭头、文字或图案,一般用白漆(或黄漆)涂于路面上,也可用白色水泥、瓷砖、耐磨塑料等嵌砌或粘贴在路面上,以达到导引交通的目的。

五、交通指挥信号装置

在交叉口交通量不大的情况下，可由交警指挥交通，若交通量较大或特殊的交叉口则宜采用信号灯指挥交通。使用交通指挥信号装置进行交通指挥，可以减少交通民警的劳动强度，减少交通事故以及提高交叉口的通行能力。

信号灯要求色彩清晰、亮度均匀并保证司机在 100 m 以外能看见，且信号灯应正对车辆前进方向，便于司机看清色灯的变换。为避免视觉混淆，路口上所有对信号灯有干扰的灯光应予以清除。

单元三　停车场管理与服务

一、交通管理

物业区域内的交通管理，就是要处理好人、车、路的关系，在可能的情况下做到人车分流，保证物业区域内的交通安全、畅通，重点是机动车辆的行车管理。物业区域内的交通管理主要有以下内容：

(1)建立机动车通行证制度，禁止过境车辆通行。
(2)根据区域内道路情况，确定部分道路为单行道，部分交叉路口禁止右转弯行车。
(3)禁止乱停放车辆，尤其在道路两旁。
(4)限制车速，铺设减速墩，确保行人安全。
(5)在物业管理区域内，发生交通事故时，应及时报请公安交通管理部门处理。

知识链接

不同物业车辆管理的特点

(1)居住区车辆管理的特点。居住区车辆管理主要是车辆停放和车辆保管。居住区的车辆复杂，进出频繁，在管理中要注意扰民问题，停车场尽量设在小区的边缘，以减少车辆的进出时间，并保证居民区的安静、清洁。

(2)办公物业车辆管理的特点。办公物业车辆道路管理的重点应放在车辆的调度工作上。物业服务企业应对物业单位上下班情况进行了解统计，组织人力集中管理，统一调度，如对道路可采取定时单向通行等办法，充分利用上下班时的道路空间。同时，对办公时间的车辆出入应采取登记的办法，严格控制外来车辆的存放，对于单位车辆应采取定位存放的办法，以便于合理有效地管理。

(3)商业物业车辆管理的特点。商业物业车辆管理主要是停车场的建设与管理。商业物业车辆流动量大，应尽量引导车辆进出方便、快捷，必要时物业服务企业可以拥有自管班车，为顾客提供不定站的服务。

(4)旅游物业车辆管理的特点。旅游物业客流量的季节性强，方向性强，物业服务企业应设立专门的由物业直达旅游地的旅游往返车辆，在旅游季节为游客提供出行的方便。旅游物业的管理者还应重视出租汽车的管理、停放、疏导工作。

(5)工业物业车辆管理的特点。工业物业车辆管理主要是对货运车辆的管理，针对其运输性质，要注意货运车辆的吨位、高度与道路条件的配合；并为货物的装卸提前做好准备，以减少货运车辆的停放时间，提高货运效率。值得一提的是工业物业夜间运输的问题，夜间运输可以提高运输效率，但物业服务企业应做好道路辅助设施的管理，如对路标、照明设施进行日常的养护和维修。

二、停车场的建设管理

要搞好车辆管理工作，当务之急是解决好停车场的建设和组织管理，建立和健全车辆管理制度。停车场的位置应根据物业管理区域和管理的对象，结合用地功能和道路交通组织，进行合理布置，要便于车辆停放、疏散和管理，而且要尽可能避免对居民休息环境的干扰。

（一）车辆停放场所

（1）地下公共停车场。因地面土地紧张和绿化的需要，建造地下停车场成为一种发展趋势，尤其是一些商业大楼或高层住宅楼，大都在地下建1~4层停车库。若地下停车场直接建在大楼下面，则要求楼基的柱距不能太小，这对于多数高层建筑来说难以做到，即使是大进深的框架结构，柱距仍受上部开间的影响，因而建成的停车场造价较高。所以，可将地下停车场设在楼距间或楼旁空地的下面，这既可使车场结构及布局不受主体建筑的影响，又可使车主自地下停车场直接入楼，这可避免露天停车场存取车时常经受日晒雨淋的缺点。

（2）地面专用停车场。地面专用停车场是指物业管理区域内在地面设立的专用停车场，一些商业大楼和大型住宅小区都有专用停车场。这种停车方式比较安全，便于管理，部分地面专用停车场还搭有顶棚，可防止车辆日晒雨淋，有利于车辆的整洁和保养。但这种专用停车场要占用大块的场地，会影响居住区的绿化面积。

（3）居住区车行道。居住区车行道是指许多物业管理区域的车辆停放在建筑物前后的小路上，这种方式简便可行，但必须加强管理，不能由于停车而影响道路通行。对新建小区，在允许的情况下可以扩展建筑物前后车行道的宽度；对已建成的小区，车行道不是很宽时，也可对人行与车行道之间的地方进行适当垫铺，使车辆可跨边停放，而不至于阻碍通车。另外，物业服务企业应划出停车范围，对小区出入口附近，人多路窄、特别是儿童经常通行的地方，尽可能不设停车场。这种停车方式不易保证车辆的整洁安全，而且还可能以牺牲绿地为代价，因而其弊端也显而易见。

（4）私人车库。私人车库是指个人购买的车库，一般都是在建筑的底层，受建筑面积的限制，数量不会太多，而且私人车库占地相对较大，一般可停放的车辆有限。

（二）公用停车场的建设

1. 建设应遵循的原则

（1）经济适用化。停车场是为用户提供存放车辆服务的，投资者希望能尽快收回投资并获得收益。因此，规划建设时必须考虑成本投资，综合考虑车场建设的近远期目标，为今后扩大投资进行一定的预期规划，注重实用与经济的原则，即在创造经济效益的同时还要保证社会效益。

（2）管理简便化。

1）做好停车场的区位布置，做好机动车和自行车的分区存放和分区管理。

2）保持停车场清洁、明亮、环保。设置在地下的停车场，应保证场内光线充足，利于车主停车及安全防盗。地上停车场应做到与绿化相结合，创造环保生态型停车场。

3）指示标志清晰。做好各种指路、信号灯的引导工作。

4）做好安全防范管理。为保证存放车辆的安全性，除了加强停车场的管理人力外，还应提高车辆管理的智能化水平。

2. 停车场的设计

（1）机动车每个停车位的存放车辆周转次数以一天周转 3～7 次计算，自行车每个停车位的存车辆以一天周转 5～8 次计算。

（2）机动车公用停车场用地面积宜按多辆小汽车停车位数计算。地面停车场用地面积，每个车位宜为 25～30 m²；停车楼和地下停车库的建筑面积，每个停车位宜为 30～35 m²；摩托车停车场地面积，每个车位宜为 2.5～2.7 m²；自行车公共停车场用地面积，每个停车位宜为 1.5～1.8 m²。

（3）机动车公用停车场出入口的设置应符合行车视距的要求，并应右转出入车道。

（4）出入口应距离交叉口、桥隧坡道起止线 50 m 以外。

（5）少于 50 个停车位的停车场，可设一个出入口，其宽度宜采用双车道；50～300 个停车位的停车场，应设两个出入口；大于 300 个停车位的停车场，出口和入口应分开设置，两个出入口之间的距离应大于 20 m。

（6）自行车公用停车场应符合下列规定：

1) 长条形停车场宜分成 15～20 m 长的段，每段应设一个出入口，其宽度小于 3 m。

2) 500 个车位以上的停车场，出入口数不得少于 2 个。

（三）车辆管理

物业区域内的车辆管理主要是对机动车、摩托车、自行车的管理。物业区域内的车辆管理应实行物业服务企业与公安交通部门管理相结合的原则。车辆管理的主要职责为禁止车辆乱停乱放和防止车辆丢失、损坏。

1. 机动车管理

（1）进出机动车坚持驶入验证制度，外来车辆未经许可，不准进入，准予进入时要验证登记，离开时要查验。

（2）凡装有易燃、易爆、剧毒等危险品，或有污染、不卫生物品的车辆，严禁驶入居住区内。

（3）驶入居住区内的车辆，要减速行驶、不得鸣笛，如造成路面或公共设施损耗，按价赔偿。

（4）进入物业小区停放的车辆，要停放在指定地点，按规定收取停车费。

（5）长期停放在小区内的车辆，应办理"准停证"将车固定停放在指定地点，缴纳停车费。禁止占压消防通道或进入组团内停车。

（6）车辆管理员必须严格执行车辆出入规定，发现可疑情况及时报告，并认真做好交接班工作，因交接班不清而造成事故时，追究交接班双方责任。

2. 摩托车、电动车和自行车管理

（1）小区内居民拥有的非机动车辆应放入存车处固定存放，缴纳管理费，或者放在指定位置。

（2）车辆进入车场，车辆保管员发放车牌号；车辆离开，交还车牌号，缺号、错号与车上号码不符，车辆不得离开保管区。

（3）无牌照车辆丢失，物业公司不负责赔偿。

（4）外来车辆进入小区必须按指定位置摆放或放入车库处。

3. 车辆的停放方式

车辆的停放方式有垂直式、平行式和斜放式三种，采取哪一种停放方式应根据停车场位置、面积、进出停车场道路和周围环境来确定。

（1）垂直式。垂直式是指车身的方向与通道垂直，同时车辆平行排列的停放方式，是最常用的停车方式。其特点是单位长度内停放的车辆最多，占用停车道宽度最大，单位停车面积较为经济，进出较为便利，在进出停车时需倒车一次，要求通道较宽，不少于两个车宽为宜。

（2）平行式。平行式是指车身方向与通道平行的停放方式，是路边或狭长地段停车的常用方式。其特点是所需停车带最小，车辆驶出方便，但为了队列后面的车辆方便驶离，前后两车的净距离要求较大，从而占用停车的长度最大，适用于交通流量较少，且停车不多、停车时间较短的情况。

（3）斜放式。车身方向与通道成角度停放，一般选择 30°、45°、60°三种角度布置。其特点是停车带宽度随停放角度不同而不同，与垂直式相比占地面积较多，尤其成 30°角度停放时。斜放式停车车辆出入较方便，有利于停车和疏散。

4. 车辆的停车与出车方式

（1）前进式停车，前进式出车，其停出车迅速，但土地利用率较低，常用于公共汽车或大型货车停车场。

（2）前进式停车，后退式出车，其停车较快，出车费时，不宜迅速疏散，常用于斜放式停车。

（3）后退式停车，前进式出车，其停车较慢，出车较快，平均占地面积少，是常用的停车出车方式。

车停放的安全净距，见表 5-8。

表 5-8　停放车辆间的安全净距　　　　　　　　　　　　　　　　　m

净距	小型车辆	大型或铰接式车
车间纵向净距	2.0	4.0
车间背对停放尾距	1.0	1.5
车间横向净距	1.0	1.0
车辆距围墙、护栏等的净距	0.5	0.5

三、停车场的服务内容

（一）停车场的内部要求

为了创造安全的车行、停泊秩序，维护物业管理区域内业主和使用人的基本利益，搞好车辆管理工作，停车场的主要要求如下：

（1）车辆管理部门经理应预先了解本项目的车场情况，并在投入使用前组织安排车场相关工作培训，以保证车场保安人员均能够具备维持车场秩序的工作能力。

（2）车辆管理部门的车场管理内容主要是保证车行道通畅，避免车辆阻塞以及维护停泊秩序和保证车辆安全。

（3）停车场的设施要求。为保持通道畅通无阻，方便车辆存取和管理，停车场设置简洁与易于识别的指示灯或提示语。另外，消防设备与设施也是停车场不可缺少的。如有特殊要求，还可在车辆出入路口处设置管制性栏杆，以供使用。

（4）停车场的亮度要求。无论从方便车主，还是从防盗考虑，停车场内的光线充足，使车主能清楚地找到停车位，清楚地识别自己的车辆；便于消防管理等一系列安全管理措施的实施。要使停车场有较充足的光线，可以利用自然光，也可利用灯光，或两者结合。利用自然光方面，可采取棚式或安装透明玻璃与明瓦；利用灯光方面，可安装亮度较高的电灯或多装几个电灯等措施。

（5）停车场的区位布置要求。车辆可分为机动车和非机动车，机动车可分为摩托车、汽车等；非机动车又分为三轮车、自行车等。而且各种车辆的型号、规格等也不尽相同。不同种类、型号、规格的车辆混杂存放,既不利于车主存取车辆的方便性,也不利于管理人员对车辆进行管理。为了避免这种混乱状态的发生,物业管理部门应把停车场的区位进行划分。

(二)汽车管理规定

(1)进入物业管理区域内的车辆必须服从物业服务企业的停车场(库)管理。

(2)车主或驾驶员需严格遵守车场内行驶路线并按照指定车位停放车辆,不能将车辆停放在车位范围之外,也不得在非停车区内停车,逆行违章。

(3)车位只限停车用途,不得改作其他用途或存放杂物、轮胎、汽车零配件等。凡进入停车场的人员应爱护停车场(库)内的一切公物及设备。

(4)承租人租用车位应先与物业管理处办理停车证等有关手续,否则,物业管理处有权拒绝不具备有效停车证的车辆进入停车场(库)。承租人的停车证如有遗失,需即日到物业管理处补办。

(5)车辆在驶入正确车位后,车主或驾驶员离开车前,应检查门窗是否关好,贵重物品、重要机密文件等不应放置在车内。

(6)车主或驾驶员不得在停车场(库)内携带或存放易燃易爆及非法物品。

(7)停车场(库)内严禁加油或动用明火,违者将由保安员制止并警告。

(8)车主需自购各类有关保险,对于自然灾害与不可抗力对车辆所带来的破坏,物业管理处不承担任何责任。

(9)物业管理处办理车位租购手续,需由车主或驾驶员提供其姓名、身份证复印件、联系电话、车牌号码及其所在公司名称,对资料不全者不予办理。

(三)摩托车、自行车的管理制度

(1)摩托车、自行车月保的管理应遵守以下规定:

1)办理月保的车主先到停车场收费处登记,交纳车辆月保费用(收费标准按物价部门文件规定),领取车辆月保管理号牌。

2)车辆凭号牌停放,车辆月保管理号牌禁止外借给其他车辆使用,客户如更换车辆,需到车场办理手续。

3)月保车辆进场需按指定的月保区域停放,并将号牌挂放在所保车辆上,以便车管员核对。

(2)摩托车、自行车临时保管管理时,临保车辆进场需按车管员的指示到临时停放点停放。车管员发放临保号牌,并做好车辆登记工作。临保号牌分为两个相同的号码牌,一个挂在临保车辆上,另一个交由车主,作为取车凭证。车辆停放后,车主需到收费处交纳临保费用。临保车辆离场时,车主需交回号牌,车管员核对无误后放行。

(3)车主不准在存车处内洗车,不准在存车处维修摩托车,防止发生火灾事故。

(4)已交纳存车费并有原始收费凭证和存车卡的车辆,如在存车处发生遗失,保管单位负有赔偿责任。若因没有按规定存放而造成车辆丢失,责任应由车主自负。

(四)停车场的收费

1. 收费标准

车辆管理的合理收费是指维护停车场(库)正常使用必需的费用,如管理人员的劳务费支出和适当的管理费。收费标准必须在合理的范围内上下浮动。应根据当地政府的有关规定、自身情况、市场情况来确定收费标准,并须报物价部门审核备案。在具体实施时,应严格按不同类型、不同停车场标准制定合理的收费标准。临时停车、固定停车等应分别制定相应的标准。为了收费更加合理,最好采取物业服务企业向固定车主询价方式,经车主与管理公司协商一致最终确定收费标准。

2. 收费技巧

停车场收费员负责按规定标准收取驶出车辆的车位有偿使用费，按照卡（票）收费放行。停车场收费员收费的技巧表现如下：

(1)熟悉各种操作规程，快捷、准确无误地做好收费工作。

(2)熟悉车主和车辆情况，做到人、车相符。

(3)当车主因缴纳费用产生不满时，应说明车场的管理规定，有条件的可做好录像工作。

(4)因突然停电收银机不能正常工作时，对交费客人礼貌解释，并用对讲机与入车口联系，核对该车进入时间，准确为客人结算停车费用。

(五)智能管理

1. 停车场智能管理系统

停车场智能管理系统即用具有高技术含量的数字、计算机技术和相应的设备设施，实现对车辆的自动监控、识别和自动化管理。管理系统共分以下八部分：

(1)车辆识别卡具有收发功能的封装卡片。它与读卡器配合工作。可以收发自读卡器的微弱信号。它是停车场停放车辆的"身份证"。具有唯一性，不易仿造。可置于车窗玻璃内。

(2)读卡器读卡可发出低功率信号，在10～20 cm内接受识别卡返回的信号，并将信号反馈给控制器。

(3)挡车器内部装有控制逻辑电路，受控制器的"指挥"，紧急时刻可用手动控制。

(4)岗位控制器与环路探测器。环路探测器、灯光报警装置连接，对车辆位置状态进行判断，给挡车器发出开关指令。

(5)系统控制器含有信号处理单元，他接受来自读卡器的卡号信息，并由主控制器与计算机相连交互数据。

(6)计算机专用软件将控制器传来的车辆信息转换成管理数据，可利用数据库进行监察，进行发卡、计费与审计报表等自动化管理。

(7)电子显示屏对车库运行状态进行直观反映。包括车位状况、收费标准等内容。

(8)收款机自动接受并显示计算机传来的应收款、卡号等信息，并打印收费票据。

2. 停车场智能化管理

智能化停车场的管理，理论上无须人员管理，根据车辆权限，系统自动开关车库门。

(1)将监控报警系统与管理系统相连，防止有人开车闯过出入口挡杆。系统会自动报警，保安人员可以及时采取相应措施。

(2)库内车位编号要鲜明，卡号与车位号相对应在发生车辆偷盗时，报警系统与摄像接口记录的摄像资料结合，为报警处理提供完整的资料。

(3)入口处设有车位占用情况显示。当持卡数量大于现有车辆数时，通过标志灯显示车满状态。

(4)一卡一车，车辆进入车库时，系统会自动关闭该卡入库权限，同时赋予该卡出库权限，从而可防止利用该卡重复进入；杜绝一卡多用。

(5)要求车主随身携带识别卡，车主停车入库后，随身携带识别卡，可有效防止非法人员盗车后开出车库。还可以配备电视监视系统，随时监视车库情况，防止丢车、盗车、损坏设备等情况发生。

(6)通过系统控制计算机与整个区域通信网络相连通过网络在任何地方都可以查看车库情况。

(六)停车位的不合理因素

(1)家庭轿车普及化进度加快与原有规范配套指标的相对落后和有车辆拥有率的快速增长是导致车位短缺的直接原因。在我国大城市、沿海地区城市中，城市居住区规划设计规范的居民停车场、库配套指标已不能满足居民的需要。因此一些经济水平发展快的城市中，对本地区的居住区建设配套设施按照地方较高标准执行。

(2)车位需求不平衡。居民区停车率的高低与物业的档次有关。一般物业的档次与停车率成正比，高档物业停车率高，低档物业停车率低。有钱买高档房子往往标志着收入高，收入高购车的机会就高。居民区车位的远期需求与近期需求不平衡。随着居民区内人口构成、收入水平的变化，居民不同时期的车位需求，随之产生变化。上述因素对车位需求的影响是很难预先估测的，居民车辆拥有的情况至少要在房屋销售当中，或入住后才能基本掌握，而居民私人汽车拥有率的发展趋势，更难预料。

(3)停车设施造价高与停车费收入低。停车设施造价高与停车费收入低是形成车位短缺的经济作用。对于投资者来说，停车设施上的投资要通过车位出租或出售来收回。而实际上很难做到。无论出租还是出售车位，都缺乏足够的投资价值，开发商自然投资的积极性不高。但是也不能不搞，按照建筑规范的要求必须要有。对于车位问题，消费者不在意、开发商不乐意，停车车位普遍数量不足。车位短缺问题出现后，大多数也难以改善。因为要解决车位短缺问题，只有修建新的停车设施，往往要建地下停车场，这是一笔大的投资，开发商不愿出，业主也不会出。

(4)组织管理失误。管理者对停泊位置的规划安排考虑欠缺，组织不当造成停泊位置不合理、停泊秩序混乱，使用不便等矛盾。

(七)常见问题处理

1. 车辆被损的处理

(1)当发现车辆碰撞、碰毁设备、设施造成损失时，车辆管理人员应及时记录肇事车辆的号码，要求肇事人与被毁设备、设施的业主共同协商处理解决。

(2)如车辆被其他人损坏，车辆管理员发现后也要立即通知车主，并报告领导，共同协商处理办法。

2. 车辆行驶停放不服从规定的处理

如果车主违反车辆行驶或停放管理规定，不服从车辆管理员的管理，车辆管理员应采取如下措施：

(1)向车主或驾驶员说明停车场管理规定。

(2)保持冷静、文明礼貌，不使用过激语言及不礼貌的行为与车主(或驾驶员)发生争执。

(3)不能独自处理时，应尽快通知主管或部门经理到场解决处理。

(4)尽量让车主(或驾驶员)不离开现场，等待问题解决。

3. 车辆被盗的处理

(1)如车辆在停车场被盗，由上级领导确认后，车辆管理员应立即通知车主，并协同车主向当地公安机关报案。

(2)被盗发生后，投保人(车主、停车场)双方应立即通知保险公司，物业服务企业有义务协助车主向保险公司做好下一步的索赔工作。

(3)物业服务企业、车辆管理员、车主应配合公安机关和保险公司做好调查处理工作。

四、车辆保安

(一)车辆保安员岗位职责

(1)熟悉物业管理区域内的车辆流通、车位情况，合理引导，优先保证业主使用车位。

(2)负责对停车场(库)的汽车、摩托车，以及保管站内的自行车进行管理。

(3)实行24 h轮流值班，服从统一安排调度。

(4)按规定着装，佩戴工作牌，对出入车辆按规定和程序指挥放行，并认真填写"车辆出入登记表"。

(5)遵守规章制度，按时上下班，认真做好交接班手续，不擅离职守。

(6)按规定和标准收费、开具发票，并及时上交营业款。

(7)负责指挥物业管理区域内车辆行驶和停放，维持物业管理区域的交通、停车秩序。

(8)负责对停车场(库)停放的车辆进行巡视查看，保证车辆安全。

(9)出现意外事故时，负责维护现场，报告并配合相关部门进行处理。

(10)负责停车场(库)的值班室清洁卫生。

(二)车辆保安员的服务考核标准

1. 服务态度

(1)讲话和气，待人礼貌，文明服务。

(2)对客户服务主动、热情、耐心、周到。

(3)在任何情况下都不能与客户发生争吵，冷静处理问题。

2. 服务质量

(1)按规定收、发卡，准确及时，按标准进行收费。

(2)对车辆进行迅速、准确的登记。

(3)积极疏导车辆，防止交通出现堵塞现象。

(4)熟悉收、发卡的工作程序，掌握各种车辆的收费标准。

(5)能够迅速、准确填写各种表格和记录。

(6)迅速、安全地开启、降落道闸。

3. 仪容仪表

(1)按规定着装，佩戴胸牌，衣冠整洁。

(2)精神饱满，姿态端正，形象良好。

(3)举止文明，指挥手势规范。

4. 工作能力

(1)能够掌握车主(业主)相貌特征、车牌号、车辆外形和颜色等。

(2)关于发现问题，并能分析、处理各种突发事件，确保车辆安全。

(3)指挥手势动作标准、有力，符合交通指挥规范。

5. 工作纪律

(1)服从领导，听从指挥。

(2)按时交接班，不迟到、不早退，忠于职守。

(3)处理问题讲究原则，讲方法、以理服人。

(4)勇于同违法乱纪行为斗争。

模块小结

本模块主要介绍了城市与居住区道路、物业道路交通设施类型、停车场管理与服务三部分内容。

一、城市与居住区道路

1. 居住区道路规划的要求：安全便利、交通噪声控制、经济便捷原则、日照通风、防灾救灾等。
2. 城市与居住区道路的分类、交通特征。

二、物业道路交通设施类型

1. 道路设施是指物业区域内道路系统中为道路进行配套的附属性设施，包括道路交通基建设施和道路交通管理设施。
2. 物业车辆道路管理的内容：道路的功能、人行道、机动车道、自行车道。
3. 交通标志是指设在道路上用来指明道路状况和交通流运行安全的设施。

三、停车场管理与服务

1. 停车场的建设，是指停车场位置的选择要根据物业管理区域和管理对象，结合用地功能和道路交通组织，进行合理布置，便于车辆的停放、疏散、减少扰民等。
2. 停车场的管理：停车场内部管理要求，汽车、摩托车、自行车管理规定，停车场的收费等。

复习与思考

一、填空题

1. 城市道路按照道路的功能可分为_____、_____。
2. 居住区道路系统是联系居住区内外交通的骨架，形成_____、_____和_____布局的结构。
3. 居住区道路系统分为_____、_____两大类。
4. 我国道路上所用交通标志主要有_____、_____、_____和_____四类。
5. 指示标志是指示_____、_____、_____的标志。
6. 警告标志的外形为等边三角形，_____、_____、_____图案。
7. 物业区域内的车辆管理主要是对_____、_____、_____的管理。
8. 车辆的停放方式有_____、_____、_____三种。

二、简答题

1. 简述居住区道路布置原则。
2. 简述噪声控制的方法。
3. 简述居住区道路的交通特征。
4. 物业区域内的交通管理主要内容有哪些？
5. 简述物业区域内车辆管理的内容。
6. 停车场车辆被盗应如何处理？

模块六 物业环境保护管理与服务

学习目标

通过本模块的学习，了解环境污染的内容，环境标准，物业环境污染管理体系及考核标准，熟悉大气污染的产生，水污染的产生，噪声污染的产生；掌握物业环境污染管理的内容，大气污染的治理、水污染的治理、噪声污染的治理的方式方法。

能力目标

能正确进行物业环境保护管理，有效进行大气污染、水污染、噪声污染的治理。

案例引入

噪声扰民，小区物业该不该管？

近日，记者在采访中了解到，物业公司常常因所服务小区里的噪声污染问题被业主投诉，投诉中最典型的就是邻里装修噪声引起的。日前，城区一业主就反映，她的邻居近期在装修房子，噪声非常大，严重影响了她的正常生活，自己不好出面制止，她不知道能否要求物业公司出面采取措施制止。

对此，市房产服务中心相关责任人介绍，噪声污染，由于和人们的日常生活联系密切，使人们在休息时得不到安静，尤为让人烦恼，极易引起邻里纠纷。作为为小区服务的物业公司是否该管？根据《物业管理条例》第四十五条规定：对物业管理区域内违反有关治安、环保、物业装饰装修和使用等方面法律、法规规定的行为，物业服务企业应当制止，并及时向有关行政管理部门报告。有关行政管理部门在接到物业服务企业的报告后，应当依法对违法行为予以制止或者依法处理。

也就是说，物业公司对小区内噪声扰民等行为有制止的义务，但没有采取强制措施或惩罚的权利。建议业主在小区内遭遇噪声侵扰后，考虑到邻里关系，最好先和对方协商解决，也可以向物业反映进行协调，协调无果的情况下可向相关部门投诉或向法院要求赔偿。

问题与思考：

物业环境保护包括哪些内容？物业服务企业应采取何种措施对物业环境进行保护与管理？

模块六 物业环境保护管理与服务

单元一 物业环境保护基础知识

一、环境污染的内容

在人类生产和生活活动过程中,由于排放的物质和活动的后果使自然环境发生了不良变化,引起环境质量下降而有害于人类及其他生物的正常生存和发展的现象,称为环境污染。造成环境污染的物质被称为污染物。产生有害物质的设备、装置、场所、活动等,被称为污染源。

1. 环境污染的种类

(1)按污染物形态划分。环境污染按照污染物的形态可分为大气污染、水污染、固体废物污染、噪声污染、辐射污染、光污染等。

1)大气污染。大气污染主要是指向大气排放有害物质造成大气的质量下降和严重恶化。造成大气污染的有害物质主要来源于煤和石油等燃料,以及工业企业排放的工业废气、汽车尾气等。大气污染中的主要污染物质有二氧化硫(SO_2)、烟尘和粉尘、一氧化碳(CO)、氮氧化物(NO、NO_2 等)及其他有机废气等。

2)水污染。水污染主要是指人们在生产、生活过程中,将有毒、有害物质和液体排入水体,使水质下降,利用价值降低或丧失,并对生物和人类健康造成损坏的现象。这些有毒、有害的物质的来源主要是工业废水、生活废水、医疗污水等排入到水体中的酚、氰化物、砷、汞、铅等有毒物质,另外还包括石油类、氮、磷等富有营养的盐类等。

3)固体废物污染。固体废物污染主要是指人们在生产、生活过程中产生的固体垃圾、医疗垃圾、生活垃圾等对环境造成损坏的现象。

4)噪声污染。噪声污染主要是指排放到环境的声音超过生态系统的标准或国家标准,对人的工作、学习、生活等正常活动以及人体健康造成妨碍和损坏的环境现象。

(2)按污染产生原因划分。可分为生产污染和生活污染。生产污染又分为工业污染、农业污染和交通污染。

(3)按污染物性质划分。可分为物理污染、化学污染和生物污染。

(4)按污染物的分布范围划分。可分为全球性污染、区域性污染、局部性污染。

2. 居住区物业环境污染

(1)交通车辆排放的汽车尾气污染。我国的车辆保有率越来越多,而且居民私家车也不断增加,因此在物业管理范围内,随着居住小区内车辆的增加,其排放的尾气污染问题也应该引起高度重视。

(2)室内环境空气污染。由于装修采用了大量的装饰材料,而且其中许多都含有一些有毒有害气体,因此,刚刚装修完的房屋都或多或少地存在一些室内空气污染。

(3)油烟无序排放。相当一部分住宅楼没有统一设置集中排油烟道,或者设而不用,各式各样的排油烟管从住户厨房伸出,既不美观,又造成小区内油烟四处飘散,形成空气污染。此外,有些小区的一楼门市房出租给餐饮服务企业,也容易产生油烟污染问题。

(4)锅炉污染物超标排放。在北方,许多物业管理区域内都有采暖锅炉,这些锅炉房往往就坐落在物业管理区域内或附近,如果没有烟(粉)尘和二氧化硫等防治措施或防治措施不完善,

137

都很容易对管理区域造成污染。

（5）环境噪声。环境噪声是物业环境管理中最常涉及的污染类型。人们经过一天紧张的工作和学习，回到家里往往希望有一个安静的环境，但城市噪声总是存在，它是影响物业管理区域环境质量好坏的一个重要因素。物业管理区域噪声主要有汽车鸣笛、发动和行驶过程中产生的噪声；供暖或供水所用的各种泵运行的噪声；管理区域内的集体或自发的自娱自乐活动产生的噪声；餐饮、休闲活动场所的油烟机、动力运行等产生的各种噪声。

（6）辐射污染。随着手机的普及，各种移动通信公司设立的发射基站往往就安装在距离居民较近的地方，虽然多数情况下辐射的强度基本可以达到国家标准，但也应避免将基站的天线直接对着居民的窗户。

（7）生活垃圾污染。正规的物业管理小区内都设有垃圾收集箱，但这些垃圾箱多数情况下都不是分类回收型的，没有进行垃圾分类回收，存在着各种垃圾混合存放和收运的问题，特别是一些废旧灯管、废旧电池、废旧药品等危害废物也混杂在一起，存在环境污染的隐患。

3. 环境污染对人体的危害

环境的异常变化及污染物进入人体后，会引发人体正常生理功能的破坏，一方面干扰和破坏机体正常生理功能，对机体产生潜在危害；另一方面，人体通过各种防御机制和代谢活动使有毒、有害物质降解并排出体外，当人体所积累的污染物数量超过人体自我调节的范围，人体就会表现出病症。

环境污染对人体健康的危害主要有以下三种情况：

（1）急性危害。污染物在短期内浓度很高，或者几种污染物联合进入人体可以很快对人体造成危害。

（2）慢性危害。慢性危害主要指小剂量的污染物持续地作用于人体产生的危害，如大气污染对呼吸道慢性炎症发病率的影响等。

（3）远期危害。环境污染对人体的危害，一般是经过一段较小的潜伏期后才表现出来，如环境因素的致癌作用等。环境中致癌因素主要有物理、化学和生物学因素。

1）物理因素，如放射线体外照射或吸入放射性物质引起的白血病、癌症等。

2）化学因素，根据动物实验证明，有致癌性的化学物质达 1 100 余种。

3）生物学因素，如热带性恶性淋巴瘤，已经证明是由吸血昆虫传播的一种病毒引起的。

另外，污染物对遗传有很大影响，一切生物本身都具有遗传变异的特性，环境污染对人体遗传的危害，主要表现在致突变和致畸作用。

从环境污染对人体健康的近期影响和远期影响来看，防治环境污染绝不是权宜之计，而是关系到人民生活质量、关系到子孙后代的健康、关系到人类生存的大事。在促进经济发展的同时，对防止环境污染务必要给予足够的重视。

知识链接

环境污染的特点

（1）空间分布性。污染物和污染因素进入环境后，随着水和空气的流动而被稀释扩散。不同污染物的稳定性和扩散速度与污染物性质有关，因此，不同空间位置上污染物的浓度和强度分布是不同的。

（2）时间分布性。污染物的排放量和污染因素的强度随时间而变化，如工厂排放污染物的种类和浓度往往随时间而变化；由于河流的潮汛和丰水期、枯水期的交替，都会使污染物浓度随时间而变化；随着气象条件的改变会造成同一污染物在同一地点的污染浓度相差高达数十倍；交通噪声的强度随着不同时间内车辆流量的变化而变化。

（3）污染的综合性。环境是一个复杂体系，必须考虑各种因素的综合效应，污染物之间既可以单独起作用，也可以相互之间进行叠加或抵消，从而产生比单个污染物加强或减弱的影响。

因此，在考虑物业环境的保护工作中要充分考虑污染物的特点，综合考虑污染物的环境影响，制定相应的管理措施。

二、环境标准

环境标准是国家环保法律体系的重要组成部分。环境标准是指为了保护人群健康、防治环境污染、促使生态良性循环，同时又合理利用资源，促进经济发展，依据环境保护法及其有关政策，对环境中有害成分含量及其排放源规定的限量阈值和技术规范。

1. 环境标准体系

我国根据环境标准的适用范围、性质、内容和作用，实行三级五类标准体系。

三级是国家标准、地方标准和行业标准。

五类是环境质量标准、污染物排放标准、标准样品标准、基础标准和环境方法标准。

（1）环境质量标准。以保护人群健康、促进生态良性循环为目标而规定的各类环境中有害物质在一定时间和空间范围内的允许浓度，或其他污染因素的容许水平叫作环境质量标准。环境质量标准是所有环境标准的核心。

环境质量标准可分为以下几种：

1）水环境质量标准。如《地表水环境质量标准》(GB 3838—2002)、《海水水质标准》(GB 3097—1997)、《生活饮用水卫生标准》(GB 5749—2006)等。

2）大气质量标准。如《环境空气质量标准》(GB 3095—2012)等。

3）环境噪声标准。环境噪声标准可分为环境噪声基本标准、户外噪声标准和室内噪声标准等。目前，我国环境噪声标准主要有《声环境质量标准》(GB 3096—2008)等。

除上述环境质量标准外，还有土壤环境质量标准、生物质量标准、辐射标准、振动标准等。

（2）污染物排放标准。污染物排放标准是国家或地方为实现环境管理目标，确保环境质量标准的实现而对污染物或其他有害物质排放的允许标准所做的强制性规定。

因地方环境条件等因素，执行国家排放标准不能实现地方环境质量目标时，可由地方在国家排放标准基础上制定地方污染物排放标准。

（3）标准样品标准。标准样品标准是在环境保护工作中，用来标定仪器、验证测量方法、进行量值传递或质量控制的材料或物质。

（4）基础标准。基础标准为环境标准的制定提供统一的语言，内容有：名词术语、符合代号、标记方法、标准物排放方法等。

（5）环境方法标准。环境方法标准内容主要有：分析方法、取样方法、标准制定程序、模拟公式、操作规程、工艺规程、设计规程和施工规程等。

2. 环境标准的作用

环境标准是环境执法的尺度。环境标准用具体数字来体现污染物排放应控制的界限，超越了这些界限，即违背了环境保护法。环境法规的执法过程是与实施环境标准的过程紧密联系的，如果没有各类标准，这些法律将难以具体执行。

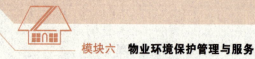
模块六 物业环境保护管理与服务

环境标准是科学管理环境的技术基础。环境的科学管理包括环境立法、环境政策、环境规划、经济评价和环境监测等方面。环境标准是环境立法、执法的尺度，是环境政策、环境规划所确定的环境质量目标的体现，是环境影响评价的依据，是监测、检查环境质量和污染源污染物排放是否符合要求的标志。

三、物业环境污染管理的内容

1. 环境调查

物业环境调查时，主要调查物业所处的位置和管理区内的污染物迹象。

（1）物业所处位置调查。物业所处的位置即所管物业与周边物业的相对关系。在物业环境调查中，应该了解周边物业是什么用途，这些物业是否会对环境产生影响；如果有，是否会影响到所管的物业，以及会产生怎样的影响。了解污染源后，就应该了解所管物业与污染源的相对位置，所管物业是否位于常年盛行风向的下风向，是否位于河流的下游等。

（2）管理区内污染物迹象调查。物业管理区域内的污染物迹象，是环境变化的结果，根据这些迹象可以查出物业管理区域内的污染源头，主要内容为：植物不能正常生长的地区，有油迹、恶臭的地区，水中气味异常的地区，地上或地下的储油罐及其排放口与排入口等。

2. 区域环境监控

区域环境监控主要是对物业区域的水体、大气、土壤及噪声等的环境质量现状进行监控。若物业区域环境质量已经达到国家规定的某一级标准，或虽未达到标准但达到过渡性标准时，应根据维护和改善环境质量的要求，继续对区域环境中的有害污染物的浓度变化和发展趋势进行常规监视性监测；若物业区域内环境质量既未达到国家标准，又无明确的环境目标，且环境质量逐年恶化时，首先应制止污染的发展，寻找并控制新污染，按期汇总报告给有关部门和决策机构，以便及时采取合理的对策。

四、物业环境污染管理体系及考核指标

1. 物业环境污染管理体系

物业环境污染管理体系包括环境管理组织体系和环境监督体系。环境管理组织体系由街道、居委会、驻社区单位、物业服务企业、居民代表等组成绿色社区，来创建和管理该机构，建立健全管理制度，并开展工作；环境监督体系按照创建计划开展有关人员的培训，建立环保公众参与机制，较好地发挥居民的监督作用，保障公民的环境权益；管理部门要建立内部监督制度，保障环保目标落实。

2. 物业环境污染管理考核指标

物业环境污染管理考核指标包括住用户对环境质量的满意率、水体污染防治、大气污染防治和噪声污染防治。

（1）住用户对环境质量的满意率。通常要求环境质量优良，布局规划合理，环境优美，无污染、无生态破坏和污染扰民问题，无流行疾病源，住用户满意率较高。

（2）水体污染防治。要求供水符合国家饮用水水质标准，生活污水排入市政污水处理厂或自行处理后达标排放；新城区建设实行雨污分流，旧城区排水管网要逐步实行干管截污；提倡污水处理再利用等。

（3）大气污染防治。要求社区内大气污染源得到有效控制，积极监督社区以外的污染源，没有废气、扬尘、油烟污染扰民事件，积极宣传有关法律法规并认真贯彻落实。

模块六 物业环境保护管理与服务

(4)噪声污染防治。要求社区内噪声污染源得到有效控制,积极监督社区以外的污染源,没有噪声扰民事件,积极宣传噪声防治的法律法规并认真贯彻落实。

单元二 物业大气污染及其防治

一、大气污染的产生及防治

1. 大气污染的概念

大气污染是指由于人类活动和自然过程引起某种物质进入大气中,呈现出足够的浓度,达到了足够的时间并因此而危害了人体的舒适、健康和福利或危害了环境的现象。

2. 大气污染的来源

造成大气污染的原因,总体上看有自然灾害和人为活动两大因素,而人为活动因素是大气污染最主要的因素。

大气污染源主要来自三个方面:

(1)生活污染源。生活污染源是人们做饭、取暖、洗涤等过程中所用燃料放出的有毒、有害气体、烟雾等造成的污染。

(2)工业污染源。工业污染源是工矿企业在生产过程中和燃料燃烧过程中,排放的煤烟、粉尘、无机物和有机物造成的污染。

(3)交通污染源。交通污染源是各种交通工具运行时排放出的尾气等造成的污染。

3. 大气主要污染物

大气污染物主要分为有害气体和颗粒物,有害气体主要有二氧化硫、氮氧化物、一氧化碳、碳氢化物、光化学烟雾和卤族元素等;颗粒物主要有粉尘和酸雾、气溶胶等。

(1)硫氧化物。硫氧化物主要指 SO_2、SO_3 等。SO_2 主要来源于含硫燃料(如煤和石油)的燃烧。此外,有色金属冶炼厂、硫酸厂、选矿厂等也排放大量 SO_2。SO_2 是一种无色、刺激性很强的有害气体,通常认为,当空气中 SO_2 含量超过 0.5 mL/m^3 时,就会对人体产生不利影响。在相对湿度较大、有颗粒物存在或在阳光紫外线照射下有氮氧化物存在时,SO_2 可转化为 SO_3,并形成硫酸雾,这是造成酸雨的主要原因之一。

(2)煤尘和粉尘。煤尘是伴随燃烧过程中发生的烟尘,包括炭黑、飞灰等。其产生源主要是锅炉、焙烧炉、熔矿炉、炼钢炉等。

粉尘是固态物料运输、粉碎加工过程中产生的飞扬颗粒物,包含降尘与飘尘。粒径大于 10 μm,称降尘;粒径小于 10 μm,称飘尘。其产生源主要是:炼焦炉、物料堆积物、转运场、破碎机、研磨机、筛分机等。

工业燃烧产生大量烟尘污染,使城市透明度急剧下降,白天日照时间缩短,晚上不见星星,特别是钢铁、煤炭、水泥基地更为严重。

(3)一氧化碳(CO)。CO 在大气中很稳定,不易被氧化为二氧化碳(CO_2)。其主要是燃料燃烧不充分产生的以及工艺废气。随着燃烧技术的提高和工艺的改进,固定燃烧装置和生产工艺过程中产生的 CO 已逐渐减少,但机动车排出的 CO 量却在不断增加,并逐渐成为重要的污染因子。

(4)氮氧化物(NO、NO_2、N_2O_3、N_2O_5)。造成大气污染的氮氧化物主要是 NO 和 NO_2,人

为的氮氧化物污染主要产生于内燃机燃烧过程、硝酸生产及氮肥生产、冶金工业等。实验证明，NO 的生成速度随燃烧温度增高而加快，燃烧温度为 300 ℃ 以下时，NO 生成量很少；当燃烧温度高于 1 500 ℃ 时，生成的 NO 显著增加。

(5) 光化学烟雾和氧化剂。光化学烟雾是指在一定气候条件下形成的一次污染物与二次污染物的混合烟雾。一次污染物是指直接从各种污染源排放入大气的污染物；二次污染物是指一次污染物当中有一部分是不稳定的反应性污染物，在一定的条件下，可以在大气中继续反应，生成新的污染物，如臭氧(O_3)、过氧乙酰硝酸酯(PAN)、过氧苯酰硝酸酯(PBN)、硫酸及硫酸盐气溶胶等反应产生的中间物质，如—OOH、OH、HCO 等自由基、氧原子等氧化剂。

4. 大气污染的危害与影响

大气污染不仅会对人和动、植物的生存环境造成不良影响和严重的危害，从而影响人体健康和生存，影响到生物的生存和发展，同时还会对名胜古迹、建筑物的金属结构、油漆、涂料、皮革、纺织品、橡胶等产生不同程度的玷污和化学腐蚀性损害，还会对局部气候产生重要影响。物业大气污染的危害主要表现在以下几方面。

(1) 大气污染对人体健康的直接危害。因污染物质的来源、性质、浓度、持续时间不同，污染地区的气象、地理环境因素的差别，甚至人的年龄、健康状况不同，对人体产生的危害也不同。大气有害物质入侵人体造成危害一般通过三个途径：第一是通过人的直接呼吸而进入；第二是附在食物或溶解于水中，随饮水、饮食而侵入人体；第三是通过接触或刺激皮肤而进入到人体，尤其是脂溶性物质，更易从皮肤渗入人体。其中，通过呼吸而入侵人体是主要途径，危害最大。

大气污染对人体的影响，首先是感觉上受到影响，随后生理上显示出可逆性反应，再进一步就出现危害的症状如急性中毒、慢性中毒、致癌(肺癌)。

(2) 大气污染对人类生存环境的危害。大气污染对物业辖区局部小气候的影响表现在以下几方面。

1) 对地球表面太阳辐射能量的遮蔽作用。各种污染物对阳光有吸收和散射作用，这就减少太阳辐射到地球表面的能量，当污染严重时，减少能量可达 40%，辐射能量降低，会影响小气候的变化，使气温降低。

2) 造成城市的"热岛效应"。热岛效应是指城市日夜处于通风不畅的高温性气候中，使城市中心比周围地区的气候热，上空乌云笼罩、四周晴朗的现象。

3) 对降水量的影响。大气中的烟尘能使水汽凝结，有利于形成降水，人们已发现受污染的城市下风区，雨量多于周围地区，这种现象称为"拉波特现象"。

4) 易于形成"酸雨"危害环境。酸雨的形成是因大气中的硫氧化物、氮氧化物以及碳氧化物可转化为各类酸，当遇到降水时即溶解于其中而形成酸雨。其主要成分是 SO_2、NO 等。SO_2 污染往往形成硫酸雨。酸雨可随风扩散到其他地区，越过国界，对全球产生危害。酸雨对动、植物的危害也很大，使森林生长率降低，湖泊水生生物绝迹，湖泊、地表水酸化，对地区生态系统、农业、森林、水产带来危害。土壤酸化、建筑物被腐蚀、地下水污染等是一个跨国性的环境问题。

(3) 大气污染对动植物的危害。大气污染对动植物也有危害，从而间接影响人类健康、生存和发展。大气污染对植物的危害是随污染物的性质、浓度和接触时间、物种、品种、生长期、气象条件而异的。对植物的危害，污染物通过气孔进入植物体内，破坏叶绿素，使组织脱水坏死，干扰酶的作用，阻碍各种代谢机能，抑制植物的生长；粒状污染物则会擦伤植物的叶面，阻止植物对阳光的吸收，影响光合作用，从而影响植物生长。大气污染对动物的危害是通过动物的新陈代谢、呼吸作用、食物和接触等途径产生的。因此，大气污染对动物、植物的危害途径是不同的。

大气污染对动、植物的危害还有急性危害、慢性危害、不可见危害三种表现。急性危害，使动植物表现出各种病状，产量降低；慢性危害影响动、植物生长发育；不可见危害造成动、植物生理上的障碍，不同程度地抑制动、植物生长，但外观看不见此种症状。

（4）大气污染对其他物质的损害。大气污染对建筑物、名胜古迹、金属结构、油漆涂料、皮革、纺织品、橡胶会产生不同程度的玷污和化学腐蚀性的损害，从而造成很大的经济损失。玷污性造成各种器物表面污染不易清除。化学污染，使器物腐蚀变质。光化学烟雾能使橡胶轮胎龟裂和老化，电镀层加速腐蚀。高浓度的氮氧化物，能使化学纤维织物分解腐蚀等。从而对人类的经济和发展产生不利的影响。

5. 大气污染的综合防治

由于排放到大气中的污染物很难进行收集处理，因此，大气污染的防治工作的重点是要减少污染物的排放量，从原料到成品进行全过程管理和控制；使用清洁的原料；采用清洁的生产工艺；加强末端的污染治理。主要措施如下：

（1）增强大气的自净作用。大气的自净作用包括物理作用（扩散稀释和雨雪洗涤等）、化学作用（氧化还原作用）。在污染物排放总量基本恒定的条件下，污染浓度在时空分布上同气象条件有关，认识和掌握气象规律，充分利用大气自净作用，就有可能减弱或避免大气污染的危害。自净作用的主要防治途径是：合理布局工业。工厂分散布置，厂址要利于污染物的扩散，工厂区与生活区要有隔离带；工厂布局在下风区；改变能源结构。尽量选用灰粉量少的燃料，如天然气、煤气、石油气；选择有利污染物扩散的排放方式。排放方式不同，扩散效果不同。高烟囱排放，一方面能使烟气得到充分的稀释，同时也减少地面污染。一般地面污染物浓度与烟囱高度的平方成反比，但实际上，上述措施尚不能根本解决污染。

（2）采用先进技术，改变能源结构。我国的大气污染主要是煤烟型污染。因此，减少能源的消耗、改变能源结构是我国防治大气污染的重要任务。提高能源利用的效率，实现节能是大气污染防治的核心问题。节能有多种途径，如改善锅炉的燃烧条件、采用先进的燃烧技术、散煤改成型煤等。此外，改变能源结构应大力提倡使用煤气、天然气、沼气等清洁能源，并大力开发风能、太阳能等新能源。实行集中供热既可有效地控制污染，又可改善供热效果。

（3）充分发挥植物净化作用。植物本身不仅有美化环境的作用，还有调节气候、吸尘、降噪以及吸收大气中的有害污染物等功能，可以减少大气环境污染对人的危害。同时，绿化还可以使大气的自净作用增强。因此，加大环境绿化的力度、有计划地植树造林是使大气污染综合防治具有长效性能和多功能性的有效措施。

（4）治理污染源。对工业企业和生活采暖等设备要采取除尘、脱硫装置，减少烟尘、SO_2 等污染物的排放。对工艺废气，通过技术改造和采用新工艺、新技术减少排放，能利用的工艺废气要进行回收利用，排放量较大的工艺废气可建设集中收集和处理装置。对建筑施工现场要加强管理，采取覆盖、洒水等抑制扬尘措施。餐饮业油烟应采用油烟净化装置予以治理。对各种大气污染源都要积极采取措施，实现污染物的达标排放。

（5）加强物业管理区域的综合管理。从环境保护的角度出发，加强物业区域环境的综合治理。采取有效防治措施，限制饮食业产生的油烟污染，禁止个体商贩沿街从事烧烤类经营；限制机动车进入物业区域内，减少汽车尾气污染，防止扬尘，减少粉尘污染；禁止焚烧沥青、化纤、橡胶、塑料、皮革等产生有害有毒气体的物质；禁放烟花爆竹等。通过加强城市和物业区域的综合管理，防治物业大气的环境污染。

知识链接

大气的构成

地理学中把地球引力作用下而旋转的空气层称为大气圈，其厚度为 1 000～1 400 km。80～90 km 的高空，空气组成成分相同，称为均质层。均质层以上，组成成分随高度的上升有很大的变化，称为非均质层。大气一般是指紧靠物业地表区域的对流层。大气是一种气体混合物，由多种气体混合构成，其中包括恒定组分、可变组分和不定组分。

(1)恒定组分。恒定组分由氧、氮、氩及其他微量的惰性气体氖、氦、氙等组成，其中 O_2、N_2、氩共占大气总量 99.96%，O_2 占 20.95%，N_2 占 78.09%，氩占 0.93%，其他气体合计占 0.1%。在近地面层大气中，这些气体的组分是恒定的。

(2)可变组分。可变组分主要指 CO_2、水蒸气等，这些气体含量受地区、季节、气象以及人们生产生活等因素影响而变化，正常情况下水蒸气含量为 4%，CO_2 含量已增加到 0.033%。恒定成分及正常状态下的可变组分所组成的大气叫洁净大气。

(3)不定组分。不定组分主要指由于偶然性的自然灾害现象，如地震、火灾、火山等引起在大气中暂时存在的成分，如尘埃、硫、硫化氢、氮氧化物、盐类及其他恶臭气体，人为造成的大气污染等。当不定组分增加到一定量的浓度时就会对人和动物造成危害。

二、室内环境空气污染

随着我国城市化步伐的不断加快和人们生活水平的不断提高，室内装修、增加使用燃料等各种因素使室内环境质量也在不断恶化，如何预防和治理室内的环境空气污染问题越来越引起普遍的重视。

1. 产生室内环境空气污染的原因

室内空气污染物的来源主要有建筑、室内装饰材料、日用化学品、燃烧产物、室外污染物等。

(1)建筑物自身的污染。一种是建筑施工中加入了化学物质，如北方冬季施工加入的防冻剂，有可能渗出有毒有害气体——氨气；另一种是在部分砖瓦、水泥、混凝土及各种矿渣砖等建筑基本材料中，可释放出对人体有害的放射性核素，对人体健康存在危害。

(2)室内装饰材料的污染。目前，在普通家庭装修材料中经常含有一些挥发性有机物，这些有机物随着时间的推移，逐渐散发到室内的空气中，使室内局部环境的污染物超标，对人体造成健康损害，如油漆、胶合板、刨花板、泡沫填料、内墙涂料、塑料贴面等材料均不同程度地含有甲醛、苯、甲苯、乙醇、氯仿等有机溶剂，其中的一些溶剂对人体有较大危害。

(3)日用化学品的污染。人们为了家居的清洁美观，越来越依靠一些化学用品，如日常清洁、化妆、灭虫等活动中使用的清洁剂、杀虫剂、发胶等。如果这些化学品使用不当或过量使用，其中的一些挥发性物质就会大量散发到室内空气中，通过呼吸道进入人体，可引起头晕、恶心等症状。室内污染的原因还包括地毯的细小纤维和棉絮等，以及使用家庭打印机、复印机等设备而引起的辐射污染等。

(4)厨房的燃烧产物污染。目前，我国北方的许多城市正在逐步普及煤气，在大城市中天然气已基本普及，但有一些地区还是以煤为燃料，相当一部分农村以柴或沼气作为生活燃料。无论使用何种燃料，厨房内炉灶在炊事活动中都会产生有害物，对厨房及家庭住宅内其他房间产生空气污染。这些有害物质种类多、浓度高、毒性大，人们在房间里逗留，直接受到污染物的危害。这些污染物除一部分直接被吸入人体，危害人的身体健康及生命外，还使室内充满了油烟蒸气并形成污垢，污染室内、炊具及家用设备。

(5) 吸烟造成的室内空气污染。尽管对吸烟的危害性一直在进行广泛的宣传，但吸烟的人数仍然十分可观。吸烟是室内人为造成的一种主要污染，香烟燃烧的烟雾成分极其复杂，目前已经分析出 3 800 多种物质，它们在空气中以气态、气溶胶态存在，吸烟的烟雾中约有 90% 直接弥散在周围的空气中，其中不仅含有一般燃烧产生的一氧化碳、氮氧化物和有机类物质，而且还包括亚硝胺和多环芳烃等致癌性的物质。吸烟对吸烟者和被动吸烟者的危害是一样的。

(6) 室外污染物的污染。居室附近的各种污染源排放的污染气体，不仅造成室外大气严重污染、生态环境被破坏、使人们生存条件恶化，还加剧了室内空气的污染。

2. 改善室内环境质量的措施

(1) 慎重使用装修材料和日用化学品。在进行室内装饰时，尽量少使用化学物质较多的材料，并尽量选择具有环境标志的环保型装饰材料。居室装修最好采用木、竹地板。在室内装修后，一定要经过一段时间充分释放有害气体后，才可以入住。在日常生活中，应尽量减少使用空气清新剂、杀虫剂等物品。厨具、碗碟的清洗最好不用洗洁剂，用豆粉加清水洗碗碟、厨具油渍，用肥皂水和百洁布擦炉灶安全有效。

(2) 养成良好的生活习惯，加强室内的通风换气。在室内尽量要少吸烟或不吸烟，保持室内空气的清新。为了增加新鲜空气量，除了常开门窗外，还可以留有经常保持空气流通的气窗，可以在居室内安装空气净化设备，这些都是改善室内空气质量的极简单而有效的方法。

(3) 有选择地使用空气净化装置。使用空气净化装置，是改善室内空气的有效方法，可使用中草药净化剂以及清除、吸附作用均很强的活性炭吸附材料。此外，在房间中可以使用负氧离子发生器，空气负氧离子是一种带负电荷的空气微粒，通过肺泡进入血液，被输送到全身各个部位，可以改善肺的换气功能，增加氧吸收量和二氧化碳呼出量。负离子还可以调节中枢神经系统的兴奋和抑制状态，改善大脑皮层的功能，同时还能起镇静、降血压等作用，对人体生命活动影响很大，被称为"空气维生素"。目前，欧美国家的建筑设计中已将负氧离子发生器作为配件使用。在空调房间中最好应用负氧离子发生器。

(4) 提高灶具的质量，让燃料燃烧完全。有条件的家庭尽量安装吸油烟机或排气扇，多做炖菜少炒菜。其次尽量能把厨房安排在通风较好的地方，使污染浓度降低，尽量多用电器产品。

(5) 室内种植绿色植物。室内种植绿色植物应有选择，同时不能在狭小的空间内大量种植花草。室内经常被广泛种植的绿色植物以月季、米兰、杜鹃、虎尾兰、芦荟、吊兰、常青藤、菊花、铁树、龟背竹、百合等植物为最佳，可不同程度地吸收一些有害气体。月季是我国各地普遍栽培的花木，它能吸收硫化氢、氟化氢、苯、乙苯酚、乙醚等气体，对二氧化硫、二氧化氮也具有相当的抵抗能力。杜鹃有"花木之王"的美称，它是抗二氧化硫等污染较理想的花木。木槿为庭院常见花木，它能吸收二氧化硫、氯气、氯化氢等有害气体。紫薇又称百日红，是庭院栽培花卉，它对二氧化硫、氯化氢、氯、氟化氢等有害气体吸收能力较强。山茶花是我国的著名花卉之一，它能抗御二氧化硫、氯化氢、铬酸和硝酸烟雾等有害物质的侵害，对大气有净化作用。米兰为盆栽花卉，它能吸收大气中的二氧化硫和氯气。桂花对化学烟雾有特殊的抵抗能力，对氯化氢、硫化氢、苯酚等污染物有不同程度的抵抗性。石榴树能吸收二氧化硫，对氯气、氯化氢、臭氧、二氧化氮、硫化氢等都有吸收和抗御作用。

模块六　物业环境保护管理与服务

知识链接

室内环境空气污染给人类带来的危害

人的一生中在住宅及办公室内度过的时间约占整个生命的70%，特别是生活在北方的人们，在居室活动的时间更长一些，可想而知，室内的环境污染将对人体健康造成怎样的影响。

(1)装饰材料对人类的危害。资料显示，一旦装饰材料中的有机物散发到室内空气中，将会引发各种疾病，包括呼吸道、消化道、神经、视力、视觉、血压等方面的三十多种疾病。如甲醛是无色刺激性气体，对眼、鼻、喉、上呼吸道和皮肤均可产生明显的刺激作用，并导致睡眠不安，浓度极高时易引起肺炎、肺水肿等疾病。酚类化合物是无色针状结晶，有特殊气味，酚可通过消化道、呼吸道和皮肤被吸收，慢性中毒导致肝、肾损害。硝基化合物、氨气、非甲烷总烃、丙酮等物质对人体都有一定的危害。

(2)CO对人类的危害。CO对人的危害作用大小，取决于它的浓度和接触时间。高浓度长时间接触，可导致接触者死亡。长期吸进含有CO空气的人，更易发生心肌损害。

(3)烟气对人类的危害。室内空气污染的最大受害者是婴幼儿及心血管系统、呼吸系统疾病患者，特别是孕妇及老年人。研究表明，孕妇吸烟对腹中胎儿很有危害，烟气中高浓度的CO会引起母体及胎儿血液中的碳氧血红蛋白增高，使血液输送氧气的能力减弱，烟气中其他有毒物质被吸进母体也会危害胎儿，影响胎儿发育。如果孕妇在空气污染的厨房中进行炊事劳动，这种情况大抵与被动吸烟相似，而且接触污染空气的时间比吸烟要长，与各种污染物的总接触量可能还要大，这样必然对胎儿产生极为不良的影响。

(4)室内空气污染及放射性污染对人类的危害。国内已有许多资料表明，室内环境空气污染及放射性污染可能诱发癌症。广州市的肺癌研究中心进行了多年的研究，对大量数据、资料进行了统计分析，近年来由于采取消烟除尘措施，大气中污染情况已有相当改善，而肺癌死亡率仍在上升，进一步研究表明，生活用煤量与肺癌死亡率相关最明显，其次为香烟销售量。

三、物业大气污染的治理

1. 烟尘污染的防治

大气中的烟尘主要由工业生产、交通运输工具以及人类生活中的燃料所产生，解决烟尘污染的基本措施是消烟。烟尘主要是由高温烟气带出来的不可燃烧的灰分，因此，除了解决充分燃烧的问题外，安装除尘设备是消烟除尘的又一重要措施。此外，发展区域供热，采用集合式烟囱，也是解决烟尘的有效措施。

(1)改进燃烧方法。大气烟尘的有害物质从其生成上看，大致有三类：一是由于燃烧不完全时产生的一氧化碳、炭粉；二是燃烧后产生的，如二氧化硫的飞灰；三是高温燃烧时产生的，如氮氧化物和碳化氢。这三类污染物中，一、三类是不完全燃烧与高温燃烧的产物，可通过改进锅炉燃烧设备和燃烧方法，减少排放数量。第二类则要通过改变燃料构成(对燃料的选择和处理)来解决。

(2)采用除尘装置。除尘器有三个技术指标：处理气体量、压力损失、除尘效率；三个经济指标：一次投资、运转费用、占地面积及使用寿命。除尘器的除尘技术已比较成熟，被广泛地应用除尘领域。

(3)改革燃料构成。对燃料进行选择和处理，是减少污染物产生的有效措施。各种燃料中灰分数量有很大差别，煤的灰分量为5%~20%，石油为0.2%，天然气中灰分量更少。所以要尽量选用灰分量少的燃料。

2. 气态污染物的防治

(1)SO_2废气的治理。

1)使用低硫燃料。1 t煤含5~50 kg硫黄，1 t石油含5~35 kg硫黄，天然气基本不含硫，因此，应根据需要尽量选用含硫量少的燃料。

2)燃料脱硫。若选择燃料有困难时，可采取燃料脱硫和烟气脱硫的方法。目前尚无消除煤中硫分的很好办法，但重油脱硫取得了一定进展。重油中的硫分大多为有机硫，切断硫分物中的C—S键，使硫变成简单的固体或气体化合物，从重油中分离出来，即采用加氢脱硫催化法降低重油硫分。由于工艺过程的差异，又分为间接脱硫和直接脱硫。间接脱硫法可将含硫4%的残油变为含硫2.5%左右的脱硫油。直接脱硫法从改进催化剂入手，直接对残油加氢脱硫。直接脱硫法效果较好，可使脱硫油含硫量下降到1%。

(2)NO_x废气的治理。目前常用的吸收剂有碱液、稀硝酸溶液和浓硫酸等。常用的碱液化器有氢氧化钠、碳酸钠、氨水等。碱液吸收设备简单，操作容易，投资少，但吸收率较低，特别是对NO吸收效果差，只能消除NO_2所形成的黄烟，达不到去除所有NO_x的目的。用"漂白"的稀硝酸吸收硝酸尾气中的NO_x，不仅可以净化排气，而且可以回收NO_x用于制硝酸，但此法只能应用于硝酸的生产过程中，应用范围有限。

(3)汽车废气治理。汽车发动机排放的废气中含有CO、碳氢化合物、NO、醛、有机铅化合物、无机铅、苯并芘等多种有害物质。对于汽车废气中含铅化合物的控制，在我国已有了进展，北京等几个城市已全面禁用含铅汽油，改用无铅汽油，全国各大城市也将陆续推广。

单元三 物业水污染及其防治

一、地表水环境功能的划分

地表水环境污染主要是因工业企业生产排放、城市生活排放及使用农药化肥等造成的。地表水是地面上江河湖泊、水库、灌溉用水、景观水等水环境的总称。

1. 地表水环境功能划分原则

集中式饮用水源地优先保护；水体不得降低现状使用功能，兼顾规划功能；有多种功能的水域，依最高功能划分类别；统筹考虑专业用水标准要求；上下游区域间相互兼顾，适当考虑潜在功能要求；合理利用水体自净能力和环境容量；考虑与陆上工业合理布局相结合；考虑对地下饮用水源地的影响；实用可行，便于管理。

2. 地表水的分类

地表水环境质量标准将地表水按功能分为以下五类。

(1)Ⅰ类：主要适用于源头水、国家级自然保护区。

(2)Ⅱ类：主要适用于集中式生活饮用水水源地一级保护区、珍贵鱼类保护区、鱼虾产卵场等。

(3)Ⅲ类：主要适用于集中式生活饮用水水源地二级保护区、一般鱼类保护区及游泳区。

(4)Ⅳ类：主要适用于一般工业用水及人体非直接接触的娱乐用水区。

(5)Ⅴ类：主要适用于农业用水区及一般景观要求水域。

3. 地表水功能区划分方法

根据因地制宜，实事求是的原则，按实测定量、经验分析、行政决策进行。

二、物业水污染的产生

1. 水污染的概念

水体是指河流、湖泊、水库、地下水、冰川和海洋等"贮水体"的总称。

水污染是指排入水体的污染物，在数量上超过了该物质在水体中本底的含量和水体的环境容量，从而导致了水体的物理特征、化学特征和生物特征发生了不良变化，破坏了水中固有的生态系统，破坏了水体的功能及其对经济发展和人们生活中的作用。

城市的水污染，一般是指人们在使用过程中，大量排放的污染物和液体进入水体，使水质下降，利用价值降低或丧失，并对生物和人体造成损害的现象。这种损害还包括缺水、地表下沉和水土流失等。

2. 水体污染物的种类

水体污染物的种类很多，不同的工业生产、生活污水及其污染物类型成分不同，水体污染物就不同。

(1)无机无毒污染物。无机无毒污染物大致包括三种类型，一是颗粒状不溶物质，二是酸、碱、无机盐类物质，三是氮磷等植物营养物质。颗粒状的污染物主要指砂粒、土粒及矿渣类，是无毒作用的。一般它们和有机性的颗粒状的污染物质混在一起，统称悬浮物或悬浮固体。在污水中悬浮物可能处于三种状态，一种是部分比重轻于水的悬浮物浮于水面，在水面形成浮渣；一种是部分比重大于水的悬浮物沉于底部，这部分称为可沉固体；还有一种就是部分悬浮物由于相对密度接近水，在水中呈真正的悬浮状态。悬浮物是水体的主要污染物之一。

(2)有机无毒物。有机无毒物(需氧有机物)，这类物质多属碳水化合物、蛋白质、脂肪等自然生成的有机物，它们易于生物降解，向稳定的无机物转化。在有氧条件下，在好氧微生物作用下进行转化，这一转化过程快，产物一般为 CO_2、H_2O 等稳定产物。在无氧条件下，则在厌氧微生物的作用下进行转化，这一过程慢，而且分两个阶段进行，第一阶段在产酸菌的作用下，形成脂肪酸、醇、中间产物等；第二阶段在甲烷菌的作用下形成 CO_2、H_2O、CH_4 等稳定物质，同时放出硫化氢、硫醇等恶臭气体。

(3)无机有毒物。无机有毒物，主要指氰化物(CN^-)、砷(AS)、重金属毒性物质，这些物质主要来自工业废水，对人体和环境毒害较大。

(4)有机有毒物质。有机有毒物质多数属于人工合成的有机物。如DDT、六六六等有机氯农药、醛、酮、酚以及聚氯联苯、芳香族氨基化合物、高分子合成聚合物，这类物质生态特性较稳定，不易被微生物分解，被称为难降解有机污染物。这些物质，都有害于环境和人体健康，只是危害程度和作用方式不同。

(5)石油类污染物。石油类污染物是指石油及其油类制品。这些污染物是在石油开采、储运、炼制和使用过程中产生的，排出的废油和含油废水污染水体。在各类水体中，以海洋受到油污染尤为严重。目前，从不同途径排入海洋的石油数量每年为几百万至一千万吨。随着石油工业的发展，这些污染物对水体的污染越来越突出

模块六　物业环境保护管理与服务

(6)放射性污染物质。放射性污染物质是指核武器试验后带有放射性颗粒的沉降物质。原子能工业如原子能反应堆、核电站和核动力舰等，所排放和泄漏的含有多种同位素的废物。这些放射性物质在水中构成一种特殊的污染，总称放射性污染。随着工业的发展，这种污染也日益增高。

3. 水污染的来源

造成水体污染的因素很多，如向水体排放未经过妥善处理的城市污水、工业废水，施用的化肥、农药，以及城市地面的污染物被雨水冲刷，随地面径流进入水体，随大气扩散的有毒物质通过重力沉降或降水过程而进入水体等因素，都会引起水体污染，其中城市工业废水和生活污水应是水体污染的主要因素。

(1)工业废水污染。工业生产不能离开水，工业用水量占城市整个用水量的很大比例。大量的工业用水，经过生产过程后，会变成夹带各种有机或无机杂质的工业废水。工业废水的数量大，种类多，成分复杂，是城市水污染的主要来源。工业废水包括钢铁工业、化学工业、石油化工工业、造纸工业、制革工业和纺织印染工业的废水，各种工业废水中的主要有害物质不相同，对环境和人体健康的影响程度也不同。

(2)生活污水污染。生活污水污染主要是城市化造成的，由于城市人口增多，城市规模扩大，生活用水越来越多，排放的污染物和生活污水也越来越多，病菌的扩散和传播也更容易，从而造成对城市居民生活安全的严重威胁。

城市生活污水中除含有大量的碳水化合物、蛋白质和氨基酸、动物脂肪、尿素和氨、肥皂和合成洗涤剂等有机、无机化合物外，还含细菌、病毒等使人致病的微生物。城市的生活污水中也含有丰富的氮、磷，这些营养物质太多，也会造成水质污染，从而影响环境与人体的健康。

从全世界范围来看，现代水质污染的主要来源已发生变化。公害盛行时代，工矿企业排污中的有毒、有害物质是使人畜、农业、渔业严重受害的主要来源。当今进入大众高消费的时代，生活污水中含有的过量营养物质排放水域，造成赤潮、水质发黑等水质污染已成为水污染的一大主要来源。

(3)其他方面水污染。除工业废液和生活污水污染外，还有医疗污染物因没有处理好而造成的医疗污水；城市路面排水系统不畅，路面肮脏，坑坑洼洼的地方造成积水，使积水地滋生蚊蝇等造成污染水等；这些都是水体污染的主要来源，也是物业水污染很重要的来源。

知识链接

水污染的指标

水体是否污染以及污染的程度，通常选用水污染指标来进行比较判断。水污染指标也是控制和掌握污水处理设备的处理效果和运行状态的重要依据。

水污染主要指标如下：

(1)有毒物质。有毒物质是指其达到一定浓度后，对人体健康、水生生物的生长造成危害的物质。由于这类物质危害较大，因此有毒物质含量是污水排放、水体监测和污水处理中的重要水质指标。有毒物质种类繁多，要检测哪些项目，应视具体情况而定。其中，非重金属的氰化物和砷化物及重金属中的汞、镉、铬、铅等是国际上公认的六大毒物。

(2)大肠菌群数。大肠菌群数是指单位体积水中所含的大肠菌群的数目，单位为个/升，它是常用的细菌学指标。大肠菌群包括大肠菌等几种大量存在于大肠中的细菌，在一般情况下属非致病菌。如在水中检测出大肠菌群，表明水体被粪便所污染。如地面水或饮用水中的大肠菌群数符合各自的规定，则可以认为是安全的。

（3）悬浮物。悬浮物是通过过滤法测定的，滤后滤膜或滤纸上截流下来的物质即为悬浮固体，它包括部分的胶体物质，单位为毫克/升。

（4）pH值。pH值是反映水的酸碱性强弱的重要指标。它的测定和控制对维护污水处理设施的正常运行，防止污水处理及输送设备的腐蚀，保护水生生物的生长和水体自净功能有着重要的实际意义。

（5）总需氧量（TOD）。有机物主要是由碳、氢、氮、硫等元素所组成。当有机物完全被氧化时，碳、氢、氮、硫分别被氧化为二氧化碳、水和二氧化硫，此时的需氧量称为总需氧量（TOD）。

（6）生化需氧量（BOD）。生化需氧量（BOD）表示在有氧条件下，好氧微生物氧化分解单位体积水中有机物所消耗的游离氧的数量，常用单位为 mg/L。

（7）化学需氧量（COD）。用强氧化剂——重铬酸钾，在酸性条件下将有机物氧化为 H_2O 和 CO_2，此时所测出的耗氧量称为化学需氧量。

（8）总有机碳（TOC）。总有机碳（TOC）表示的是污水中有机污染物的总含碳量。

三、物业水污染的防治

1. 提高水循环利用率

许多工业用水可以重复使用，但传统工业发展模式的工业用水重复利用率较低，浪费了许多水资源，同时也加大了污水排放的总量。随着水质净化和水质稳定技术的发展，提高工业用水的循环利用率成为现实。目前，循环经济和清洁生产都将工业用水的循环利用率放到了很重要的地位。此外，通过对城市生活污水的深度处理，可以实现城市中水回用，将之用于工业用水、城市景观用水、城市绿化用水、冲厕用水等。

2. 降低所排污水的有害程度

通过综合利用或技术改进，尽量降低废水中污染物的浓度，可有效减少污染。如在厨房洗水槽内装滤水带，减少生活用水中的污染物，降低所排污水中的有害物质。另外，减少洗涤剂的用量，对改善生活污水水质也有很大作用。

3. 污水集中与分散处理相结合

采用在总排水口处集中处理的方式，对一些车间排放污水差别很大的工业企业而言，显然是不合理的。对于含有特殊污染物的废水应分散进行处理。企业水处理设施应以水量大、最具代表性的一种或几种废水作为处理对象，将它们集中起来处理，这样可以节省管理费用，也便于维护设施。

4. 加强对水体及其污染源的监测

经常对物业用水和排水进行监测，了解物业水污染等情况及了解水质是否符合国家有关规定和标准。确保物业使用者的用水安全和身体健康。物业水环境的监测，主要是对物业所在区域的陆地水体污染、物业使用水质、物业排放水质等进行监测。对物业水污染进行监测时，首先要对水的外观、透明度、色度、浊度、水温、气味、pH值、电导率、苯氯、亚硫酸根以及氧、CO_2、H_2S、游离氯等可溶气体进行监测。一般现场采样后立即测定。其次，物业水体的一个特别重要的方面，是它含有致病病原生物，因此，也要重视对物业水体致病病原生物的监测。

水体监测的同时，要确保排水不造成对外界的影响和危害。这样可使物业水污染的防治工作有目标、有方向地进行，这是防止水污染严重化不可缺少的有效手段。

模块六　物业环境保护管理与服务

5. 加强执法检查

任何单位和个人要严格遵守政府规定的水污染物排放标准。凡超过标准排放的，要限期治理；对严重危害饮用水源的，环保部门要依法采取强制措施责令减少或停止排放污染物；因排放污染物，危害单位和个人并造成损失的，排污者应承担法律责任。

加强对水污染防治的监督管理。各级政府要把防治水污染纳入城市建设规划中，建设和完善城市排水管网和污水处理设施。城市环保部门要严格执行企事业单位排污申报登记制度、排污检查监督制度、超标排污限期治理制度等。物业区任何单位和个人，都有责任保护水环境，有权对污染损害水环境的行为进行监督和举报。

6. 生活饮用水二次供水卫生管理

(1)指定专人负责二次供水设备、设施的具体管理。

(2)对直接从事二次供水设备、设施清洗和消毒的工作人员，必须每年体检一次，取得卫生行政主管部门统一发放的健康合格证，方可上岗。

(3)每年度至少清洗水箱两次，并建立档案。

(4)对二次供水设备、设施要及时维修和更换，并保护使用的各种净水、除垢、消毒材料符合《生活饮用水卫生标准》(GB 5749—2006)。

(5)对净水设施要视净水效果及时更新或维护。

(6)配合卫生防疫机构抽检水样，每半年对二次供水的水质检测一次。

(7)保持设施周围环境的清扫保洁，以确保周围环境的卫生安全。

(8)采取必要的安全防范措施，对水箱加盖、加锁。

(9)禁止任何毁坏二次供水设施及污染二次供水水质的行为。

应用案例

深圳南山区通报××小区二次供水污染事件：××物业怠于履职，疏于管理

关于对深圳××物业服务有限公司××物业服务中心违法行为的通报

各物业服务企业：

我区××园小区发生一起二次供水水质污染事件，在社会上造成了负面影响。现将有关情况通报如下：

一、存在的主要违法行为

经区水务局调查，此次事件中，深圳市××物业服务有限公司××园物业服务中心(以下简称"××园物业服务中心")对二次供水设施存在管理缺失，导致水质未达到国家有关标准，违反了《城市供水水质管理规定》的相关规定。

二、处理结果

对于××园物业服务中心的违法行为，区水务局已依法对深圳市××物业服务有限公司××园物业服务中心予以行政处罚。依照《深圳经济特区物业管理条例》第一百条的有关规定，我局将对此行政处罚决定的有关信息进行记录并通过物业管理信息平台予以公布。

三、工作要求

此次事件中，深圳市××物业服务有限公司怠于履职，疏于管理，未能严格把关项目服务质量，未能及时进行问题排查与整改，在行业内造成了负面效应、在社会上造成了不良影响。针对小区二次供水设施的管理，各物业服务企业应切实做好以下工作：

（一）建立并完善小区二次供水设施的运行、清洗、消毒和安全保障制度，明确二次供水设施管理人员职责。

（二）定期开展小区二次供水设施自查自纠，认真做好二次供水设施的管理、维护、修缮工作。

（三）对水池（箱）每半年至少由专业清洁机构清洗消毒一次，并取得水质检测合格证明。

（四）积极配合政府有关部门推进小区的二次供水提标改造工程和抄表到户工作。

希望各物业服务企业引以为戒，自查自纠，切实依法依约履行好各项管理职责，做好公共设施设备的维护、养护工作，积极配合供水、排水、供电、供气、通信等相关专营单位相关工作，做好各项应急处置工作，不断提升物业服务品质，杜绝类似事件再次发生。

特此通报。

深圳市××区住房和建设局
2021 年 7 月 14 日

单元四　物业噪声污染及其防治

一、噪声的概念

噪声是指使人难受、烦躁或受害的声音或反感的声音。噪声污染是指排放的噪声超过生态系统或国家、国际标准，对人的工作、学习、生活等正常活动以至人体健康造成妨碍和损害的环境现象。其表现形式为：尖高声、刺耳声、杂乱声、怪声等。噪声污染是一种物理污染，一般情况下，不会致命，它直接作用于人们的感官。当噪声源发出噪声时，一定范围内的人们立即会感到噪声污染。

二、噪声的类型、来源及特点

1. 噪声类型

产生噪声的声源称为噪声源。若按噪声产生的机理来划分，可将噪声分为机构噪声、电磁性噪声和空气动力性噪声三大类。

（1）机构噪声。机构噪声是指机械设备运转时，各部件之间的相互撞击、摩擦产生的交变机械作用力使设备金属件、轴承、齿轮或其他运动部件发生振动而辐射出来的噪声，如锻锤、织机、机床、机车等产生的噪声。机械噪声又可分为撞击噪声、激发噪声、摩擦噪声、结构噪声、轴承噪声和齿轮噪声等。

（2）电磁性噪声。电磁噪声是指由于电动机等的交变力相互作用而产生的噪声，如电流和磁场的相互作用产生的噪声，发电机、变压器的噪声等。

（3）空气动力性噪声。空气动力性噪声是指引风机、鼓风机、空气压缩机运转时，叶片高速旋转会使叶片两侧的空气发生压力突变，气体通过进、排气口时激发声波产生的噪声，按发生机理又可分为喷射噪声、涡流噪声、旋转噪声、燃烧噪声等。

2. 噪声来源

城市噪声根据来源不同，可划分为：工厂产生的噪声、交通噪声、施工噪声和社会噪声等。

(1)工厂产生的噪声。工厂产生的噪声是指地处居民区而没有声学措施或防护设施不好的工厂辐射出来的噪声，对居民的日常生活干扰十分严重。我国工业企业噪声调查表明，一般电子工业和轻工业的噪声在 90 dB 以下；纺织厂噪声约为 90～106 dB；机械工业噪声为 80～120 dB；凿岩机、大型球磨机噪声为 120 dB；风铲、风镐、大型鼓风机噪声在 120 dB 以上；发电厂高压锅炉、大型鼓风机、空压机放空排气时，排气口附近的噪声级可高达 110～150 dB。工厂噪声是造成职业性耳聋的重要原因。

(2)交通噪声。城市噪声主要来自交通噪声。重型车辆噪声达 89～92 dB，轻型车辆噪声达 82～85 dB。目前车辆急增，交通噪声频繁，每一辆汽车都可能是一个移动的噪声源。飞机起落噪声达 100 dB 以上，机场附近居民的生活、工作、学习备受干扰。

(3)施工噪声。随着我国城市现代化的建设，城市建筑施工噪声越来越严重。尽管建筑施工噪声具有暂时性，但是由于城市人口骤增，施工任务繁增，施工面大且工期较长，造成的噪声污染越加严重。据有关部门统计，距建筑施工机械设备 10 m 处，打桩机产生的声音为 88 dB，推土机、刮土机为 91 dB，这些施工噪声不但会给操作工人带来危害，而且会给当地居民的生活和休息带来严重的影响。

(4)社会噪声。社会噪声主要是指社会人群活动出现的噪声，有物品散发的噪声，如喇叭、电视机、收录音机、音响、影院、鼓风机、空调、排烟机等；有人散发的噪声，如吆喝声、叫卖声、谈话声、打牌声等。

3. 噪声的特点

目前，物业噪声与水、气污染一样成为一大公害，投诉案中占第一位的是噪声污染。噪声与水、气污染不同，有自身的特点，不仅具客观性，还具有较强的主观性，属感觉公害。其主要特点有：

(1)感觉公害性。环境噪声的影响取决于受害人的生理与心理的因素。噪声对环境的污染与工业"三废"一样。

(2)主观性和相对性。一种声音的存在是客观的，其危害大小，取决于人的生理、心理要素，同一种声音对老年人、青年人，脑力劳动者、体力劳动者，病人、健康人产生的反应及危害的效果则不同，因此具有显著的主观性和相对性。所以制定环境噪声标准时，应根据不同时间、地区、行为来考虑。

(3)局部性和分散性。噪声只局限于声源附近地区，随距离增大，噪声强度减弱，它不会像大气、水污染那样转移和富集。

噪声没有储备性或积累性，噪声源一旦停止发声，噪声立即消失，没有遗留危害的作用。噪声污染较容易治理，但噪声源在物业区域内极为分散，数量较多，难以集中处理和管理，需用特殊方法加以控制。

(4)暂时性。噪声源停止发声，噪声就及时消失，不会留下能量的积累。

三、物业噪声的危害

噪声是普遍存在的，影响非常广泛。物业噪声对人体健康以及其他方面都有很大的影响，并且是非常严重的。对人体健康的损害主要表现在以下几个方面。

1. 对人体器官、生理健康活动的损害

强噪声会引起暂时性听阈上移，听力变迟钝，称为听觉疲劳。据统计，噪声级在 80 dB 以下时，能保证长期工作不致耳聋；在 85 dB 的条件下，有 10% 的人可能产生职业性耳聋；在

模块六 物业环境保护管理与服务

90 dB 的条件下，有 20% 的人可能产生职业性耳聋。如果人们突然暴露在 140～160 dB 的高强度噪声下，就会使听觉器官发生急性外伤，引起鼓膜破裂流血，螺旋体从基底急性剥离，双耳完全失聪。长期在强噪声下工作的工人，除了耳聋外，还有头昏、头痛、神经衰弱、消化不良等症状，往往导致高血压和心血管病。

2. 噪声对人睡眠的干扰

噪声会影响睡眠的质量和数量，从而影响人工作的效率和身体健康，连续噪声可以加快人从熟睡到轻睡的回转，使人熟睡时间缩短。突发的噪声使人惊醒。一般 40 dB 连续噪声，可使 10% 的人受影响；70 dB 可影响 50% 的人。突发性噪声，40 dB 时可使 10% 的人惊醒，60 dB 时可使 70% 的人惊醒。长时间在高噪声环境下会使人失眠、耳鸣、多梦、疲劳、记忆力衰退、神经衰弱，且发病率高达 50%～60%。

3. 噪声对人心理的影响

噪声会使人心烦意乱、心神不定，影响工作和学习，易造成工伤事故，劳动率、工作效率降低 40%，尤其当人在计算、思考时，错误率会增加 1～2 倍。总之，强烈的噪声对人的心理产生很大的影响，并导致多种病症出现。

4. 噪声对其他方面的影响

高强度的噪声能破坏机械设备及建筑物，研究证明，150 dB 以上的强噪声声波振动，会使金属疲劳，也可造成飞机、导弹失事等。

四、物业噪声污染的防治

1. 噪声控制途径

噪声传播涉及声源、传播途径、接收者三个要素。因此，应从这三个要素入手控制噪声。

(1) 声源控制。首先运用声源控制技术，减弱声源的强度。然后要做切断声源工作，控制好建筑施工、工厂设备、装修、打桩、冲击、汽车声等。

(2) 控制噪声的传播途径。从传播途径方面对噪声进行削弱隔离、吸声降噪。即运用吸声材料；采用消声器和能使气流通过又能降低噪声的设备；采用隔声技术，即运用气体与固体传声。所谓气体传声，就是利用墙体各种板材及其构件将声源与接受者分隔开，使噪声在空气中传播受阻，不能顺利通过，以减少噪声对环境的影响。固体传声就是用弹簧、隔振器、隔振阻尼材料进行隔振处理。常用各类隔声墙、隔声罩等隔声构件进行隔声控制及隔声屏障。

(3) 接收者的个人防护。接收者的个人防护就是指在声源和传播途径上，控制噪声难以达到标准时，接受者所采取的个人防护手段和措施。目前常用方法有戴护耳器，可减低噪声 10～40 dB，护耳器的种类很多，按构造差异，可分耳塞、耳罩、头盔等。在很多场合下，个人防护手段和措施还是一种最有效、最经济的方法。

总之，控制噪声污染的技术措施应从以下三方面来考虑。首先是尽量减弱声源本身的强度，然后从传播途径方面对噪声进行削弱或者隔离，最后从接收者方面采取防护手段来避开噪声。

2. 噪声污染综合治理

综合治理噪声污染的实践很多。发展隔声设备，主要有大力发展隔声墙、隔声树林和自然吸声的立体绿化工程等。对于物业噪声来说，物业管理者可采用一些行政管理措施来加强控制物业区域的噪声污染，其具体办法如下。

(1) 加强绿化。绿化的好处是众所周知的。植物不但可以净化空气，调节温度与湿度，保持水土，防风固沙，而且可以消声防噪。物业环境管理者应在所管物业区域内，多种植树木、花草，以达到消声防噪、美化环境的目的。

(2)加强精神文明教育。对生活噪声来讲，加强精神文明教育和建设，让物业业主、使用人和受益人懂得尊重别人就是尊重自己的道理，尽量减少生活噪声，不失为一个良策。同时，还应制定必要的管理办法，以作为防治生活噪声的辅助措施。

物业辖区内噪声管理可做好如下工作：

1)禁止住宅区、文教区、其他特殊区域设立产生噪声污染的生产、经营项目。

2)禁止夜间作业(晚10：00～次日6：00)，抢修、抢险必须经市、县环保局批准。

3)限制车辆进入物业辖区，进入小区禁止鸣笛，限制车速。

4)娱乐性活动，应采取措施控制音量，不影响别人休息。

5)加强对业主、使用人的宣传教育，制定必要的管理办法，以防治和减少生活噪声的污染。

(3)限制车辆进入物业区域。完全禁止车辆进入物业区域是不太可能的，但可以在数量上进行限制，并禁止车辆在物业区域内特别是居住区内鸣笛。还可以对物业区域内的机动车道采取曲线型，使车辆进入物业区域后不得不降低速度以减少噪声。特别需要注意的是，应尽量避免使物业区域的道路成为车辆的过境交通要道。

知识链接

环境噪声控制标准

(1)听力保护标准。我国工业噪声卫生标准规定，对于每周工作5天，每天工作8 h而言，现有工矿企业的噪声不得超过90 dB(A)，新建厂矿不得超过85 dB(A)；噪声每增加3 dB(A)，工作时间要减少一半，最高噪声不得超过115 dB(A)。

(2)噪声源控制标准。噪声源控制标准多属于设备、产品的噪声指标，它不仅是防止设备、产品的噪声污染环境的依据，也是产品性能质量的指标，其指标高低是技术先进程度的反映。对物业环境影响较大的噪声源主要是机动车辆。

(3)室内噪声标准。室内噪声标准分为住宅室内噪声标准和非住宅室内噪声标准。我国住宅室内噪声标准规定低于所在区域环境噪声标准10 dB。非住宅室内噪声标准，是根据房间的不同用途提出来的，以室外传入室内的噪声级为基准。

(4)环境噪声标准。ISO的调查认为，噪声干扰睡眠休息的极限是白天50 dB，夜间45 dB。现在各国在制定环境噪声标准时，都以ISO的这一结论为参考基准。

我国城市区域环境标准值见表6-1。

表6-1 我国城市区域环境噪声标准值(GB 3096—2008)　　　　dB(A)

类别		昼间	夜间
0类		50	40
1类		55	45
2类		60	50
3类		65	55
4类	4a类	70	55
	4b类	70	60

模块六　物业环境保护管理与服务

应用案例

吴女士和赵女士两家是上下楼邻居。由于设计等原因,居住在顶楼的吴女士家墙外的雨污水排水管和赵女士家厨房的下水管相连,都接在了公共排污管道上,污水则通过该排污管排至楼下。

"原本两家关系还不错,但是自从楼上养了狗,我们家就真是鸡犬不宁了。"赵女士说,由于楼上养了十几条狗,每天狗叫声不绝于耳,影响了自己家老人和小孩休息,两家之间就开始矛盾不断。

而接下来发生的一件事则成了两家冲突爆发的"导火索"。

今年3月,正在外地旅游的赵女士接到了一通电话,对方称是赵女士所居住小区的物业人员,通知她清理家中的积水:"我们发现你们家门口渗出了污水,快回来看看吧。"赵女士说,她和家人连夜从外地赶回了家中,发现屋内弥漫着一股异味,地上已是污水横流,大量狗粪、狗毛夹杂其中,屋内装修的木地板和墙壁也受到了不同程度的浸泡。

在物业公司的协助下,赵女士请了专业人员进行了清理,还疏通了排污管道,但赵女士家中的异味还是挥之不去。后经鉴定,赵女士家的损失为3万余元。随后,赵女士将自家的房屋卖了出去。

虽然房子已经卖了,但赵女士认为,自己家之所以受污水浸泡,是由于楼上吴女士倾倒狗粪等废物导致排污管道堵塞,引起排污管道发生了倒灌所造成的。为此,气愤的赵女士多次找到邻居吴女士要求赔偿,却被对方以排污管道为公共区域为由拒绝赔偿。赵女士又找到物业公司,物业公司则表示其尽到了管理职责,并帮助疏通了管道,不应再承担赔偿责任。

维权:将楼上邻居和物业告到法院

多次奔波无果后,赵女士将楼上邻居吴女士和物业公司一同告到了法院,请求判令吴女士立即停止向所住房屋的排污管道倾倒狗粪等废物;二被告共同赔偿赵女士的墙壁、橱柜、除味等损失7万元。

"家里养着十几条狗,还不注意卫生,我们这栋楼的住户跟她说了都不止一次两次了。"法庭上,赵女士很是气愤。

"我一直在自己家房子内正常居住、生活,没有向下水管道倾倒狗毛等垃圾,而且下水排污管道属于公用设施,应当由负有维修、维护义务的物业而不是我们业主承担疏通排污的义务。"针对赵女士的指责,吴女士坚称自己没责任。

物业公司的工作人员则表示很头疼:"我们收到了好几次业主投诉,也进行了定期的巡查,还向吴女士下发了整改通知,也曾报警及向社区反映,但吴女士都置之不理,我们是物业公司,没有强制的执法权,不能强制吴女士清理。赵女士家的情况是我们在巡查过程中发现的,发现这一情况后,我们立即通知了房主赵女士,还积极配合她清理了现场,因此我们已经尽到了管理职责,就不应再承担赔偿责任。"

判决:赔偿邻居损失3.8万余元

法院经审理后认为,业主对建筑物的专有部分享有占有、使用、收益、处分的权利,业主行使权利不得损害其他业主的合法权益。被告吴女士违反《郑州市城市养犬管理条例》第九条"每户居民只准饲养一只犬"的规定,在家中养有十几条狗,并常将养狗产生的粪便、锯末等垃圾通过卫生间马桶排出,导致涉案房屋厨房位置的下水道及相应的排污管道堵塞,给原告造成财产损失,被告吴女士应当承担赔偿责任。原告赵女士要求被告物业公司承担赔偿责任,但并未提交充分证据证明其未尽到管理、维护责任,故对其该部分诉请,不予支持。

遂依照相关法律规定，判决被告吴女士于判决生效之日起十日内赔偿原告赵女士损失3.8万余元。

模块小结

本模块主要介绍了物业环境保护基础知识、物业大气污染及其防治、物业水污染及其防治、物业噪声污染及其防治四部分内容。

一、物业环境保护基础知识

1. 居住区物业环境污染因素：交通车辆排放的汽车尾气污染、室内环境空气污染、油烟无序排放、锅炉污染物超标排放、环境噪声、辐射污染、生活垃圾污染。

2. 环境标准是指为了保护人群健康、防治环境污染、促使生态良性循环，同时又合理利用资源，促进经济发展，依据环境保护法及其有关政策，对环境中有害成分含量及其排放源规定的限量阈值和技术规范。

二、物业大气污染及其防治

1. 大气污染是指由于人类活动和自然过程引起某种物质进入大气中，呈现出足够的浓度，达到了足够的时间并因此而危害了人体的舒适、健康和福利或危害了环境的现象。

2. 大气污染的治理：烟尘污染的防治、气态污染物的防治。

三、物业水污染及其防治

1. 水污染的来源：工业废水污染、生活污水污染、其他方面水污染。

2. 水污染的防治：提高水循环利用率、降低所排污水的有害程度、污水集中与分散处理相结合、加强对水体及其污染源的监测、加强执法检查等。

四、物业噪声污染及其防治

1. 噪声的来源：工厂产生的噪声、交通噪声、施工噪声、社会噪声。

2. 噪声污染的防治：控制途径、综合治理、控制标准。

复习与思考

一、填空题

1. 我国根据环境标准的适用范围、性质、内容和作用，实行_____标准体系。
2. 大气污染源主要来自_____、_____、_____三个方面。
3. 城市噪声根据来源不同，可划分为_____、_____、_____和_____等。

二、简答题

1. 简述居住区物业环境污染的内容。
2. 简述物业环境污染管理考核指标。
3. 改善室内环境质量的措施有哪些？
4. 简述水污染的防治方法。
5. 简述噪声污染综合治理。

模块七 物业公共区域秩序维护服务

学习目标

通过本模块的学习，了解物业安全管理的概念、重要性、内容、特点、指导思想与原则、组织机构、管理方式和制度建设；熟悉物业公共秩序维护的岗位设置及常配装备设施、公共秩序维护服务运行的基本要点。

能力目标

能够设置公共秩序维护常见岗位、执行岗位职责；能够有效地组织公共秩序维护服务的有效运行。

案例引入

小区多层住宅除一楼外均不允许安装防盗窗户，这是很多住宅物业公司的规定。

很多住户安装了窗磁、门磁等防盗设施，但陈某安装后的一个夏夜，因乘凉通风后忘记关掉窗户，当夜小偷从窗户潜入后盗走价值两万多元的现金、物品等。陈某认为这是因为物业公司不允许他安防盗窗户的原因，于是向物业公司索赔。

经管理处再三协调无果，陈某将物业公司推上法庭。经法院审理认为：物业公司的安全员无脱岗、出入登记完备，各安全员巡逻到位，管理处管理员值班到位，无失职责任。陈某的损失属于自己疏忽未关窗户造成，属于意外损失，物业公司不承担法律责任，所以不予赔偿。

与上述案例类似的安全管理类的案例还很多，那么，物业服务企业的安全管理工作到底包括哪些内容？各项管理工作又是怎样具体实施的呢？

单元一 物业安全管理

一、物业安全管理的概念及重要性

1. 物业安全管理的概念

物业安全管理又称物业公共秩序安全维护管理，公共秩序也称"社会秩序"，是维护社会公共生活所必需的秩序。由法律，行政法规、国家机关、企业事业单位和社会团体的规章制度等所确定。主要包括社会管理秩序、生产秩序、工作秩序、交通秩序和公共场所秩序等。遵守公共秩序是公民的基本义务之一。公共秩序关系到人们的生活质量，也关系到社会的文明程度。公共秩序安全维护管理就是维护这一状态平衡而实施的行为。

知识链接

安全，指没有危险，不受威胁，不出事故。物业安全一般包含以下三层含义：

（1）物业区域内的人身和财物不受侵害，物业区域内部的生活秩序、工作秩序和公共场所秩序保持良好的状态。

（2）物业安全不仅指物业区域内的人身和财产不受侵害，而且指不存在其他因素导致这种侵害的发生，即物业的安全状态应该是一种既没有危险，也没有可能发生危险的状态。

（3）物业安全是物业区域内各方面安全因素整体的反映，而不是单指物业的某一个方面的安全。

影响物业安全的因素很多，变化也比较快，归纳起来主要有两大类：第一类是人为侵害因素，如失火、偷窃、打架等；第二类是自然侵害因素，如大风刮倒广告牌、电梯故障等。安全管理人员应了解这些影响安全的因素，并随时注意处理。

【特别提示】

在理解物业公共秩序安全维护管理的概念之后应明确在实施当中，一是要以国家相关法规为准绳，二是要以物业服务合同的约定为根据，明确相关各方面的责任和义务，不得超越职权范围，不得违规操作。

物业安全管理，是指物业服务企业采取各种措施和手段，尽量降低业主和物业使用人的人身、财产受侵害的概率，维持正常的工作和生活秩序的管理活动。物业安全管理包括"防"与"保"两个方面，"防"是预防灾害性、伤害性事故发生；"保"是通过各种措施对万一发生的事故进行妥善处理。"防"是防灾，"保"是减灾。两者相辅相成，缺一不可。

2. 物业安全管理的重要性

物业安全管理作为一项职业性的服务工作，是介入公安机关职责和社会自我防范之间的一种专业保安工作，较之于社会治安管理的这两种形式（公安机关和社会自我防范）具有补充的性质，具有补充国家安全警力不足、减轻国家财政负担及工作职责范围针对性的优点。

物业安全管理的目的，是要保证和维持业主和使用者有一个安全舒适的工作、生活环境，以提高生活质量和工作效率。安全管理是物业管理中一个重要的环节，是降低业主和物业使用人的人身、财产受侵害概率的重要手段，是物业服务企业协助政府相关部门，为维护公共治安等采取的一系列防范性管理服务活动之一。其重要性具体体现在如下几方面：

（1）物业安全管理是保证国家和城市社会稳定、维护社会安定团结、保障人民安居乐业的前提条件之一。整个国家和城市是由千千万万个社区所组成的，只有做好各个社区的安全管理，才能实现社会稳定、人民安居乐业的目标。

（2）物业安全管理能降低业主和使用人的人身、财产安全受侵害的概率。

（3）物业安全管理是物业管理公司提高信誉，增强市场竞争力的一种重要途径。

（4）物业的安全管理做好了，物业才能少受或不受损失和侵害，其价值才能得到保持。另外，人们也才会更愿意购买该物业，物业才会增值。

二、物业安全管理的内容

物业安全管理的主要内容包括公共秩序维护管理、消防管理以及车辆交通管理三个方面。

1. 公共秩序维护管理

（1）对物业区域内违反《中华人民共和国治安管理处罚条例》的行为进行制止，并报公安机关处理。如非法携带枪支弹药、非法侵入他人住宅、偷盗他人财物等。

（2）对于物业区域内妨碍他人正常生活的行为进行禁止。如发出噪声、污染、乱扔杂物，搭建各类违章建筑、流动摊贩扰民等。

2. 消防管理

消防管理的内容主要是预防和控制火灾的发生，如防火安全宣传，及时扑灭火灾，消防器材的保养和维修等。

3. 车辆交通管理

车辆交通管理主要是搞好车辆停放和交通安全管理，营造车辆和行人的安全环境。

三、物业安全管理的特点

1. 受制性

物业的安保部门在履行其服务的职能过程中，除了要严格遵守国家有关政策法规以外，还要接受公安、消防主管部门的监督和指导。其工作活动的性质及内容具有辅助性、从属性。并且，它的自主性和灵活性（或称能动性），都是以受制性为前提的。

2. 专业性

相对于治安联防队伍的松散型和半松散型特点来说，物业安全管理服务是一种紧密型或半紧密型的群防群治组织。其成员是从社会招聘的专职人员，接受过专业培训和指导，有一定的专业知识和技能。同时，又配备了较为齐全的交通、通讯、防卫设备和设施。

3. 有偿性

秩序维护与公安机关的经济性质不一样。公安机关的费用开销是由国家财政开支的，而秩序维护是向接受秩序维护的业主或使用人收取一定的安保费，此项费用一般包含在常规服务的物业管理费之中。

4. 履约性

物业安全管理的前提是物业服务企业与业主或使用人签订安保协议（多数反映在物业服务合同的相应条款中）。这是处理并最终检验双方权利与义务履行程度的主要依据。因此，在履行合同的过程中，物业服务企业提供秩序维护的项目、手段、服务方式方法等都要按照合同的约定执行。

5. 能动性

物业服务企业的安全管理虽然受制于法律法规及公安消防部门的监督和指导，但这并不是说物业服务企业在安全管理上是处于被动接受指令和执行指令的地位。公安消防部门的监督和指导只是给出了一个规则和框架，而物业管理安全服务的实际情况是千变万化的，社会情况日趋复杂化，业主、使用人的安全消费需求不断提高，这一切要求物业的安全管理的服务范围也要与时俱进、不断拓展。物业服务企业要充分发挥主观能动性，自主灵活地提供高品质的管理和服务。

四、物业安全管理的指导思想和基本原则

1. 物业安全管理的指导思想

物业安全管理的指导思想是：建立健全完备的组织机构，用尽可能先进的设备、设施，选

派极具责任心的专业人才,坚决贯彻"预防为主"的原则,千方百计地做好预防工作,最大可能地杜绝或减少安全事故的发生。同时,对于万一出现的安全事故,要根据具体情况,统一指挥、统一组织,及时报警,并采取一切有效的手段和措施,进行处理,力争将人员伤亡和经济损失减少到最低点。

2. 物业安全管理的基本原则

(1)落实思想。即要把安全管理放在第一位,要真正从思想上重视起物业的安全管理。物业服务公司要大力进行安全的宣传教育,组织学习有关的法规和规定,学习兄弟单位的先进经验和内部制订的各项安全制度、岗位责任制和操作规程等。通过宣传和不断学习,使广大员工和业主、使用人重视安全,懂得规定和要求,自觉遵守,主动配合,共同搞好安全管理工作。

(2)落实组织。物业服务公司要有主要的领导挂帅,成立安全委员会,负责安全管理的工作。同时还要建立具体的物业安全管理机构,如安保部或委托专业的保安公司,由专门的机构负责安全管理的具体领导、组织和协调,而不能把它作为一个附属的机构放在某一个其他部门里。

(3)落实人员。物业服务公司的主要领导要兼任安全委员会的主任,而且要把安全管理提到日常的议事日程,并选派得力的干部出任安保部的经理,配备必要的安全保卫人员。安全保卫人员必须经过专业岗位培训,要有较高的政治素质、业务素质和思想品德素质。要把安全管理的任务落实到具体的安全管理人员中去,由专人负责。

【特别提示】

(1)在人员配备方面,物业安全管理还要坚持专业防范与群防群治相结合的原则。任何物业,其治安工作都须依靠执法部门和周边社区的保卫力量。物业服务公司应与当地辖区社区人员保持密切联系,紧密合作,与当地片警保持良好的关系,及时了解当地治安情况,掌握犯罪分子动向,确保辖区物业的安全。根据"群防群治"的原则,维护好社区的公共关系,就会从根本上扩大小区安全性范围。例如在由深圳××物业公司牵头,由辖区派出所组织的片区联防会议,就取得了较好的效果。通过定期验收辖区治安状况,通报治安情况,形成"一方有难,八方支援"的氛围,建立良好的社区关系,扩大治安力量,从而降低案发率,保证物业辖区安全。

(2)在遇到特殊紧急情况时,如住户家中和办公区域,发生火灾、煤气泄漏、跑水、刑事案件等突发事件时,要善于借助第三方的力量,虽然可以采取紧急避险和正当防卫的做法,但在采取其他方式(例如破门前)时,寻求第三方(派出所、街道办、居委会、业委会或业主指定人等)见证,以规避风险,减少损失。

(4)落实制度。物业服务公司要根据国家的有关政策法规、规定和要求,结合自己所管物业的实际情况,制定出切实可行的安全管理的制度和办法,如安全管理岗位责任制、安全管理操作规程等,并要坚决组织贯彻执行。

(5)落实装备。要配备专门的、现代化的安全管理的设备设施,如中央监控系统、自动报警系统、消防喷淋系统以及其他安全管理器材设备(如交通通信和防卫设备),以增强安全管理的安全系数与效率,保证人身和财产的安全。

五、物业安全管理组织机构

物业服务企业对物业的安全管理,可以委托专业公司经营或自行组织专门的队伍实施管理业务。但无论由谁来完成,都必须在物业设计方案设计之初,就考虑物业安全方面的专门要求。安全专家必须与物业管理人员共同参与物业设计方案的拟订,以避免在方案建设完成后进行不必要的更改。因此,在制定物业设计方案时,安全要求的纳入是非常重要的。物业服务公司应制定详细的安全管理章程和制度并公之于众，力求做到有章可循，有章必循，执章必严，违章必究。

安全管理的机构设置与所管物业的类型、规模有关，物业管辖的面积越大，类型配套设施越多，班组设置也越多越复杂。物业服务公司通常可以设置安保部或安全管理部来负责物业的安全管理。

安全管理部的主要职责如下：

(1)贯彻执行国家公安部门关于安全保卫工作的方针、政策和有关规定，建立物业辖区内的各项保安工作制度，对物业辖区安全工作全面负责；

(2)组织部门全体人员开展各项保安工作，提出岗位设置和人员安排的意见，制定岗位职责和任务要求，主持安全工作例会；

(3)熟悉物业区域常住人员，及时掌握变动情况，了解本地区治安形势，有预见地提出对物业辖区保安工作的意见和措施；

(4)积极开展"五防"(防火、防盗、防爆、防破坏、防自然灾害)的宣传教育工作，采取切实措施，防止各类事故发生，具有应对突发性事故的对策和妥善处理的能力；

(5)抓好对部门干部和职工的安全教育、培训工作，提出并落实教育培训计划。

六、物业安全管理方式

物业安全管理方式根据物业使用性质的不同而有所不同，总体概括主要有两种：一种是开放式管理，一种是封闭式管理。也有一些物业的安全管理是将两种方式结合起来进行的。

(1)开放式管理。部分公共物业项目如商场、游乐场、公园、部分老旧小区等无法实行封闭式管理，可采用开放式管理方式，这些场所外来人员一般可以自由进出，无须办理专用通行证件或通过识别系统。

(2)封闭式管理。封闭式管理方式的特点是将整个物业管理区域作为一个封闭体系，通过建立起一整套登记、巡逻、审查或智能识别系统等管理程序来实现封闭管理。封闭式管理要求物业公司的安保人员每天24 h巡逻、看守，用户通行要有专用通行证件或通过识别系统，外来人员须征得物业内用户同意并办理登记手续方可入内。这种安全管理方式比较适用于一些特殊行政管理部门或一些因其住房有特别要求的居住小区和写字楼等物业管理。现代新建住宅小区基本采用封闭式管理模式。

在实际管理操作中，往往无法很严格地区分封闭式管理和开放式管理，可以将这两种方式混合运用，如一些大型商厦在营业时间都是开放式管理，但在非办公或非营业时间就应该采用封闭式管理，以确保商厦业户的财产安全。

七、物业安全管理制度建设

1. 物业安全管理制度的制定程序

(1)收集资料。

1)收集外部资料。如全国、省、市物业管理行业考核及标准，与治安管理相关的法律、法规文件等。

2)收集内部资料。如物业服务企业内部的管理规定，物业服务企业各专业间协调性工作内容，所服务管理区域物业内容、情况、特点、要求等。

(2)研讨安全管理部各岗位的职责和权限。

1)确定秩序维护管理的工作范围。

2)确定安全管理部经理的岗位责任和权限。

3）确定内保主管、警卫主管的岗位责任和权限。

4）确定内勤岗警员、巡逻岗警员、固定岗警员的岗位责任和权限。

（3）确定安保管理工作与其他相关专业的接口配合性工作内容。

1）与消防管理、车辆管理相关的配合性工作内容。

2）与工程、保洁、客服等专业相关的配合性工作内容。

3）与相关行政主管部门衔接的工作内容。

（4）列出安全管理运作程序清单。

1）岗位描述。安全管理部经理岗位描述；警卫主管岗位描述；内保主管岗位描述；内勤警员岗位描述；固定警员岗位描述；巡逻警员岗位描述。

2）程序规范。危险物品管理规定；门禁规定；门禁制度；钥匙管理制度；二装施工现场管理规定；二装施工人员管理规定；安全管理部班组交接班规定；安全管理部巡视路线；安全管理部受理报案程序；安全管理部拾遗物品管理规定；秩序维护管理突发事件应急预案；安全管理部激励机制细则；安保文件资料、档案管理办法；安全管理部工具、设备管理规定；安全管理部工作考核办法；安全管理部考勤制度；来访客人管理规定、对参观游览、参观活动客人管理规定。

3）服务标准。安全管理部服务标准；安全管理部标识规定；警员语言、警容风纪规范标准。

4）工作指导。秩序维护管理月、年度工作计划；一级秩序维护管理方案；安全服务管理协议书。

（5）制定编写安全管理运作程序计划。安全管理运作程序涉及安全管理部内保、警卫消防、车管等相关专业工作。组织相关人员确定初稿、讨论、修订定稿时间和具体撰写负责人等具体事宜。其中，讨论修改定稿主要是指对本专业手册的可操作性进行讨论，修订后定稿。

（6）起草安全管理运作程序。根据收集的资料、岗位职责、权限和接口配合性工作内容，用通俗易懂的语言在规定计划时间里写出初稿。

（7）对安全管理运作程序初稿进行讨论和修改。

1）组织有关人员，结合各相关专业知识，对安全管理运作程序文件进行讨论。讨论程序的可操作性、一致性、完整性和针对性。

2）请安保专业人士检查，根据专业经验提出意见。

3）根据上述1）、2）的结果，对初稿进行修改定稿。

（8）对安全管理运作程序进行审核、批准、实施。将安全管理运作程序定稿上报主管部门进行审核、批准，最后在安全管理部开始执行。

2. 物业安全管理制度的实施程序

（1）对实施运作程序进行培训。为有效执行安全管理运作程序，组织力量对程序文件进行专业培训工作，除对本专业职员培训外；还须对安全管理部内部和其他相关部门的相关专业职员进行本专业程序介绍、培训。培训要在经理、主管、员工三个层面进行，每个培训层面的侧重点不同。

（2）对实施运作程序进行准备工作。执行安全管理运作程序前的准备工作有：关于员工接受程序执行的思想状况；程序执行的计划安排；执行程序对日常服务管理工作带来的影响及补充措施；安全管理部各专业之间、安全管理部与其他部门之间的工作交叉衔接；客户对程序执行的理解等。各方面都需要予以充分考虑和准备。

（3）开始实施运作程序。在完成培训、准备工作后，安全管理程序开始进入运行阶段。运行阶段前期宜采用指导式运行方式，由部门经理、主管在现场进行蹲点、巡回指导，使各岗位的运作协调、严格、规范。同时，能够及时发现程序运作中产生的问题，并及时解决问题，及时收集运行程序情况的第一手材料。

(4)对运作程序进行修改。实践是检验真理的唯一标准，通过运行实施发现程序文件中存在的不切合实际或规定不合理之处，及时进行研讨、修改、调整，即边运行实施边修改，使程序进一步完善提高。

(5)对实施过程进行检查整改。通过一段时间运行实施后，安全管理部要组织全面检查。如在检查中发现安全管理的质量尚低、操作层执行不严格等，要针对发现的问题，寻找解决办法，制定整改措施，责任要落实到人，直至将问题彻底解决，保证程序有效运行，以提高各岗位工作质量。

单元二　物业公共秩序维护服务的基本配备

一、公共秩序维护服务的岗位设置

公共秩序维护服务是指业主选聘物业服务企业，双方依据物业服务合同为维护物业管理区域内公共秩序而实施的防范性、服务性安全保卫活动。在物业服务企业中，从事公共秩序维护管理工作的人员一般称为秩序维护员，即受聘于物业服务企业，按有关规定、行业标准或物业服务企业规章制度，具体实施维护物业管理区域公共秩序的工作人员。

知识链接

1. 物业公共秩序维护岗应符合的条件
(1)年满十八周岁，身体健康，品行良好；
(2)具有初中以上文化程度，专业技术人员必须具有相应的专业技术资格；
(3)经过市物业办指定的机构培训，并取得岗位证书。
物业公共秩序维护岗的权限：
(1)对刑事案件等现行违法犯罪人员，有权抓获并扭送公安机关；
(2)对发生在服务区域内的刑事、治安案件，有权保护现场、保护证据、维护现场秩序以及提供与案件有关的情况；
(3)依照服务单位规章制度规定或物业服务合同的约定，劝阻或制止未经许可进入服务区域的人员和车辆；
(4)按照服务单位规定或物业服务合同的约定，对出入服务区域的人员、车辆及其所携带、装载的物品进行验证、检查；
(5)按照物业服务合同约定对服务区域进行安全防范检查，提出整改的意见和建议；
(6)协助服务单位制定有关安全保卫的规章、制度；
(7)在执勤中遇到违法犯罪人员有权制止，不服制止，甚至行凶、报复的，可采取正当防卫和紧急避险；
(8)对服务对象进行法制宣传，协助服务单位做好公共秩序维护工作，落实各项安全防范措施，发现隐患漏洞或其他不安全因素，协助服务单位及时整改；
(9)对非法携带枪支、弹药和管制刀具的可疑人员有权进行盘查、监视，并报告当地公安机关；

（10）对有违反治安管理行为和（临时）管理规约的，有权劝阻、制止和批评教育，但无处罚、裁决的权力；

（11）对有违法犯罪的嫌疑人，可以监视，并向公安机关报告。

2．物业公共秩序维护岗不得有的行为

（1）限制他人人身自由；

（2）搜查他人的身体、携带的物品；

（3）扣押他人证件、财产；

（4）侮辱、殴打他人或者唆使殴打他人；

（5）阻碍国家机关工作人员依法执行职务；

（6）处理民事纠纷、经济纠纷或劳动争议；

（7）侵犯或者泄露客户的商业秘密或者个人隐私；

（8）威胁服务对象或者其他单位和个人。

公共秩序维护管理一般常设门卫岗、守护岗、巡逻岗和监控岗四个岗位。

1. 门卫岗

门卫岗是物业安全管理的前沿，也是物业服务企业的门面，其服务性质决定其同物业管理区域内的所有进出人员都有接触。门卫岗应严格按照物业服务企业与部门的规章制度及警容风纪的管理要求做好门卫秩序维护。门卫岗的主要服务内容和方式如下：

（1）负责为客户提供进入物业管理区域内的安全检查。有些类型的物业（如写字楼、高级公寓）的门卫岗人员应通过检查出入证及要求来访人员填写"访客登记簿"等方式控制外来人员出入。必要时应按有关物品出入管理规定对带入、带出建筑物的物品进行检查、控制。居住小区的门卫岗人员应按部门或项目的规定对车辆进行管理，并监督和控制施工人员、供应商和推销人员入内。

（2）做好记录和值班日常交接工作。门卫岗人员应记录当班的重要事件，应按照制度要求交接物品，如钥匙、对讲机等。

（3）为业主和使用人提供帮助和服务。如为客户提供有关物业服务方面的简单咨询服务。当客户携带较多物品时，应提供手推车等服务。对老弱病残及需要帮助的客户，提供必要的服务。

（4）负责与巡逻岗、车场保安及消防监控室值班员等紧密协作、联防，最大限度地保障客户的生命和财产安全。

（5）处理与治安有关的紧急情况。如在遇到异常事件时应顺序报告领班、主管、部门经理，紧急时直接向部门经理报告。在遇到客户、员工情绪激动或其他紧急情况时应保持冷静，并采取控制措施，避免事态进一步恶化。

2. 守护岗

在守护岗工作中，经常会遇到各种复杂的情况、棘手的问题，只有予以及时、妥善的处置，才能有效地保护守护目标的安全。执行守护任务的秩序维护员，一定要提高警惕，努力提高处理应急问题的能力，沉着冷静、机智勇敢、及时稳妥地处理好各种问题。根据各地的实践经验，守护中尤其要注意处理好以下几个方面的情况和问题：

（1）遇有聚众闹事的问题，应立即向有关方面报告，并协助客户单位或保卫部门、公安机关迅速平息事件，妥善处理问题，防止事态扩大。

（2）遇有违法犯罪分子进行纵火、行凶、抢劫、盗窃财物等违法犯罪活动时，要及时予以制止，并将其抓获，同时应迅速报告保卫部门或公安机关；积极采取扑救、抢救、排除险情等措施，尽力避免或减少损失，并做好现场的保护工作。

（3）发现在守护范围内有行动诡秘、神色慌张、行为可疑的人时，要留心观察，注意其行为的发展，并及时向安保部门有关负责人报告，请示如何处理，做好控制工作。

（4）遇有呆傻、精神病人、醉酒者闯入守护目标时，要进行劝阻，让其离开；如果上述做法无效，应通知呆傻、精神病人或醉酒者家属或工作单位或当地公安派出所，尽快将其领回或采取控制、监护等措施。

（5）守护范围内发生盗窃案件时，应迅速向上级报告；主动维护好现场，不准无关人员进入现场；积极向公安机关、保卫部门提供情况、协助破案；认真总结守护工作的经验教训，堵塞漏洞。

（6）守护目标发生火警时，要做到以下内容：

1）迅速报警。即向安保部门有关负责人或消防部门迅速讲明火警的单位、地点，着火的是危险物品还是一般物品。有条件的要派出秩序维护员，在路口引导消防车辆进入现场，并清楚明确地介绍火场情况和水源情况。

2）积极扑救。在报警的同时，要迅速切断与灭火无关的电源，关掉煤气总开关，将易燃易爆物品撤离起火现场，并积极有效地启用灭火器材，努力扑灭初起之火。

3）保护好现场，维持好火场秩序，防止坏人趁火打劫，并积极参加抢救工作。

4）向消防和保卫部门提供情况，协助有关部门查找火灾的原因，研究和改进防火安全措施。

3. 巡逻岗

（1）巡逻岗服务范围。物业公共秩序维护服务是物业管理区域内常规性公共服务内容，巡逻岗巡逻的范围只严格限定在物业管理区域的公共部位。开展秩序维护的公共范围包括物业管理区域内的绿化区、休闲娱乐场所、停车场、走廊通道、电梯间等。未经客户允许，物业秩序维护人员一般情况不允许进入客户的房间内。

（2）巡逻内容。

1）对物业管理区域进行全方位的巡逻，重点部位要增加巡逻次数。巡逻要检查治安、防火、防盗、水浸等问题，发现问题，立即处理，并通知中心控制室。

2）要定期检查消防设备、设施（烟感器、温感器、报警按钮、消防栓、正压送风口、应急灯、疏散指示灯开关等）是否完好。

3）巡逻时要随时注意检查防火门是否关闭，机房门、电井门等是否锁闭及有无损坏。

4）要经常巡视物业外墙、玻璃等设施是否完好，特别是在大风雪等恶劣的天气中要重点关注物业玻璃等设施，平时外墙、玻璃如有损坏，应立即做记录，并上报主管或管理处领导。

5）在物业管理公共区域内巡查，发现有可疑人员，要进行盘问、检查证件，必要时检查其所带物品。如果是摆摊叫卖的推销人员，应劝其离开物业管理区域。

6）详细记录意外情况发生时间及确切位置。

（3）巡逻方式。

1）定时巡逻和不定时巡逻。定时巡逻时要求秩序维护员每隔一定时间（如 2 h）巡逻一次，其作用是对物业管理区域的安全情况做到心中有数，并能控制物业管理区域的秩序，发现问题及时解决。为了防止犯罪分子了解保安定时巡逻的规律，有必要采取不定时巡逻的方式，确保物业管理区域的正常秩序和客户的安全。

2）穿制服巡逻和穿便装巡逻。物业管理区域内要求保安人员穿统一的制服进行巡逻，安保部经理可以穿便装巡逻。两种巡逻方式可以同时或交替进行，以有效地弥补巡逻工作中的缺陷，取得更好的秩序维护效果。

3）昼间巡逻和夜间巡逻。物业保安白天巡逻的主要任务是检查物业管理区域内的治安秩序情况，夜间还要进一步加强防范，如检查各楼层客户的房间是否锁好，对公共区域加强巡逻。

模块七　物业公共区域秩序维护服务

应用案例

巡逻岗的一天

我是小王，一名在物业公司上班的普通巡逻岗。每天的工作让我的生活过得很充实，虽然比较辛苦，但我始终坚持认真地做好每一天的工作。

（6:30）起床，洗漱完毕后，整理好自己床被。我们的队伍是军事化管理，我们的内务自然是以部队的标准执行。

（7:00）整理好仪容仪表准备集合上班。集队时间，领班抽查各项服务基本技能并对岗位和一天的工作做出安排，对需要注意的事项进行强调。

（7:30）我来到岗位与同事进行交接班。接班后第一件事就是检查岗位情况是否正常。

（9:00）进行苑区巡查并形成记录。对苑区内公共区域的安全和设施进行检查，防止异常情况发生。在我们小区，每个苑区都设置了巡逻岗，像这样仔细认真的巡查，我们每小时进行一次，这也正是我们"人防"的方式之一。

（9:25）在巡查的过程中，总能发现随地乱扔的垃圾，这时我就是环境美容师。我们倡导"一职多能，人过地清"，爱护小区环境是我们每个人共同的责任，希望大家都能将垃圾放到指定位置。

（9:30）发现摆放在路中间的水马不整齐，立刻将他们标齐，以免影响美观。这时候，我便成为一名"现场管理员"。

走到门岗时发现栏杆的广告牌有些歪斜了，立刻找来扎带将它们固定，毕竟小小广告牌也会影响大环境的美观。

发现绿化上面堆放着杂物，便将其撤走并提醒相关部门人员，做到随巡随清。

（10:10）苑区主干道的车流量逐渐增多，我便主动请命当一名"交通指挥员"，保障园区交通顺畅。

（11:10）这是我们的吃饭时间。为保障每个岗位都有人员执勤，我们实行分组吃饭，并且吃饭时间必须控制在30 min内。

（11:40）到门岗执勤，对进出人员进行查卡。

（12:45）发现装修工人在运送装修材料时把一个绿化灯撞坏，立刻赶到现场了解情况并通知领班前来处理。

（13:00）检查空置房是我们的常规工作内容之一，因这关系着业主的利益，所以我们从不敢松懈，认真检查后还要对空置房情况进行登记。例如某座空置房的窗户没有关好，我们会及时将它关好。

（13:25）门禁系统关系着楼栋业主的安全，也是我们检查工作的重点，对于敞开的大门，我们总是及时关上，防止尾随。

（13:50）巡查过程中难免遇到需要帮助的业主，我总是热情地伸出援手。

（14:00）小区安全管控的另一法宝就是"技防"。苑区围墙都安装了电子脉冲，检查电网上是否有树枝等其他物品影响使用也是我们的工作。

（15:00）在现场巡查中发现电线底座外露，迅速将它处理好。

（15:45）消防安全是小区安全工作的重点之一。消防设备的日常检查与维护是我们的一项重要的日常工作。

（16:40）来到施工现场，了解施工人员施工情况，并及时对现场进行围闭。

（17：00）时间过得真快，转眼又该吃晚饭了，吃完还得继续到门岗执勤。

（17：45）检查装修人员的出入卡，以便确定其身份。检查进出车辆，确认访客到访信息。

（18：30）检查各岗位情况是否正常，准备交班工作。

（19：10）准备工作完成，与对班进行交接班。

（19：30）下班全体队员集合，领班对一天的工作进行总结讲评。

（19：40）忙碌的一天结束了，虽然工作比较辛苦，但我的一天过得很充实很快乐，门岗执勤、公共区域巡查、消防巡查、疏导交通、帮助业主做力所能及的事情，琐碎而繁杂，但是一想到我们的职责，一想到业主对我们的期望，再苦再累我们都毫无怨言。业主对我们的理解和肯定，更是让我们感受到了自身的价值所在！

4. 监控岗

(1) 安防监控岗岗位职责。

1) 值班人员要着装整齐、精神饱满、坚守岗位、尽职尽责，熟悉小区布局，有一定的消防知识，对火源、异常情况要有警觉性。

2) 严禁闲杂人员进入监控室，不得在控制室内会客，值班时间不准看书看报，不准躺卧睡觉，不准做与本岗位无关的事情。

3) 每日接班时，应将当班发生情况以书面形式告知接班人，接班人应检查设备的工作和清洁情况，保证设备处于良好的工作状态。

4) 熟练掌握监控系统的操作规程，严格按照规程操作，发生监控设备异常或故障，应立即向安保部值班班长或部门领导汇报，不得擅自处理。

5) 每日做好监控室的卫生工作，并随时保持监控室清洁，如交接班时，当班人未做监控室卫生，接班人有权不接班，重要事项必须在交接班记录本上详细记录并口头强调。

6) 密切注意区域内易发案部位及重点部位动向情况，发现问题及时处理，如：车库道闸口、电梯厢内，对装修工、搬运工的违规行为要及时通知巡逻岗到位，并做好登记。

7) 值班期间发现可疑情况及问题，及时上报，并做详细记录，并随时向安保部主管报告情况。

8) 严格按制度收发、保管器材(对讲机、应急灯等)，并注意日常维护保养。

9) 详细记录当班工作情况和设备运转状况。

(2) 消防监控室岗位职责。

1) 负责对各种消防设备的监视和运用，做好检查、维护、操作并做好值班记录。

2) 熟悉本系统所采用消防系统基本原理、功能，熟练掌握操作技术，协助技术人员进行修理、维护，不得擅自拆卸、挪用或停用，保证设备正常运行。

3) 发生火灾要尽快确认、及时、准确启动有关消防设备，正确有效的组织扑救及人员疏散，不得迟报或不报，消防队到场后，要如实报告情况，协助消防人员扑救火灾，保证火灾现场秩序井然，协助调查火灾原因。

4) 对消防控制室设备及通信器材等要进行经常性检查，定期做好各系统功能测试，以确保消防设施各系统运行状况良好；做好交接班工作。

5) 认真填写值班记录及系统运行登记表和控制器日检登记表。

6) 宣传贯彻消防法规、遵守防火安全管理制度，以高度的工作责任感完成各项技术工作和日常管理工作。

7) 积极参加消防专业培训，不断提高业务素质。

二、公共秩序维护服务常配装备设施

1. 出入口控制系统

（1）出入口控制系统主要是对楼内(外)通行门、出入门、通道、重要办公室门等处设置出入口控制装置。系统应对被设防区域的位置、通过对象及通过时间等进行实时控制和设定多级程序控制；系统应有报警功能。

（2）在居住区管理中，楼宇对讲系统是出入口控制系统的一个重要组成部分。楼宇对讲系统是能为来访客人和居室中业主提供双向通话或可视通话、遥控开锁以及具有报警功能的保安安全预防技术设备，适用于单元式公寓、高层住宅和居住小区。

（3）随着时代的发展，信息化技术的普遍应用，管理手段的不断更新，传统"人工来访登记"的不足之处日益突显。假证登记事故频发，字迹潦草模糊难辨，手写登记形象太差，资料成堆查找困难，制卡、发卡、收卡流程烦琐等一直是访客管理的难题。

如今智能化访客管理成潮流，移动互联网条件下的无纸化办公、自动化办公可以让信息长期有效保存、即时查询，门禁实现智能授权等，让访客管理工作变得轻松、简便又安全，因此智能访客管理系统便成为各楼宇访客管理工作中必备的自动化和智能化设备。

2. 电子报警系统

电子报警系统是在物业管理区域内的重点部位安装的系统，主要是用于防盗、防火、防破坏、防意外事件等。根据各类建筑安全防范部位的具体要求和环境条件，可分别或综合设置周界防护、建筑物内区域或空间防护、重点实物目标防护系统。

报警系统主要是由探测器、区域控制器和报警控制中心三个部分组成。根据不同的任务，可以选择不同的探测器，从而组成不同的报警系统。

在物业安全管理中，所安装和使用的探测器主要有红外线对射式探测器、红外线热感式探测器、玻璃破碎探测器、微波-被动红外复合探测器、振动探测器等。

（1）红外线对射式探测器是由一个红外线发射器和一个接收器以相对方式布置组成。当有人跨越门窗或其他防护区域时，挡住了不可见的红外光束，从而引发报警。

（2）红外线热感式探测器是利用人体的温度来进行探测的，有时也称为人体探测器。任何物体包括生物和矿物，因表面温度不同，都会发出强弱不等的红外线，从而引发报警。

（3）玻璃破碎探测器一般应用于玻璃门窗的防护，它利用压电式拾音器安装在面对玻璃的位置上，由于它只对 10～15 kHz 的玻璃破碎高频声音进行有效的检测；因此对行使车辆或风吹门窗时产生的振动不会发生反应。

（4）微波-被动红外复合探测器将微波和红外探测技术集中运用于一体。在控制范围内，只有采用两种报警技术的探测器都产生报警信号时，才输出报警信号。它既能保持微波探测器可靠性强、与热源无关的优点，又集被动红外探测器无须照明和亮度要求、可昼夜运行的特点，大大降低了探测器的误报率。这种复合型报警探测器的误报率是单技术微波报警器误报率的几百分之一。

（5）振动探测器用于铁门、窗户等通道和防止重要物品被人移动。其类型以机械惯性式和压电效应式两种为主，由于机械式振动探测器容易锈蚀，且体积较大，已逐渐由压电效应式振动探测器代替。

3. 安防监控系统

安防监控系统是安全防范自动化系统的一个主要子系统。它根据建筑物安全技术防范管理的需要，对必须进行监控的区域、周界、场所、部位、出入口、通道等进行实时、有效的视频

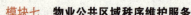
模块七　物业公共区域秩序维护服务

探测、监视、传输、显示和记录，并具有报警和图像复核功能。

安防监控系统是应用光纤、同轴电缆或微波在其闭合的环路内传输视频信号，并从摄像到图像显示和记录构成独立完整的系统。它能实时、形象、真实地反映被监控对象，不但极大地延长了人眼的观察距离，而且扩大了人眼的机能，它可以在恶劣的环境下代替人工进行长时间监视，让人能够看到被监视现场的实际发生的一切情况，并通过录像机记录下来。同时报警系统设备对非法入侵进行报警，产生的报警信号输入报警主机，报警主机触发监控系统录像并记录。安防监控系统的构成如下：

（1）前端部分。前端完成模拟视频的拍摄，探测器报警信号的产生、云台、防护罩的控制，报警输出等功能。主要包括：摄像头、电动变焦镜头、室外红外对射探测器、双监探测器、温湿度传感器、云台、防护罩、解码器、警灯、警笛等设备（设备使用情况根据用户的实际需求配置）。摄像头通过内置CCD及辅助电路将现场情况拍摄成为模拟视频电信号，经同轴电缆传输。电动变焦镜头将拍摄场景拉近、推远，并实现光圈、调焦等光学调整。温、湿度传感器可探测环境内温度、湿度，从而保证内部良好的物理环境。云台、防护罩给摄像机和镜头提供了适宜的工作环境，并可实现拍摄角度的水平和垂直调整。解码器是云台、镜头控制的核心设备，通过它可实现使用微机接口经过软件控制镜头、云台。

（2）传输部分。这里介绍的传输部分主要由同轴电缆组成。传输部分要求将在前端摄像机摄录的图像进行实时传输，同时要求传输具有损耗小，可靠的传输质量、图像在录像控制中心能够清晰还原显示。

（3）控制部分。该部分是安防监控系统的核心，它完成模拟视频监视信号的数字采集、MPEG-1压缩、监控数据记录和检索、硬盘录像等功能。它的核心单元是采集、压缩单元，它的通道可靠性、运算处理能力、录像检索的便利性直接影响到整个系统的性能。控制部分是实现报警和录像记录进行联动的关键部分。

（4）电视墙显示部分。该部分完成在系统显示器或监视器屏幕上的实时监视信号显示和录像内容的回放及检索。系统支持多画面回放，所有通道同时录像，系统报警屏幕、声音提示等功能。它既兼容了传统电视监视墙一览无余的监控功能，又大大降低了值守人员的工作强度且提高了安全防卫的可靠性。终端显示部分实际上还完成了另外一项重要工作——控制。这种控制包括摄像机云台、镜头控制，报警控制，报警通知，自动、手动设防，防盗照明控制等功能，用户的工作只需要在系统桌面点击鼠标操作即可。

（5）防盗报警部分。在重要出入口、楼梯口安装主动式红外探头，进行布防，在监控中心值班室（监控室）安装报警主机，一旦某处有人越入，探头即自动感应，触发报警，主机显示报警部位，同时联动相应的探照灯和摄像机，并在主机上自动切换成报警摄像画面，报警中心监控用计算机弹出电子地图并作报警记录，提示值班人员处理，大大加强了保安力度。报警防范系统是利用主动红外移动探测器将重要通道控制起来，并连接到管理中心的报警中心，当在非工作时间内有人员从非正常入口进入时，探测器会立即将报警信号发送到管理中心，同时启动联动装置和设备，对入侵者进行警告，可以进行连续摄像及录像。

4. 电子巡更系统

电子巡更系统是在物业管理区域内各个要害地点和部位设置的专门的巡更确认点，它可以弥补监控不到位的部位或死角的安全防范问题，确保巡更值班人员能够按照巡更程序所规定的路线与时间到达指定的巡更点进行巡视，不能迟到，更不能绕道。其作用是一方面可以对秩序维护员出勤进行准确的管理，也可以对秩序维护员的安全进行充分的保护。电子巡更系统分为无线和有线两种：

（1）无线巡更系统由信息纽扣、巡更手持记录器、下载器、电脑及其管理软件等组成。信息纽扣安装在现场,如各住宅楼门口附近、车库、主要道路旁等处;巡更手持记录器由巡更人员值勤时随身携带;下载器是连接手持记录器和电脑进行信息交流的部件,它设置在电脑房。无线巡更系统具有安装简单,不需要专用电脑,而且,系统扩容、修改、管理非常方便。

(2)有线巡更系统是巡更人员在规定的巡更路线上,按指定的时间和地点向管理电脑发回信号以表示正常,如果在指定的时间内,信号没有发到管理电脑,或不按规定的次序出现信号,系统将认为是异常。这样,巡更人员出现问题或危险会很快被发觉。

巡更系统的组成包括巡更棒、通信座、巡更点、人员点(可选)、事件本(可选)、管理软件(单机版、局域版、网络版)等主要部分。

电子巡更系统分为接触式电子巡更系统、感应式电子巡更系统、在线式电子巡更系统三种类型。

【特别提示】

为了达到物业区域安全管理的目的,就必须从防范管理的"硬件"和"软件"两方面下功夫。防范管理的硬件是指根据防范管理工作的实际需要所必须配备的一套硬件设施。防范管理的软件是指物业服务公司内部的专职安保人员及其事先防范管理所采取的一系列措施、规定和制度。

应用案例

某花园 A 栋 1 245 房业主李某深夜回家时在小区内被不法分子袭击受伤。李某以物业服务公司未尽物业管理职责,暗访人员不合格导致小区不安全,业主人身受到伤害为由将物业公司告上法庭,要求物业公司赔偿医疗费、交通费、误工费、营养费、护理费及精神损失费共计人民币 110 045 元。某物业公司辩称,物业管理保安服务的范围是指为维护物业管理区域的公共秩序而配合公安机关的防范性安全保卫活动,其在物业管理时,并不负有保证每个居民人身安全的义务。而且该物业公司也已按合同要求配置了 24 h 安防人员。在案件发生时,门岗当班的暗访人员及巡逻人员并未违规操作或脱岗,也未发现陌生人进入,因此不同意原告的诉讼请求。

【解析】

面对这种情况,经专业人士分析,原告与被告订立了的物业服务合同系双方自愿,合法有效。被告某物业公司虽在合同中承诺 24 h 安全防范服务,但治安管理是一项社会责任,物业公司的这种安全防范范围仅限于防范性安全保卫活动,并不能要求完全根除治安案件。被告某物业服务公司确已在小区设置了门岗级安全防范人员,并实施了 24 h 安全防范值班人员。李某不能提供其被袭击系物业服务企业不履行职责所致的证据,其要求被告某物业公司承担侵权的赔偿责任缺乏事实和法律依据。

【点评】

作为物业服务企业是否承担相应的法律责任的依据,是从是否履行了物业服务合同约定的保安防范服务义务的角度考虑的。根据《物业管理条例》第三十五条第二款规定:"物业服务企业未履行物业服务合同的约定,导致业主人身、财产安全受损的,应当依法承担相应的法律责任。"

单元三 公共秩序维护服务的运行

一、公共秩序维护服务制度与标准

1. 门卫岗服务制度与标准

(1)门卫岗服务制度:

模块七　物业公共区域秩序维护服务

1）有些类型的物业如写字楼、高级公寓的门卫秩序维护人员应通过检查出入证及要求来访人员填写"访客登记簿"控制外来人员出入。

2）门卫秩序维护人员应按有关物品出入管理规定对带入、带出建筑物的物品进行检查控制。

3）门卫秩序维护人员应按部门或项目的规定对车辆、行人进行管理。

4）门卫秩序维护人员应监督、控制施工人员、供应商和推销人员入内。

5）门卫秩序维护人员应与巡逻保安、车场保安及消防监控室值班员紧密协作联防，最大限度地保障客户的生命和财产安全。

6）门卫秩序维护人员在遇到异常事件时应顺序报告领班、主管、部门经理，紧急时直接向部门经理报告。

7）门卫秩序维护人员应劝阻在禁烟区域吸烟的行为。

8）门卫秩序维护人员在遇到客户、员工情绪激动或其他紧急情况时应保持冷静，并采取控制措施，避免事态进一步恶化。

9）门卫秩序维护人员应汇报值岗范围内的项目财产受损情况及所需要的维修。关系到安全问题时应立即上报部门经理或主管。

10）门卫秩序维护人员应打扫岗位区域卫生，记录当班的重要事件，交接物品，如钥匙、对讲机、传呼机等。

11）部门经理和主管应定期检查门岗秩序维护人员的工作情况以确保其遵守相关规定。

（2）门卫岗服务标准。

1）执勤时整洁着装、佩戴工牌号；精神饱满，站立、行走姿态规范；执勤中认真履行职责，不脱岗、不做与工作无关事情；举止文明大方，主动热情，礼貌待人。

2）能熟练掌握物业管理区域内业主或使用人的基本情况，包括姓名、特征及经常交往的社会关系。门卫应坚守岗位，把好物业管理区域大门和停车场这一关，熟练掌握报警监控、对讲、电梯等设备、设施的操作程序。

3）礼貌待人，说话和气，微笑服务。主动、热情、耐心、周到地为客户服务。不与客户发生争吵、打斗事件。

4）经常注意检查和保持仪表整洁，精神饱满，姿态端庄，注意不留长发、蓄胡子、留长指甲等。

应用案例

一天晚上9点多钟，某小区安管员小赵正在大堂岗值班，只见进来两个人，夹着公文包，大摇大摆，视若无人地径直往里走。原来他们是找业主办事的，只是图方便不想登记。

【处理过程】

安管员小赵上前礼貌地问道："先生，您好，请问你们到哪里？按小区管理规定请登记。"

谁知来人一听，不耐烦地瞪着眼睛说："怎么了，我是业主，还要登记吗？"

小赵礼貌地问道："先生请问您是哪座哪楼业主？"

"我是某某阁12B的业主。"来人语气粗暴地说。

"请问先生12B的业主姓什么？叫什么名字？"小赵依然面带微笑的询问。

这时候来人低下头来，无言以对。

小赵借机上前把小区管理规定向来人解释了一遍，请他们给予配合。来人不好意思地按照小赵的指引，进行了登记。

【点评】

来访登记是小区避免发生意外事件的重要手段之一，访客形形色色，小赵对态度蛮横的访客既坚持原则，又不态度生硬，对访客不动声色地"步步紧逼"，进而达到让访客登记的目的，识别了来访者的身份，保证了小区的安全。

2. 守护岗服务制度与标准

(1)守护岗服务制度：

1)秩序维护人员上岗前进行自我检查，按规定着装，仪容、仪表端庄、整洁，做好上岗签名。

2)秩序维护人员应精神饱满、站姿端正、真诚微笑地在岗哨上执行安全保卫任务。

3)对来访者值班人员应先联系所去的部门，办理有关手续后方可允许入内。建立岗点记事本，发现可疑情况应及时记录。做好交换岗和交接班的口头与书面汇报。

4)严格执行各项规章制度，严格工作作风，树立秩序维护人员的良好形象。

(2)守护岗服务标准：

1)按规定着装，佩戴工作证。精神饱满，姿态端正，举止文明、大方，不背手、不勾肩搭背。

2)能熟练掌握物业管理区域内业主(或客户)的基本情况，包括姓名、特征及经常交往的社会关系。准确填写各种表格、记录，熟练掌握报警监控、对讲、电梯等设备、设施的操作程序。善于发现各种事故隐患和可疑人员，并能及时正确处理各种突发事件。服从领导指挥。

3)礼貌待人，说话和气，微笑服务。主动、热情、耐心、周到地为业主(客户)服务。不与客户发生争吵、打斗事件。

4)经常注意检查和保持仪表整洁。精神饱满，姿态端庄，注意不留长发、蓄胡子、留长指甲等。

3. 巡逻岗服务制度与标准

(1)巡逻岗服务制度：

1)熟悉各执勤岗的职责和任务，协助各个岗位处理疑难问题。

2)巡查楼层等共用部位、共用设施设备完好情况，做好记录。

3)维持物业管理公共区域的治安秩序。协助班长处理紧急情况。

4)当值班长负责抽检本班巡逻人员的工作质量，并做好记录，及时将当班情况反馈给相应部门。

5)主管负责检查、督导工作，对有关工作提出改进方法及注意事项。

(2)巡逻岗服务标准：

1)按规定着装，佩戴工作证，精神饱满，姿态端正，举止文明、大方，不背手、不勾肩。

2)工作要求：能熟练掌握物业管理区域内的基本情况，包括客户的基本情况、建筑物结构、防盗消防设备、主要通道的位置、发电机房、配电房、水泵房、消防中心等重点位置的防范等。善于发现、分析处理各种事故隐患和突发事件，有较强的分析、判断、处理问题的能力。完成规定的检查内容。

3)服务态度：要求礼貌待人，说话和气，微笑服务。主动、热情、耐心、周到地为客户服务。不与客户发生争吵、打斗事件。

4. 监控岗服务制度与标准

(1)监控岗服务制度：

1)监控系统24 h开通运行，监控人员24 h监控值班，录像带资料保存一个月，录像带循环使用。

2）监控人员应密切注视屏幕，发现可疑情况立即定点录像，跟踪监视，做好记录及时报告秩序维护部主管。

3）接到消防系统、周界报警系统报警时，立即用对讲机向秩序维护部队长报告，并跟踪处理过程，做好记录，然后将系统复位、重新布防。

4）接到业主电子对讲电话，铃响三声之内立即应答，认真听取业主要求，做好记录，向秩序维护部队长报告；一般情况即可调度秩序维护人员处理，重大情况跟踪处理过程；21：00—09：00负责夜间业主需求电话的应答。

5）遇突发事件，按应急预案进行操作，同时向管理处经理报告。

6）负责对讲机的保管、充电、调换、借用和登记。

（2）监控设备系统视频的管理制度：

1）对监控设备系统每天上午进行测试和检查，发现异常和故障立即报修，并做好记录。

2）任何人未经项目部经理同意，不准查看监控视频的内容。

（3）中央监控室的出入管理制度：

1）与工作无关的人员不得擅自进入中央监控室。

2）因工作需要进入中央监控室的管理人员，应经部门主管签字认可；外来人员进入，应经部门经理签字认可。

3）凡进出中央监控室的人员应办理登记手续。

（4）中央监控室内的物品摆放规定：

1）监控操作控制台上不允许放置与监控工作无关的物品(如打火机、茶杯、香烟及影响监控工作的物品)。

2）中央监控室内只允许放置与监控人员相同数量的工作椅，并应按固定的位置摆放对讲机、充电器。

3）中央监控室内墙上应张贴应急预案和"中央监控室管理办法"。

（5）安保器械的管理制度：

1）项目部应建立安全器械台账，由中央监控室人员进行管理。

2）安全器械实行各班交接使用。

3）对讲机应严格按规定频率正确使用，秩序维护员不得随意拆卸、随意变换频率，有故障应立即报修。

4）橡皮警棍仅限于夜间巡逻人员在紧急情况下(危及人身安全时)用于正当防卫，禁止在其他场合使用。

5）安全器械应挂在中央监控室的墙上，有关人员使用器械时应作领用登记。

二、公共秩序维护服务制度的实施保障

1. 日检

秩序维护服务队伍的各班班长每天应依据检查标准对本班各岗位的当班人员进行检查，检查内容包括仪表礼节、服务态度、工作纪律、工作质量、工作记录、交接班、岗位形象和安全隐患等，对存在的问题应及时指出并作相应处理。

2. 周检

秩序维护部主管及项目领导每周应根据检查标准进行全面检查，除日检内容之外，其内容还包括各类安防设施设备的检查、业主意见收集反馈、班组检查记录和安全隐患分析等，并填

写周检查记录表。

3. 月检

月检工作是指由指定人员对各项目的秩序维护工作进行全面检查，重点检查现场管理效果及过程管理记录，确保秩序维护工作的有效性。

4. 督查

督查工作是指由指定的督察人员不定期对秩序维护工作进行突击检查，确保安防工作严格按标准执行，并对违规人员进行教育和处罚。

三、公共秩序维护服务常用应急预案

1. 遗失物品招领程序

（1）物业服务企业的员工在工作中如发现遗失的物品，应主动交到秩序维护管理部门，秩序维护员在接到送来的遗失物品时，要登记、备案，逐项登记核对、贵重物品必须存入保险箱。

（2）在确认所拾物品的物主无误时，才能发还，并请物主在丢失物品认领本上签字认领。

（3）遗失物品逾期无人认领，可经秩序维护部经理签字，上交上级部门处理。

2. 可疑人员处置程序

（1）发现可疑人员，对其跟踪观察，暗中进行监视，防止其制造破坏事件。

（2）及时报告秩序维护部门的负责人，并发出信号，通知门卫及其他秩序维护人员对其严密监视。

（3）情况确属可疑的，应对其进行盘查，查验其证件，注意对方的神态，查明原因。视情况进行处理，确认没有问题后放行，必要时送公安机关。

3. 电梯困人处置程序

（1）当有乘客被困在电梯内，如有闭路电视或对讲机，应观察电梯内的活动情况，详细询问被困者有关情况及通知管理处人员到电梯门外保持联系。

（2）立即通知电梯维修单位紧急维修站，派人解救被困者及修理电梯，在打电话时必需询问对方姓名及告知有人被困。

（3）被困者内如有儿童、老人、孕妇或人多供氧不足的须特别留意，并立即通知医护部门、消防部门等。

（4）被困者救出后，需询问被困者：

1）是否有不适，是否需要帮助。

2）询问被困者的姓名、地址、联系电话及到本物业项目的原因。

3）如被困者不合作或自行离去，则记录备案。

4）必须记录从开始至结束的时间、详细情形及维修人员、消防员、警员、救护人员到达和离去的时间，消防车、警车及救护车的号码等。

5）必须记录被困者救出的时间或伤员离开时间及查询伤员送往何处医院。

4. 停电处置程序

（1）接到停电通知时，拟写通知告知全体客户。

（2）准备充足的照明工具，秩序维护人员与物业管理员逐层检查备用照明的配备情况，保证停电后，照明系统正常使用。

（3）工程部门负责后备电源启动的具体操作工作。

（4）秩序维护人员加紧巡逻防止盗窃、火灾等事件发生。同时加强出入物业管理区域人员的登记工作。

5. 易燃气体泄漏处置程序

（1）当收到怀疑易燃气体泄露的信息时，应立即通知主管部门，并尽快赶到现场。

（2）抵达现场后，要谨慎行事，敲门进入后，不可打电话、开灯、开风扇及任何电掣必须关闭，立即打开所有窗门，关闭煤气或石油气掣，严禁在现场吸烟。

（3）有关人员到场检查，劝阻围观，若有围观者，应劝离现场。

（4）如发现有受伤不适者，应小心妥善处理，等待救护人员及警务人员抵达现场。

（5）将详细情况记录下来，尽快呈交主管。

6. 大风或雷暴处置程序

（1）检查应急备用工具，确定其性能良好，检查急救箱，确定各种基本药物齐备。

（2）将应急时使用的电话号码表张贴在宣传公告栏上。

（3）提醒客户搬离放在窗台及阳台花架上的花盆及各类杂物。

（4）紧闭所有门窗、电梯机房及垃圾房等门窗，还必须做好防水措施。

（5）加固所有树木或用绳索捆好，将盆栽之花卉移至空地处或隐蔽角落。

（6）留意电台播放有关大风或风暴进展消息，及时将最新台风信息张贴出来告知客户，并做好防大风或雷暴的各项准备工作。

（7）如大风或风暴持续昼夜不停，需安排物业管理人员值班，无论任何时刻，物业服务企业应有值班人员接听电话等。

（8）物业管理人员参加抢险工作时，要注意自身的安全，采取适当安全措施，并通知其他员工。同时，应避免逗留在空旷的地方。值班人员要认真负责，勤巡查，善于发现问题，及时做好现场的督导工作。做到在关键时刻，出现在关键的地方，解决关键的问题。加强各部门的沟通与联系，做好协调配合工作。

7. 客户斗殴处置程序

（1）立即劝阻斗殴，并劝双方离开现场，如能确认属违犯治安管理规定或犯罪行为，应及时报告公安机关或将行为人送公安机关处理。

（2）提高警惕，防止坏人利用混乱之际，进行破坏活动或偷窃活动。

（3）说服围观群众离开，确保物业管理区域的正常治安秩序。

8. 散发非法宣传品事件处置程序

（1）如果发现有人张贴、散发非法宣传品，秩序维护人员立即赶赴现场，制止违法活动，没收、清除非法宣传品。

（2）保留必要证据和控制散发非法宣传品的人员。注意观察其是否有同伙、是否携带凶器或易燃易爆物，安全管理员要注意自我保护。

（3）如有群众围观，应及时采取措施疏散围观群众，避免事态扩大，如安全管理员不够，要请求安全管理部支援。

（4）安全管理部部长视案情决定是否上报公安机关。同时组织人员待命，以备事态扩大之需。

（5）公安人员到场，安全管理部协助配合公安人员调查处理案件工作。并提供所掌握的证言、证物。同时记录下办案警官官级、编号及报案的编号，以供日后查阅、参考。

（6）安全管理部应将案件处置过程和情况以报告行式呈报上级领导。

9. 对不执行规定、不听劝阻人员的处置程序

对不执行有关规定者，要立即规劝。对不听劝阻者，查清姓名及单位等情况，如实记录并向秩序维护部门汇报。发生纠纷时，要保持沉着冷静，任何情况下不要与客户发生争吵，以理服人，对蛮横无理者或故意扰乱滋事者，视情节报告公安机关依法处理。

10. 发现有人触电的处置程序

发现有人触电，应马上赶到现场，关闭电源，在未关掉电源之前切不可用身体去接触触电人，以防止自己触电，用绝缘体把电线或人拉开，立即进行人工抢救，并呼叫急救车。

11. 高空坠物应急处理程序

（1）客服中心接到高空坠物报告，问清地点、位置、现场状况、有无人员伤亡或财产损失、报告人姓名、电话等，立即通知安保部经理；

（2）安保部经理接报后，立即组织人员进行警戒、安抚、调查等工作；出现重大事故损失，立即到达现场，亲自指挥处理；

（3）安保部安排秩序维护员携带警戒物品迅速到达现场，设立警戒线，隔离高空坠物区域，维护现场秩序；

（4）中控值机员调整监控摄像头至事发区域，监控现场，发现安全隐患，立即报告，及时排除险情；

（5）安保部负责在高空坠物区域设立警示牌，迅速进行拍照取证、询问、调查，查找肇事者；

（6）必要时，安保部收集整理资料进行保险理赔；并撰写《突发事件报告》上报审批，将《突发事件报告》存档备案。

【特别提示】

在安全管理过程中，无时无刻不在面临着各种各样的突发事件，只有事前将各种可能发生的突发事件预测周详，做好充分的准备，才能降低突发事件带来的危害与损失，因此，制定详细而周全的突发事件应急预案是秩序维护管理过程中的一项重要工作。

知识链接

公共秩序维护常识

1. 违反治安管理行为与犯罪行为的区别

违反治安管理的行为是指扰乱社会秩序，妨害公共安全，侵犯公民人身权利，侵犯公私财产，还不够刑事处罚，但依照《中华人民共和国治安管理处罚条例》应当受到治安处罚的行为。违反治安管理的处罚分为三种，即警告、罚款和拘留。有情节特别轻微，主动承认错误及时改正，由于他人胁迫或者诱骗等情形之一的，可以从轻或者免予处罚。违反治安管理的行为与犯罪行为有明显区别：

（1）情节轻重和对社会危害大小不同。犯罪行为的情节重于违反治安管理行为的情节，犯罪行为的社会危害性大于违反治安管理行为的社会危害性。

（2）触犯法律不同。犯罪触犯《中华人民共和国刑法》，违反治安管理行为触犯《中华人民共和国治安管理处罚条例》。

（3）应当受到的处罚不同。犯罪应受刑法处罚，违反治安管理行为应受治安管理处罚。

违反治安管理的行为很多，一般将违反治安管理的行为归纳为以下八大类：扰乱公共秩序行为；妨害公共安全行为；侵犯他人人身权利行为；侵犯公司财物行为；妨害社会管理秩序行为；违反消防管理行为；违反交通管理行为；违反户口或居民身份证管理行为。

2. 正当防卫的条件

正当防卫是每个人的一项合法权利，在安保服务管理中，当遇到公共利益、本人或其他人的合法权益受到不法侵害时，就可以正当防卫为武器，排除不法侵害，确保本人和他人的合法权益不受侵犯。但是，在行使这项权利时，必须要符合法律规定的条件。正当防卫的条件包括不法侵害条件和防卫条件两个方面。

（1）不法侵害条件。必须有真实存在的不法侵害行为，才能进行正当防卫；必须针对正在进行的不法侵害行为，才能实行正当防卫。

（2）防卫条件。正当防卫必须针对不法侵害者本人；正当防卫不能超过必要限度，造成不应有损害。

上述正当防卫的两个方面的四个条件，是一个有机联系整体，缺一不可，只有这两个方面、四个条件同时具备，正当防卫才能成立。否则，就属非正当防卫。

3. 紧急避险的常识

紧急避险，是指为了国家、公共利益、本人或者他人的人身、财产和其他权利免受正发生的危险，不得已而采取的损害另一较小合法权益的行为。紧急避险成立必须具备以下条件：

（1）起因条件。紧急避险的起因条件，是指必须有需要避免的危险存在。

（2）时间条件。紧急避险的时间条件，是危险必须正在发生。

（3）对象条件。紧急避险的本质特征，就是为了保全一个较大的合法权益，而将其面临的危险转嫁给另一个较小的合法权益。因此，紧急避险的对象，只能是第三者的合法权益，即通过损害无辜者的合法权益保全公共利益、本人或者他人的合法权益。

（4）主观条件。紧急避险的主观条件即行为人必须有正当的避险意图。

（5）限制条件。紧急避险只能是出于迫不得已。所谓迫不得已，是指当危害发生之时，除了损害第三者的合法权益之外，不可能用其他方法来保全另一合法权益。

（6）限度条件。紧急避险的限度条件，是指紧急避险不能超过必要限度造成不应有的损害。所谓必要限度，是指紧急避险行为所引起的损害必须小于所避免的损害。"必要损害"的认定，应掌握以下标准。

1）一般情况下，人身权利大于财产权益；

2）在人身权利中，生命是最高权力；

3）在财产权益中，应以财产价值过去时行比较，从而确定财产权利的大小；

4）当公共利益与个人利益不能两全时，应根据权益的性质及内容确定权力的大小，并非公共利益永远高于个人利益。

（7）特别例外限制。根据《中华人民共和国刑法》第21条第3款规定，紧急避险的特别例外限制，是指为了避免本人遭受危险的法律规定，不适用于职务上、业务上有特定责任的人。

4. 现场保护的常识

现场保护是指案件或事故发生后，及时采取警戒封锁等措施，使犯罪现场或事故现场保持发现时的原始状态。做好现场保护工作是保安员的一项职责和任务。及时保护好现场，是协助公安机关及时查破案件和有关部门鉴定处理好事故的前提。保安员得知发生案件或事故后，必须立即赶赴现场，采取有效措施加以保护，并同时向公安机关或单位保卫部门报告。

（1）室内现场保护方法。室内犯罪现场，是指在非露天的建筑物内发生的各类刑事犯罪案件的地点和留有痕迹、物证的场所。对室内现场的保护，通常采取的措施如下：

1）封锁现场的出入口和通道。封锁出入口，重点是现场中心所在的出入口；在门口、窗口和重要通道布置专人看守，如是双向通道须全部封锁，禁止一切无关人员进入现场。

2)封锁现场周围地带。在现场周围划出一定的警戒范围，布置警戒，禁止围观人员靠近现场，以防破坏现场外围的犯罪痕迹物证。

3)在实施封闭措施时，不能随便移动门窗，并要特别注意门窗、门锁、窗户插销上的痕迹是否遭到破坏。

4)要求事主、目击证人等候公安人员到场，待公安人员到达现场后，听从公安人员的安排。

(2)露天现场的保护方法。对于发生在室外的露天现场，通常是划出一定的范围布置警戒。保护范围的大小原则上应包括犯罪分子实施侵害行为的地点和遗留有与侵害行为有关的痕迹物证的一切场所。实践中通常的做法是先把范围划得略大一些，待勘查人员到达现场后根据情况进行调整。具体方法是：

1)对于范围不大的露天现场，可以在周围绕以绳索或撒白灰等作警示标记，防止他人入内。

2)对通过现场的道路，必要时可临时中断交通，指挥行人或车辆绕道而行。

3)对现场重要部位及现场进出口，应当设岗看守或者设置屏障遮挡。

4)对院落内空地上的现场，可将大门关闭，如内有其他住户，可以划出通道方便住户出入。

5)当环境发生改变时(如天气)，要对现场上易变的痕迹物证采取适当的保护措施；野外现场要防止牲畜、宠物进入现场破坏痕迹物证。

5. 犯罪嫌疑人看管的常识

秩序维护员当场抓获或群众扭送安全管理部的犯罪嫌疑人，应及时移送到公安机关处理，在公安人员到达现场之前，安全管理部负责对犯罪嫌疑人进行看管，确保犯罪嫌疑人的人身安全。

(1)在公安人员未到达现场之前，必须由两名以上安保员负责看管，遇两名以上犯罪嫌疑人时应分开看管，不能让其交流、沟通等。

(2)犯罪嫌疑人如是群众扭送来的，应留下扭送群众的详细资料、联系方式、姓名、住址等。

(3)安保员看管犯罪嫌疑人时，应注意以下内容：

1)防止犯罪嫌疑人逃跑、自伤、自杀、行凶、毁灭证据。

2)不得捆绑、拷问、殴打犯罪嫌疑人，可令犯罪嫌疑人解下腰带，脱去鞋子。以防犯罪嫌疑人逃跑，同时要清理犯罪嫌疑人身上物品，防止藏匿、销毁证据或暗藏凶器。

3)看管犯罪嫌疑人地点应选择有单一出入口的单独房间，房间须经过清理，不得有任何可以伤人或自伤的物品。一般令犯罪嫌疑人蹲在空旷的角落内，一名安保员与其保持距离目视盯守，另一名安保员守住房门。如房间有两个或两个以上出入口，要将出入口封住或有安保员值守。

4)看管安保员不得私自满足犯罪嫌疑人的各类要求，不得与之交谈，要保持与上级领导的联系，遇有特殊情况使用通信工具要及时报告。

5)在换岗安保员未到达之前，看管安保员不得擅自离开，在换岗时要将犯罪嫌疑人的动作、表现，交接清楚。

6)在押解犯罪嫌疑人的过程，应保证其前后至少有一名安保员，前者要与犯罪嫌疑人保持一定距离，注意其动向，防止背后受袭；后者应抓紧犯罪嫌疑人的手臂，遇有犯罪嫌疑人有可疑动向，及时通知前面安保员。

应用案例

上海市首例高空抛物入刑，"头顶上的安全"我们共同守护

2019年11月25日下午2：00，闵行区人民检察院提起公诉的蒋某高空抛物案在闵行区法

院第一大法庭公开开庭审理。

【案情回顾】

今年8月，怒气冲冲的22岁青年蒋某闯入父母家中，手持棒球棍打砸物品，并将屋内刀具、平板电脑等杂物从十四楼高空扔下，造成小区停车场内多辆汽车损坏，所幸没有人员伤亡，严重影响了公共安全。

本案一开始，法官询问了被告人蒋某关于认罪认罚的真实性。

注：认罪认罚从宽是指犯罪嫌疑人、被告人自愿如实供述自己的犯罪行为，对于指控犯罪事实没有异议，同意检察机关的量刑意见并签署具结书的案件，可以依法从宽处理。

经检察官与辩护人举证质证半个小时后，有证据显示，被告人蒋某今年8月出于愤怒打砸父母家里的家具，并且将众多危险物品从高空抛出，造成小区停车场内数辆车辆损毁，危害公共安全。

在辩论环节中，辩护人对高空抛物造成车辆损毁提出疑义。检察官举证，案发时民警第一时间到场，与蒋某确认了确实是其高空抛物造成的车辆受损。

辩护人又提出，被告人高空抛物的前方是一片绿化带，所以被告人知道不会造成人员伤亡并且最终确实也没有造成人员伤亡，请求判处缓刑。

检察官认为，被告人在小区生活过3、4年，了解小区内环境，知道案发时是下午5点，正是小区居民进出的高发时间段。并且，该绿化带只有1m，前方就是行人区域，不具有缓冲效果。虽然此次高空抛物没有造成人员伤亡，但是一旦发生后果不可预料。

双方经过半个小时的辩论，最后，法官问这个22岁的青年你还有什么需要为自己辩护的吗？他失语了很久，最后承认了所有罪行，请求从轻处罚。

高空抛物是近期的热点。10月21日，最高法印发《关于依法妥善审理高空抛物、坠物案件的意见》（以下简称《意见》）规定，对于高空抛物，根据具体情形按以危险方法危害公共安全罪、故意伤害罪或故意杀人罪论处，特定情况要从重处罚。

检察官表示高空抛物在于取证难。此次《意见》出台后全市首例高空抛物入刑案虽没有造成人员伤亡，但是一旦发生后果不可预料。如果能做到"一旦发现绝不宽容"也能起到警示作用，减少这种危险行为，切实维护人民群众"头顶上的安全"。

22岁的被告人蒋某，一张年轻白皙的脸上写着迷茫，因其一次无知、一次愤怒，将要为此付出代价，而他的行为警示人们切勿高空抛物，害人害己。

模块小结

本模块主要介绍了物业安全管理、物业公共秩序维护的基本配备以及运行三部分内容。

一、物业安全管理

1. 物业安全管理的内容：公共秩序维护管理、消防管理、车辆交通管理。
2. 物业安全管理的特点：受制性、专业性、有偿性、履约性、能动性。
3. 物业安全管理的指导思想和基本原则
4. 物业安全管理方式：开放式管理和封闭式管理

二、物业公共秩序维护服务的基本配备

1. 公共秩序维护服务的岗位设置：门卫岗、守护岗、巡逻岗、监控岗。

2. 公共秩序维护服务常配装备设施：出入口控制系统、电子报警系统、安防监控系统、电子巡更系统。

三、公共秩序维护服务的运行

1. 公共秩序维护服务制度与标准：门卫岗服务制度与标准、守护岗服务制度与标准、巡逻岗服务制度与标准、监控岗服务制度与标准。

2. 公共秩序维护服务制度的实施保障：日检、周检、月检、督查。

3. 公共秩序维护服务常用应急预案：遗失物品招领程序、可疑人员处置程序、电梯困人处置程序、停电处置程序、易燃气体泄漏处置程序、大风或雷暴处置程序、客户斗殴处置程序、散发非法宣传品事件处置程序、对不执行规定、不听劝阻人员的处置程序、发现有人触电的处置程序、高空坠物应急处理程序。

复习与思考

一、填空题

1. _____，是指物业服务企业采取各种措施和手段，尽量降低业主和物业使用人的人身、财产受侵害的概率，维持正常的工作和生活秩序的管理活动。

2. 物业安全管理的主要内容包括_____、_____以及_____三个方面。

3. 物业安全管理方式根据物业使用性质的不同而有所不同，总体上概括主要有两种：一种是_____，另一种是_____。

4. _____是指业主选聘物业服务企业，双方依据物业服务合同为维护物业管理区域内公共秩序而实施的防范性、服务性安全保卫活动。

5. 公共秩序维护管理一般常设_____、_____、_____和_____四个岗位。

二、简答题

1. 简述物业安全管理的重要性。
2. 简述物业安全管理的内容。
3. 简述物业安全管理的方式。
4. 简述物业公共秩序维护的常设岗位。
5. 简述高空坠物的应急预案。

模块八 物业消防管理与服务

学习目标

通过本模块的学习，了解火灾的基础知识；掌握火灾的蔓延途径与方式，熟悉灭火方法，消防队伍的岗位设置与职责，物业消防制度建设，建筑火灾的预防与扑救，掌握常见消防设备的管理与使用。

能力目标

做好火灾的预防工作，能正确应用消防器材扑救初期火灾。

案例引入

居民楼发生火灾，在楼道堆杂物的业主和物业一起被判赔偿受害者

居民楼的楼道里堆放杂物，容易引起邻居的不愉快。不过，你可不要以为这只是邻里之间的小纠纷，因为这有可能会让你背上法律责任。南京江宁在楼道里堆放杂物的徐某（化名）就被邻居连同物业一道告上法庭。

【案情回顾】

2016年4月4日中午，南京江宁某小区一栋居民楼内发生火灾。当时，家住13楼的李女士（化名）和女儿正在家里。发生火灾时不能使用电梯，因此出现火情后，李女士带着女儿从楼道向下逃生。

这次火灾是由堆积在一楼楼道里的垃圾引起的，因此李女士在下楼过程中，发现浓烟并未变淡。

见情况不对，她开始返回寻找其他逃生通道。在此过程中，高温浓烟使李女士咽喉受到损伤。随后，江宁消防前往火灾现场救援，将大火扑灭。

一场火灾，没有造成太大的损失，可以说是万幸。但对于李女士而言，就不是这样了。

祸不单行，除了咽喉受损，李女士在匆忙逃生的过程中不慎摔倒，导致身体多处受伤。李女士于火灾发生当天前往南京市江宁医院就诊，又于当天转诊至南京市第一医院，经诊断为吸入性中度损伤、右大拇指挤压伤及腰部、右胯部、右踝扭伤。

经住院治疗，她于4月10日出院，出院时医嘱指示休息一个月。

5月18日，李女士前往江宁医院复查，医嘱再次指示休息一周。李女士为治疗上述伤情共计花费医疗费6 629.65元，其中含有医保统筹账户支付的费用3 442.66元。

2017年5月3日，南京市公安消防支队江宁大队出具火灾事故认定书，对起火原因认定为"系排除遗留火种、排除电气线路故障、不排除外来火源引发火灾事故"。

因为这次火灾，李女士前后休息了近两个月无法工作，造成经济损失上万元，更别提身体健康受损了。

本应是救命的逃生通道，却被堆放杂物，而且火灾发生时物业公司既无工作人员回应居民询问，也无工作人员对小区居民进行疏散救助。因此，李女士将小区物业公司和堆放杂物的徐某一并告上法庭，要求两被告赔偿包含医疗费、误工费、住院伙食补助费、营养费及交通费等损失共计30 423.64元。

在法庭上，物业公司表示，自己已尽到物业应尽的职责，包括对小区消防设施定期维护，对楼道杂物进行清理等。物业认为，即使服务中有瑕疵，也不是引发火灾的直接原因，因此自己不应承担赔偿责任。

物业公司还表示，即使担责，自己至多承担次要责任。

而徐某则辩称自己并非纵火人，与火灾发生没有直接因果关系，更重要的是，他还否认楼道内起火的杂物是自己堆放的。

审理法官表示，原、被告争议焦点实际上在于两被告对于涉案火灾的发生及蔓延是否存在过错。

大家好像都有理，那么究竟谁对谁错？江宁区法院根据火灾发生的原因、二被告的过错程度、因果关系等因素，做出了判决。

判决指出，物业公司虽然并非直接纵火的责任人，但其在日常管理及火灾发生时的过错行为与火灾的发生及火势加大、蔓延存在因果关系，其应对李女士在火灾中受伤的后果承担赔偿责任。

而徐某虽然也不是纵火人，但其在楼道内堆放杂物的行为确有可能导致火灾发生及火势加大、蔓延，因此他的行为同样与李女士在火灾中受伤的后果存在因果关系，应承担相应的赔偿责任。

至于徐某辩称，火灾发生时自己堆放在楼道的杂物已经清理掉了，但根据他在事发当天派出所的陈述来看，他认可其堆放了杂物在楼道内并着火。徐某虽然在法庭上称笔录中的陈述并非其真实意思，但未提供证据证实。故其辩称意见缺乏事实依据，法院不予采信。

法院最终认定物业公司承担70%的责任，赔偿李女士各项损失12 536.29元；徐某承担30%的责任，赔偿李女士5 372.69元。

楼道里堆放杂物，这一件看上去的"琐事"，却让责任人付出了代价，而如果火势继续蔓延，后果更是不堪设想。法官提醒，千万不要心存侥幸，防患于未"燃"，真的比什么都重要！

问题与思考：物业服务企业应做好哪些消防管理工作？常用的消防设施设备有哪些？如何使用与管理？

单元一 火灾概述

一、火灾的基础知识

1. 燃烧

燃烧是物质剧烈氧化并发光放热的化学现象。燃烧具有放出热量、发出光亮和生成新物质三个特征。燃烧必须同时具备以下三个基本条件。

(1)可燃物。无论是气体、液体还是固体，凡是能与空气中的氧或者其他氧化剂发生燃烧反应的物质，都属于可燃物，如氢气、煤气、酒精、汽油、木材、硫、磷、钾、钠等。

(2)助燃物。凡与可燃物结合能支持和导致燃烧的物质，即为助燃物，如空气、氧气、氯气、硝酸钾、氯酸钾、过氧化钠等。

(3)点火源。凡能引起可燃物燃烧的点燃能源即为点火源，如明火源、赤热体(炽热源)、电火花、机械火星、聚集日光(光辐射)、化学反应和生物热等。

燃烧的必要条件如下：可燃物必须达到一定浓度，这里所说的浓度，也包含有量的概念；要有一定比例的助燃物；要有一定能量的点火源。

2. 火灾的分类

(1)按人员伤亡和财产损失数不同划分。根据人员伤亡和财产损失数不同可将火灾划分为特大火灾、重大火灾和一般火灾三类。

1)特大火灾。具有下列情况之一的列为特大火灾：死亡10人以上(含本数，下同)；重伤20人以上；死亡、重伤20人以上；受灾50户以上；燃毁财物损失100万元以上。

2)重大火灾。具有下列情形之一的列为重大火灾：死亡3人以上；重伤10人以上；死亡、重伤10人以上；受灾30户以上；烧毁财物损失30万元以上。

3)一般火灾。不具有前两项情形的火灾，为一般火灾。

(2)按燃烧物特性不同划分。按燃烧物特性不同可将火灾划分为A、B、C、D、E五类。

A类火灾指固体物质火灾，如木材、棉、毛、纸张火灾等。

B类火灾指液体和可熔化的固体物质火灾，如汽油、煤油、沥青、石蜡火灾等。

C类火灾指气体火灾，如天然气、煤气、液化气火灾等。

D类火灾指金属火灾，如钾、钠、镁、铝镁合金火灾等。

E类火灾指电气火灾和精密仪器火灾，如带电物体火灾、精美仪表火灾等。

(3)按燃烧时间不同划分。建筑防火分区火灾一般可分为三个时间区间；初期火灾、旺盛期火灾、衰减期火灾等。

1)初期火灾。防火分区内的可燃物，因某种原因被引起燃烧，一边消耗分区内的氧气，一边扩大燃烧范围。若燃烧范围进一步扩大，火灾温度就会急剧上升，并发生轰燃。初期火灾时，着火分区的平均温度低，而且燃烧速度较低，对建筑结构的破坏也比较低。在火灾的初期阶段，虽然火灾分区的平均温度低，但在燃烧区域及周围的温度较高。在局部火焰高温的作用下，使得附近可燃物受热分解、燃烧，火灾规模扩大，并导致火灾分区全面燃烧，一般把火灾由初期转变为全面燃烧的瞬间，称为轰燃(Flashover)。轰燃经历的时间短暂，它的出现，标志着火灾由初期进入旺盛期，火灾分区内的平均温度急剧上升，若在轰燃之前在住人员逃不出火灾分区，就会有生命危险。

2)旺盛期火灾。轰燃后，空气从破损的门窗进入起火分区，使分区内产生的可燃气体与未完全燃烧的可燃气体一起燃烧。此后，火灾温度随时间的延长而持续上升，在可燃物即将烧尽时达到最高。在此期间，火灾分区所有的可燃物全都进入燃烧，并且火焰充满整个空间。门窗玻璃破碎，为燃烧提供了较充足的空气，使火灾温度升高，一般可达1 100 ℃左右，破坏力很强，建筑物的可燃物，如木质门、木质隔墙及可燃装修等，均被烧着，并对建筑结构产生威胁。

3)衰减期火灾。由于燃烧时间长，可燃物减少，或者由于燃烧空间密闭，有限空间内氧气逐渐被消耗，则燃烧速度减慢，直至逐渐熄灭。但此时燃烧空间内温度仍然很高，如果立即打开密闭空间，引入较多新鲜空气，或停止灭火工作，则仍有发生爆燃的危险。

二、火灾的蔓延

1. 火灾蔓延的途径

（1）火灾通过竖井蔓延。在现代建筑物内，有大量的电梯、楼梯、服务设备、垃圾道等竖井，这些竖井往往贯穿整个建筑，若未作周密完善的防火设计，一旦发生火灾，就可以蔓延到建筑的任意一层。此外，建筑中一些不引人注意的孔洞，有时会造成整座大楼的恶性火灾。尤其是在现代建筑中，吊顶与楼板之间，幕墙与分隔构件之间的空隙，保温夹层，通过管道都有可能因施工质量等留下孔洞，而且有的孔洞水平方向与竖直方向互相穿通，往往不知道这些孔洞隐患的存在，更不会采取什么防火措施，所以火灾时会导致生命财产的损失。

1）通过楼梯间蔓延火灾，高层建筑的楼梯间，若在设计阶段未按防火、防烟要求设计，则在火灾时犹如烟囱一般，烟火很快会由此向上蔓延。有些高层建筑只设有封闭楼梯间，而起封闭作用的门未用防火门，发生火灾后，不能有效地阻止烟火进入楼梯间，以致形成火灾蔓延通道，甚至造成重大的火灾事故。

2）火灾通过电梯井蔓延，电梯间未设防烟前室及防火门分隔，将会形成一座座竖向烟囱。在现代商业大厦及交通枢纽、航空港等人流集散量大的建筑物内，一般以自动扶梯代替了电梯。自动扶梯所形成的竖向连通空间也是火灾蔓延的新型途径，设计时必须予以高度重视。

3）火灾通过其他竖井蔓延，高层建筑中的通风竖井，管道井、电缆井等都是火灾蔓延的主要通道。

（2）火灾在水平方向的蔓延。

1）未设防火分区。对于主体结构为耐火结构的建筑来说，造成水平蔓延的主要原因之一是，建筑内部未设水平防火分区，没有防火墙及相应的防火门等形成控制火灾的区域空间。

2）吊顶内部空间蔓延火灾。目前有些框架结构的高层建筑，竣工时是个大的通间，而出售或出租给用户，由用户自行分隔、装修。有不少装设吊顶的高层建筑，房间与房间、房间与走廊之间的分隔应做到吊顶底皮，吊顶上部仍为连通的空间。一旦起火极易在吊顶内部蔓延，且难以及时发现，导致灾情扩大；就是没有吊顶，隔墙不砌到结构底部，留有孔洞或连通空间，也会成为火灾蔓延和烟气扩散的途径。

3）洞口分隔不完善。对于耐火建筑来说，火灾横向蔓延的另一途径是洞口的分隔处理不完善，如：户门为可燃的木质门，火灾时被烧穿，铝合金防火卷帘因无水幕保护或水幕未洒水，导致卷帘被熔化，管道穿孔处未用不燃材料密封等。在穿越防火分区的洞口上，一般都装设防火卷帘或钢质防火门，而且多数采用自动关闭装置。然而，发生火灾时能够自动关闭的较少。这是因为，卷帘箱一般设在顶棚内部，在自动关闭之前，卷帘箱的开口、导轨及卷帘下部等因受热发生变形，无法靠自重落下，而且在卷帘的下面堆放物品，火灾时不仅卷帘放不下，还会导致火灾蔓延。此外火灾往往是无人的情况下发生，即使设计了手动关闭装置，也会因无人操作，而不能发挥作用。对于钢质防火门来说，在建筑物正常使用情况下，门是开着的，有的甚至用木楔子楔着，一旦发生火灾，不能及时关闭也会造成火灾蔓延。

4）火灾通过可燃的隔墙、吊顶、地毯等蔓延，可燃构件与装饰物在火灾时直接成为火灾荷载，由于它们的燃烧导致火灾扩大的例子很多。

（3）火灾通过空调系统管道蔓延。高层建筑空调系统，未按规定部位设防火阀、采用不燃烧的风管、采用不燃或难燃烧材料做保温层，火灾时会造成严重损失。通风管道蔓延火灾一般有两种方式，即通风管道本身起火并向连通的空间（房间、吊顶内部、机房等）蔓延，更危险的是它以吸进火灾房间的烟气，后向远离火场的其他空间喷吐出来，造成大批人员因烟气中毒而死亡。

(4)火灾由窗口向上层蔓延。在现代建筑中，往往从起火房间窗口喷出烟气和火焰，沿窗间墙及上层窗口向上窜越，烧毁上层窗户，引燃房间内的可燃物，使火灾蔓延到上部楼层，若建筑物采用带形窗，火灾房间喷出的火焰被吸附在建筑的表面，有时甚至会吸入上层窗户内部。

2. 火灾蔓延的方式

掌握火灾蔓延的自然规律及蔓延方式，有助于帮助我们在火灾发生时，争取时间，控制火灾的蔓延。

(1)燃烧蔓延。初始燃烧表面的火焰，将可燃材料燃烧，并使火灾蔓延开来。燃烧蔓延速度主要取决于火焰传热速度。

(2)热传导。火灾分区燃烧产生的热量，经导热性好的建筑构件或建筑设备传导，能够使火灾蔓延到相邻或上下层房间。例如：薄壁隔墙、楼板、金属管壁，都可以把火灾分区的燃烧热传导至另一侧的表面，使地板上或靠着隔墙堆积的可燃、易燃物体燃烧，导致火场扩大。应该指出的是，火灾通过传导的方式进行蔓延扩大，有如下两个比较明显的特点：

1)必须有导热性好的媒介，如金属构件、薄壁构件或金属设备等；

2)蔓延距离较近，一般只能是相邻的建筑空间。

可见传导蔓延扩大的火灾，其规模是有限的。

(3)热辐射。热辐射是相邻建筑之间火灾蔓延的主要方式之一。建筑防火中的防火间距，主要是考虑防止火焰辐射引起相邻建筑着火而设置的间隔距离。要搞清楚火焰辐射对火灾蔓延的机理，首先必须搞清楚两个问题，即：点燃可燃材料所需的辐射强度是多少？建筑物发生火灾时能够产生多大的辐射强度？在建筑物中，经常采用木材或类似木材的可燃构件、装修或家具等，因此木材是建筑中主要的火灾荷载。世界各国都特别注意对木材火灾的研究。

(4)热对流。热对流是建筑物内火灾蔓延的一种主要方式。建筑火灾发展到旺盛期后，往往窗玻璃在轰燃之际已经破坏，又经过一段时间的猛烈燃烧，内走廊的木制户门被烧穿，或者门框之上的亮窗玻璃被破坏，导致烟尘涌入内走廊。一般耐火建筑可达 1 000 ℃～1 100 ℃的高温，木结构建筑更高一些。这时，火灾分区内外的压差更大，遇到冷空气，使之温度降低，压差减少，失去浮力，流动速度就会降下来。若在走廊里放可燃、易燃物品，或者走廊里有可燃吊顶等，被高温烟火点烧，火灾就会在走廊里蔓延，再由走廊向其他空间传播。

三、灭火方法

(1)冷却法。冷却法就是用水或灭火剂直接喷射到燃烧物上，使燃烧物的温度降低至燃点以下，从而使火停下来；或者将灭火剂喷洒到火源附近的物体上，使其不受火焰辐射热的威胁，避免形成新的火点，将火灾迅速控制和扑灭。采用的具体措施有：用水扑救一般固体物质火灾；用 CO_2 扑救精密仪器、图书馆等贵重物品和特殊建筑物火灾；用水冷却受威胁的可燃物、建筑物等，阻止火势蔓延。因水遇到钾、钠、电石等会发生强烈反应，并能引起燃烧或爆炸，因此，对此类物质引起的火灾，不能用水作为灭火剂。同时，对不能用水或其他含水的灭火剂扑救的火灾，也要切忌用水灭火。

(2)隔离法。隔离法就是将未燃烧的可燃物与火源分隔开或拆除或转移到安全地带，燃烧会因失去可燃物而停止。这是一种常见的灭火方法，适用于扑救各种火灾。常见的措施有：关闭可燃气体、液体管道的阀门，以减少和阻止可燃物质进入燃烧区；将火源附近或燃烧区周围受到火势威胁的可燃物和助燃物搬走或移开；拆除与火源或燃烧区相连的易燃建(构)筑物，形成阻止火势蔓延的空间地带。

(3)窒息法。窒息法就是用一些不宜燃烧的物质盖在燃烧物上,达到隔绝空气或稀释燃烧区的空气含氧量,从而使可燃物得不到足够的氧气而停止燃烧。根据不同的情况采取的措施有:用浸透水的海棉被、湿麻袋、沙子等难燃或不燃材料覆盖燃烧物,阻止空气进入燃烧区;用泡沫覆盖固体或液体表面;用水蒸气或惰性气体(如 CO_2、N_2)灌注容器设备稀释空气含氧量。

(4)抑制法。抑制法就是使用各种灭火器具,如泡沫、干粉灭火器中的化学灭火剂灭火,其原理就是破坏燃烧过程中产生的游离基,使连锁反应中断,最终使燃烧停止。

总之,在火场上究竟采用哪种方法,应根据燃烧物质的特性和火场的具体情况以及消防器材装备的性能进行选择。有时可能需要同时采用几种灭火方法。

知识链接

防火的措施

(1)控制可燃物和助燃物。用难燃或不燃材料代替易燃或可燃材料;用防火涂料浸涂可燃材料,以提高其耐火极限;对易燃易爆物质的生产,要在密封设备中进行;对于易形成爆炸性混合物的生产设备要用惰性气体保护。

(2)控制或消除点火源。通常引起火灾主要是由于有明火点燃,因此,超前控制这些火源的产生和使用范围,严格用火管理,控制或消除点火源是防火的重要措施。经常引起火灾的常见点火源大致有下列九种:生产用火,如加热和维修用火、电(气)焊、喷灯等;生活用火,如暖炉、烧饭、照明、熏蚊用火、吸烟等;燃放爆竹,如燃放鞭炮、礼花等;炉火及飞灰,如锅炉、加热炉、电炉等内的炉火,烟道喷出的过热飞灰;电器设备发热,如由于长时间用电、短路、超负荷等原因产生的表面高温、电弧或电火花;机械设备发热,如发动机发热、机械冲击及摩擦发热等;物质本身由于生化作用产生的能引起燃烧的热;静电火花、雷击等火源;人为纵火,如为图报复故意纵火、为掩盖罪行而纵火等。

(3)阻止火势扩散蔓延。阻燃实质上就是延缓、抑制燃烧的传播。为使火灾损失降到最低程度,在生产和建设过程中要严格执行相关法规和消防技术规范的要求,不使燃烧条件形成。根据不同情况可采取下列措施:在建筑物之间设置防火防烟分区,筑防火墙,留防火间距。对危险较大的设备和装置,采取分区隔离、露天布置和远距离操作的方法。在能形成可爆介质的厂房、库房、工段,设泄压门窗、轻质屋盖。安装可靠的安全液封、水封井、阻火器、单向阀、阻火闸门、火星熄灭器等阻火设备。在消防控制室设置一定的火灾自动报警系统,自动灭火设备或固定、半固定的灭火设施,以便及时发现和扑救初起火灾。

单元二 物业消防管理与服务工作

消防管理是物业安全管理的一项重要工作,是指物业服务企业为了搞好物业服务区内的防火、灭火工作,减少业主和物业使用人生命、财产损失而做的一系列安全管理工作的总称。

一、物业消防队伍建设

消防队伍的建设是消防工作的组织保证,物业服务企业应下大力气建设一支高素质的专群结合的消防队伍,组成以物业服务企业为主、业主为辅的消防管理网络。

模块八　物业消防管理与服务

1. 部门及岗位设置

物业服务企业应根据物业管理的重点、物业管理面积和规模，物业的发展前景等设置消防管理岗位。规模较大的物业公司可设有企业专职消防队，实施整个物业的消防专业化管理。其他物业公司可根据具体情况组建消防安全部，或在安全管理部指定一名专职消防管理员（或兼职），来负责整个物业管理区域内的消防管理工作。

(1) 消防安全部的设置。

1) 物业小区内有 4 个及 4 个以上消防控制室（也称消防控制中心或中控室）的物业公司。

2) 物业管理以工业物业为主的物业公司，工业物业又多是生产易燃、易爆产品的企业。

3) 距离城市公安消防队较远的物业公司。

4) 管理规模和面积达到 100 万 m^2 以上的物业公司。

消防安全部一般设经理（或主任、部长）1 人，下设主管（或中队长）3 人、班长若干（根据物业的规模和管理面积而定）。

(2) 专职与义务消防人员。

1) 专职消防人员，物业服务企业应根据所管物业的类型、档次、数量、设立相应的专职消防管理人员，负责消防工作的管理、指导、检查、监督与落实。其主要任务是进行消防值班、消防检查、消防培训、消防器材的管理与保养和协助公安消防队的灭火工作。

2) 义务消防队是群众性的基层消防组织，是我国消防力量中的一个重要组成部分。义务消防队的主要工作是预防工作。

2. 部门及岗位职责

(1) 消防安全部职责。

1) 认真学习并贯彻执行国家制定的消防法规，掌握本辖区实际情况，提高消防安全意识。

2) 制定辖区各种防火安全制度，督促检查各客户贯彻落实防火安全工作的情况。

3) 负责制定辖区重点部位的灭火作战方案，负责大厦用火部位安全监督。

4) 负责检查辖区各部位的防火安全以及各种消防设备、灭火器材的配备情况，发现隐患及时督促有关单位进行整改。

5) 负责调配、补充消防灭火器材等设备，并定期进行消防设备检测、保养、维修，及时排除消防设备故障。

6) 重大节假日，组织人员进行安全大检查，发现火险隐患及时通知有关部门及业主进行整改，并将整改情况报告物业总经理和物业项目经理。

7) 积极组织专职消防人员定期检查消防设备和大厦各重点部位，如油库、厨房，公共场所的灭火器材装置，楼层消防分屏及报警、排烟、对讲系统，查看周围有无火种，防止重大事故的发生。

8) 建立和健全辖区的消防管理业务档案。

(2) 消防主管岗位职责。

1) 严格监督各种安全消防制度的落实情况，管理下属员工，共同做好消防保障工作。

2) 制定每月度的消防工作计划，向部门经理报交本月度总结及消防检查整改报告。

3) 协助部门经理处理消防事务，团结同事，爱岗敬业，为消防安全工作积极出力。

4) 具体实施对员工在消防常识、设备操作方面的培训，参与制定消防培训内容和防火疏散演习方案。定期举办消防安全讲座，宣传普及防火知识，提高全员火灾自救逃生能力。

5) 协助部门经理按照消防法规的要求，制定消防安全工作制度，建立消防管理体系，弥补漏洞，掌握对突发火灾的处理程序及扑救措施。

(3)消防安全员岗位职责。

1)参与制定防止伤害、防止火灾、防止职业危害的措施,并督促实施本辖区所属危险岗位、危险设备的安全操作规程。

2)对于特种作业人员,严格按照劳动部颁发的《特种作业人员安全技术培训考核管理规定》持证上岗,严禁无证操作,并督促取得《特种作业人员操作证》的特种作业人员定期复审,复审不合格者不准上岗。

3)向公司领导负责,定时向本部门辖区管理处主任、公司安全领导小组汇报安全生产规章制度的执行情况,针对本辖区的安全状况拟订防范措施、隐患整改方案,报公司安全领导小组审批。

4)协助公司安全领导小组对员工、居民的安全生产、安全管理做好培训、宣传、教育工作。

5)就本辖区住宅区及施工场地的安全情况每季度向公司领导小组做一次书面汇报。

6)经常对本辖区及施工现场、住宅的用电、用气和电梯安全进行检查,发现事故隐患及时组织各专业人员处理,重大问题应以书面形式及时逐级上报,一旦发生事故应及时上报公司安全领导小组,并即刻组织现场抢救,参与伤亡事故的调查、处理和统计工作。

(4)消防监控领班岗位职责。

1)监督值班巡逻岗的日常工作,一切以客户和公司的利益出发。吃苦耐劳,勤于奉献,与下属同甘共苦,以细致严谨的作风,带领消防组做好部门的工作。

2)严格执行部门的各项管理制度和设备操作及养护规程,在工作中严谨求实,积极协助上级领导解决所发现的问题。

3)熟悉消防监控系统各组成部分的具体功能和操作方法,掌握联动原理,协助消防主管做好设备的日常管理工作。

4)熟悉物业管理区域内消防设施的分布、灭火器材的摆放点、报警装置和摄像头的位置。

5)协助消防主管执行在日常和重要节日、群体活动及接待贵宾前期的消防安全检查工作。

6)检查秩序维护员在岗值班情况,注重警容风纪、规范操作是否达标,纠正违纪行为。

7)参加消防安全部例会,总结汇报近期工作情况及问题,并将会议纪要向值班秩序维护员传达。

8)定期总结本职工作,努力学习专业知识,加强业务学习,提高防范意识,确保部门消防工作落到实处。

(5)消防监控值班员岗位职责。

1)认真贯彻上级有关消防安全工作的指示和规定。

2)按时交接班,对值班记录、设备状况、事故处理及各种钥匙交接清楚,无交接班手续,值班人员不可擅自离岗。

3)做好消防值班记录和交接班手续,处理消防报警及电话消防投诉。

4)宣传消防规章制度,报告消防隐患,提出消防合理化建议。

5)熟悉并掌握消防设备的使用性能,保证救灾过程操作有序、准确迅速。

6)非消防工作所需,不准私人占用消防报警电话机。非消防值班人员禁止进入值班室。

7)发生火灾时,迅速按灭火作战方案紧急处理,并尽快报告主任。

知识链接

应急管理部发布《高层民用建筑消防安全管理规定》,该规定自2021年8月1日起施行。

第二章 消防安全职责

第四条 高层民用建筑的业主、使用人是高层民用建筑消防安全责任主体,对高层民用建筑的消防安全负责。高层民用建筑的业主、使用人是单位的，其法定代表人或者主要负责人是本单位的消防安全责任人。

高层民用建筑的业主、使用人可以委托物业服务企业或者消防技术服务机构等专业服务单位(以下统称消防服务单位)提供消防安全服务，并应当在服务合同中约定消防安全服务的具体内容。

第五条 同一高层民用建筑有两个及以上业主、使用人的，各业主、使用人对其专有部分的消防安全负责，对共有部分的消防安全共同负责。

同一高层民用建筑有两个及以上业主、使用人的，应当共同委托物业服务企业，或者明确一个业主、使用人作为统一管理人，对共有部分的消防安全实行统一管理，协调、指导业主、使用人共同做好整栋建筑的消防安全工作，并通过书面形式约定各方消防安全责任。

第六条 高层民用建筑以承包、租赁或者委托经营、管理等形式交由承包人、承租人、经营管理人使用的，当事人在订立承包、租赁、委托管理等合同时，应当明确各方消防安全责任。委托方、出租方依照法律规定，可以对承包方、承租方、受托方的消防安全工作统一协调、管理。

实行承包、租赁或者委托经营、管理时，业主应当提供符合消防安全要求的建筑物，督促使用人加强消防安全管理。

第七条 高层公共建筑的业主单位、使用单位应当履行下列消防安全职责：

(一)遵守消防法律法规，建立和落实消防安全管理制度；

(二)明确消防安全管理机构或者消防安全管理人员；

(三)组织开展防火巡查、检查，及时消除火灾隐患；

(四)确保疏散通道、安全出口、消防车通道畅通；

(五)对建筑消防设施、器材定期进行检验、维修，确保完好有效；

(六)组织消防宣传教育培训，制定灭火和应急疏散预案，定期组织消防演练；

(七)按照规定建立专职消防队、志愿消防队(微型消防站)等消防组织；

(八)法律、法规规定的其他消防安全职责。

委托物业服务企业，或者明确统一管理人实施消防安全管理的，物业服务企业或者统一管理人应当按照约定履行前款规定的消防安全职责，业主单位、使用单位应当督促并配合物业服务企业或者统一管理人做好消防安全工作。

第八条 高层公共建筑的业主、使用人、物业服务企业或者统一管理人应当明确专人担任消防安全管理人，负责整栋建筑的消防安全管理工作，并在建筑显著位置公示其姓名、联系方式和消防安全管理职责。

高层公共建筑的消防安全管理人应当履行下列消防安全管理职责：

(一)拟订年度消防工作计划，组织实施日常消防安全管理工作；

(二)组织开展防火检查、巡查和火灾隐患整改工作；

(三)组织实施对建筑共用消防设施设备的维护保养；

(四)管理专职消防队、志愿消防队(微型消防站)等消防组织；

(五)组织开展消防安全的宣传教育和培训；

(六)组织编制灭火和应急疏散综合预案并开展演练。

高层公共建筑的消防安全管理人应当具备与其职责相适应的消防安全知识和管理能力。对建筑高度超过100米的高层公共建筑，鼓励有关单位聘用相应级别的注册消防工程师或者相关工程类中级及以上专业技术职务的人员担任消防安全管理人。

第九条　高层住宅建筑的业主、使用人应当履行下列消防安全义务：

（一）遵守住宅小区防火安全公约和管理规约约定的消防安全事项；

（二）按照不动产权属证书载明的用途使用建筑；

（三）配合消防服务单位做好消防安全工作；

（四）按照法律规定承担消防服务费用以及建筑消防设施维修、更新和改造的相关费用；

（五）维护消防安全，保护消防设施，预防火灾，报告火警，成年人参加有组织的灭火工作；

（六）法律、法规规定的其他消防安全义务。

第十条　接受委托的高层住宅建筑的物业服务企业应当依法履行下列消防安全职责：

（一）落实消防安全责任，制定消防安全制度，拟订年度消防安全工作计划和组织保障方案；

（二）明确具体部门或者人员负责消防安全管理工作；

（三）对管理区域内的共用消防设施、器材和消防标志定期进行检测、维护保养，确保完好有效；

（四）组织开展防火巡查、检查，及时消除火灾隐患；

（五）保障疏散通道、安全出口、消防车通道畅通，对占用、堵塞、封闭疏散通道、安全出口、消防车通道等违规行为予以制止；制止无效的，及时报告消防救援机构等有关行政管理部门依法处理；

（六）督促业主、使用人履行消防安全义务；

（七）定期向所在住宅小区业主委员会和业主、使用人通报消防安全情况，提示消防安全风险；

（八）组织开展经常性的消防宣传教育；

（九）制定灭火和应急疏散预案，并定期组织演练；

（十）法律、法规规定和合同约定的其他消防安全职责。

第十一条　消防救援机构和其他负责消防监督检查的机构依法对高层民用建筑进行消防监督检查，督促业主、使用人、受委托的消防服务单位等落实消防安全责任；对监督检查中发现的火灾隐患，通知有关单位或者个人立即采取措施消除隐患。

消防救援机构应当加强高层民用建筑消防安全法律、法规的宣传，督促、指导有关单位做好高层民用建筑消防安全宣传教育工作。

第十二条　村民委员会、居民委员会应当依法组织制定防火安全公约，对高层民用建筑进行防火安全检查，协助人民政府和有关部门加强消防宣传教育；对老年人、未成年人、残疾人等开展有针对性的消防宣传教育，加强消防安全帮扶。

第十三条　供水、供电、供气、供热、通信、有线电视等专业运营单位依法对高层民用建筑内由其管理的设施设备消防安全负责，并定期进行检查和维护。

二、物业消防制度建设

消防工作重在预防，预防又重在建立检查制度。火灾的大多数原因往往都是因为疏于管理，没有建立起严格的检查制度，或者即使建立起了制度也没有认真去执行，麻痹大意造成火灾危害。

1. 物业消防检查制度

（1）检查的分级制度。消防检查分为三级：

1）一级检查由负责消防的安保部组织，由安保部负责人负责落实到具体人员，并对检查过程中存在的问题及时解决，如自身不能解决应立即报告上级主管或负责消防管理的公司经理，一般一级检查是每天进行,并建立24 h值班制度。

2)二级检查由公司管理部门或负责消防管理的公司经理负责组织,主要是对日常检查工作的一种监督性检查,重点检查各部门对消防安全制度的执行落实情况,重点对重要防火地段进行检查,一般每周或每月检查一次。

3)三级检查就是公司负责人(总经理)或授权他人组织进行的检查,一般是在重大节日或重大活动之前进行,每年不能少于一次。

(2)检查的主要内容。

1)物业楼宇各层所配备的消防灭火器材、消防栓设施是否齐全、有效。

2)各层配电房、风机房、茶水间及顶层电梯机房的电掣、电器等设施设备是否正常运转,是否符合消防安全规定,门锁是否完好。

3)各层走廊、电梯厅、消防通道梯是否畅通,烟感探测器、指示灯是否正常。

4)各房间内是否有违反消防安全条例的事项。

5)各房间内所使用的电器是否符合安全规定。

6)各房间是否按规定配备一定数量的灭火器。

7)所有检查过程中所发现的问题,由安保部及时发出整改报修通知,并在完成后进行复查。

(3)检查的要求。

1)深入楼层对重点消防部位进行检查,必要时应做系统调试和试验。

2)深入车间检查通道堆放物品情况,并着重做好电气线路及配电设备的检查。

3)对重点的设备、设施和机房进行深层次的检查,发现问题立即整改。

4)要注意检查通常易被忽略的消防隐患,如业主单元门及通道前堆放大量单车、摩托车,过道塞满物品;疏散楼梯间应急指示灯不亮,配电柜(箱)下面堆放大量的易燃易爆物品等。

5)在检查时应具有纪律观念和法制观念,不能敷衍了事,保证检查到位。

6)在检查过程中应注意原则性和灵活性相结合,检查与指导相结合。在重大问题上应坚持原则,在检查方法上要有一定的灵活性,做到严得合理,宽得得当。检查中不仅要能发现问题,更重要的是解决查出的问题。

7)注重检查效果,不走形式,不走过场。消防安全检查是一项综合性的管理活动,是实施消防安全管理最具体、最生动、是直接、最有效的形式之一。检查时必须严肃认真,检查一次应有一次的效果,解决一次问题。

(4)检查的基本程序。

1)按照部门制定的巡查路线和巡检部位进行检查。

2)对确定的被查部位和被查内容进行检查。

3)运用消防专业知识对检查情况进行综合分析,最后做出结论,并提出整改意见。

4)对检查情况写出书面报告。

(5)检查结果与处置。

1)对检查出的消防隐患应及时下发"消防违法通知书",责令责任单位在规定时间内进行整改,长期拖延拒不整改的应提交公司总经理协同解决,达不到整改目的的,应上报公安消防监督机构处理。

2)对每次检查结果都应登记存档,总结分析。对经常出现的消防隐患应找出原因,合理解决,彻底整改。

3)写出检查总结,向总经理及上级主管部门报告。对检查出的复杂问题应汇报至上级部门,及时加以整改。

模块八　物业消防管理与服务

知识链接

应急管理部发布《高层民用建筑消防安全管理规定》，该规定自2021年8月1日起施行。

第三章　消防安全管理（节选）

第三十四条　高层民用建筑应当进行每日防火巡查，并填写巡查记录。其中，高层公共建筑内公众聚集场所在营业期间应当至少每2h进行一次防火巡查，医院、养老院、寄宿制学校、幼儿园应当进行白天和夜间防火巡查，高层住宅建筑和高层公共建筑内的其他场所可以结合实际确定防火巡查的频次。

防火巡查应当包括下列内容：

（一）用火、用电、用气有无违章情况；

（二）安全出口、疏散通道、消防车通道畅通情况；

（三）消防设施、器材完好情况，常闭式防火门关闭情况；

（四）消防安全重点部位人员在岗在位等情况。

第三十五条　高层住宅建筑应当每月至少开展一次防火检查，高层公共建筑应当每半个月至少开展一次防火检查，并填写检查记录。

防火检查应当包括下列内容：

（一）安全出口和疏散设施情况；

（二）消防车通道、消防车登高操作场地和消防水源情况；

（三）灭火器材配置及有效情况；

（四）用火、用电、用气和危险品管理制度落实情况；

（五）消防控制室值班和消防设施运行情况；

（六）人员教育培训情况；

（七）重点部位管理情况；

（八）火灾隐患整改以及防范措施的落实等情况。

第三十六条　对防火巡查、检查发现的火灾隐患，高层民用建筑的业主、使用人、受委托的消防服务单位，应当立即采取措施予以整改。

对不能当场改正的火灾隐患，应当明确整改责任、期限，落实整改措施，整改期间应当采取临时防范措施，确保消防安全；必要时，应当暂时停止使用危险部位。

应用案例

妻子随手在楼梯间放东西，丈夫被拘？

生活中，可能会看到箱子、瓶子、家具等杂物堆在楼梯间占用公共空间、阻碍大家走路，但大家可能不知道的是这种行为是违法的，最近就有人被抓了。

（1）起因。山东王某在楼道内违规停放电动车。

（2）整治。山东德州运河分局河西派出所民警在治理时给电动车贴了个条。

（3）还停在那儿。民警找到住户王某，说明利害关系，对其违法停放电动车的行为进行处罚。听到要对自己处罚后，王某百般刁难，并动手抢夺民警手中的文件。

（4）王某的丈夫吕某不愿意了。王某丈夫吕某赶到现场，手持砖头威胁、辱骂民警。

(5)拘留。民警强制将吕某传唤到案接受调查，在执法记录仪视频录像、证人证言等充分证据面前，其对阻碍执行职务的违法事实供认不讳，目前已送拘留所执行。

楼梯间放点东西，真不行吗？

当然不行！！！

楼道是用来疏散逃生的，绝对不允许非法占用！

楼道堆放杂物、停放电动车充电，都属违法行为。

《中华人民共和国消防法》第28条明文规定：任何单位、个人"不得占用、堵塞、封闭疏散通道、安全出口、消防车通道"。

第60条第1款第5项规定："占用、堵塞、封闭消防车通道，妨碍消防车通行，情节较轻的，责令违法单位当场改正。情节严重的，处以五千元以上五万元以下罚款。"经责令改正拒不改正的，强制执行，所需费用由违法行为人承担。

公安部《关于规范电动车停放充电加强火灾防范的通告》规定：

1. 严禁在建筑内的共用走道、楼梯间、安全出口处等公共区域停放电动车或者为电动车充电；

2. 尽量不在个人住房内停放电动车或为电动车充电；

3. 确需停放和充电的，应当落实隔离、监护等防范措施，防止发生火灾。

（资料来源：中国物业管理协会网站，2019）

2. 物业消防值班制度

物业服务企业必须建立起24 h全天候消防值班制度，责成安保部或专门的管理部门负责，设立消防中心值班室，实行三班轮值制度。消防中心值班室是火警预报、信息通信中心，值班人员必须树立高度的责任感，严肃认真地做好消防中心的值班任务。具体制度要求如下：

(1)值班人员平均每班8 h工作制，保证24 h全天候值班。凡在值班岗位工作的员工，必须坚守岗位，禁止随意外出，严禁脱岗。

(2)当接班时间已到，但接班人尚未来时，不得离岗。用餐时必须保证有一人在室内值班。禁止使用消防报警电话闲谈。

(3)每班应设两人，其中一人负责监控闭路电视、接听电话、操作设备等任务，另一人负责巡检物业管理区域各防火部位，特别是要重点检查库房、机房、厨房等防火关键部位。

(4)值班过程中发现的问题要立即解决，不得延误。当接到消防报警后，应迅速赶赴或通知巡逻岗人员赶赴报警地点，查明原因，如有情况应立即报告消防主管或安保部经理。如果已经发生火灾，应立即按报警程序报警。

(5)每天值班情况要逐项认真记录，交接双方共同签字。

(6)严格遵守各项规章及各项操作规程，因违反规程引起的一切后果，其责任均由值班人员自负。

知识链接

应急管理部发布《高层民用建筑消防安全管理规定》，该规定自2021年8月1日起施行。

第三章　消防安全管理(节选)

第二十六条　高层民用建筑消防控制室应当由其管理单位实行24小时值班制度，每班不应少于2名值班人员。

消防控制室值班操作人员应当依法取得相应等级的消防行业特有工种职业资格证书,熟练掌握火警处置程序和要求,按照有关规定检查自动消防设施、联动控制设备运行情况,确保其处于正常工作状态。

消防控制室内应当保存高层民用建筑总平面布局图、平面布置图和消防设施系统图及控制逻辑关系说明、建筑消防设施维修保养记录和检测报告等资料。

3. 消防档案管理制度

消防档案是记载物业管理区域内的消防重点以及消防安全工作基本情况的文书档案,物业服务企业应建立消防管理档案,可根据具体情况确定其内容。一般消防档案应包括以下内容:

(1)防火档案。防火档案包括消防负责人及管理人员名单、物业管理区域平面图、建筑结构图、交通和水源情况、消防管理制度、火险隐患、消防设备状况、重点消防部位、前期消防工作概况等,所有这些都要记录在案,以备随时查阅,还要根据档案记载的前期消防工作概况,定期进行研究,不断提高防火、灭火的水平和效率。

(2)火灾档案。火灾档案包括一般火灾的报告表和调查记载资料,火灾扑救的情况报告,对火灾责任人追查处理的有关材料,火险隐患整改通知书等。

(3)消防设施档案。消防设施档案的内容包括消防通道畅通情况、消防栓完好情况、消防水池的储水情况、灭火器的放置位置是否合适、消防器材的数量及布置是否合理、消防设施更新记录等。

4. 住宅小区消防管理规定

(1)小区居民均有防火的责任和义务,应共同遵守以下公约。

1)尽量不让学龄前儿童及需要照顾的老、弱、病、残人单独在家。

2)使用天然气时,将窗户打开,保持室内空气流通,一旦发生漏气时,也可避免气体积聚,有漏气现象时,不得使用门铃和室内电话。

3)不准把扫把、拖把、衣物等可燃物晒在阳台防盗网上,晾衣服应不超出阳台外立面,并且晾干后及时收入户内。

4)不得把烟头及其他带火物品投向户外。

5)教育小孩不要玩火和在本居住区内燃放烟花、爆竹。

6)安全使用天然气,烟头及火柴余灰要随时熄灭,出门时关闭天然气总阀门。

7)发生火灾后,切勿搭乘电梯逃生,应使用楼梯走廊逃生;烟雾浓密时,应尽量贴近地面爬行,并以湿毛巾遮盖面部,免受烟雾熏晕。

8)发生火灾,应立即告知服务中心,并报警,然后关闭电闸和天然气阀门,迅速离开住所。

9)遇强雷电天气,尽量关闭所有电器,拔掉电源插座,以免烧坏电器或发生火灾。

(2)服务中心全体员工均为兼职消防员,职责如下:

1)认真贯彻执行消防法规和上级有关消防工作的批示,开展防火宣传,普及消防知识,学习使用消防器材,每月学习、训练一次。

2)经常检查、记录消防器材设备完好情况,确保消防器材设备装置处于良好状态;检查防火通道,时刻保持畅通;检查防火安全公约的履行情况,及时纠正消防违章和消除火险隐患。

3)接到火灾报警后,在向消防机关准确报警的同时,迅速奔赴现场,启用消防设施进行扑救,并协助消防部门查清火灾原因。

4)按小区楼宇整栋为单位实行防火责任制,组织业主制定防火安全公约,责任到户,由楼长督促履行。

模块八 物业消防管理与服务

(3) 小区内不应有下列妨碍消防安全的行为。

1) 损坏、挪用消防器材，挪用消防水源。

2) 未经审批进行室内装修。

3) 进行室内装修需要增设电气线路时，乱拉乱接电气线路。

4) 用不符合防火要求、未经防火处理的材料进行装修。

5) 烧焊等作业，未先向服务中心申请；审批后未在安全状态下作业；未办理手续和非持证作业人员进行动火作业。

6) 占用、堵塞本居住区任何消防通道、楼梯通道、天台出口和其他安全疏散口；在楼道、天台进行喷油漆等作业。

7) 封闭或损坏安全疏散指示、事故照明设施或消防标志等。

8) 在户内存放易燃易爆物品。

9) 在小区内、居室内存放乙醇等易产生爆炸的化学品。

10) 在阳台堆放燃油、油漆及其他可燃性溶剂或泡沫塑料类、纸布类等易燃易爆物品。

11) 各住户必须服从消防机关和本物业公司有关消防方面的管理、监督，不得刁难、辱骂或以暴力威胁等手段妨碍消防监督工作人员依法执行公务。纵火者，则追究刑事责任。

应用案例

出门后家中着火，小伙被拘 10 天！

因为一个常见的习惯引发火灾，湖北武汉小伙张某被行政拘留 10 天。他一肚子委屈，不满这一处分，还把公安部门和区政府告上了法庭！

2018 年 3 月，张某早起上班，和往常一样，出门时他带走了手机数据线，电脑插头、手机充电头仍留在插线板上。

谁知中午 12 点左右，插线板突然起火，烧了小伙的出租屋不说，还烧了楼上的阳台和主卧……

事后，消防部门作出的火灾事故报告中指出：起火点为张某卧室的插线板，现场勘验情况为插线板处电线短路，排除外来火源、雷击等可能性，不能排除电气故障引发火灾的可能性。

2018 年 4 月，派出所传唤张某，以他出门忘拔插线板插头为由，认定他的行为构成过失引起火灾，作出行政拘留 10 日的处罚。

2018 年 5 月，张某向洪山区政府申请复议。

2018 年 7 月，洪山区政府作出维持原行政处罚行为的行政复议决定。

张某左思右想，都觉得委屈。他向法院提起了诉讼，请求撤销行政处罚和行政复议。

张某租住的三室一厅，是 20 世纪 90 年代的老房子，电线是铝线，电表是 1996 年安装，室内不少设施已老化。

"我不就是出门忘记拔电源插头引发火灾吗，又不是故意的，凭什么赔偿了损失，还要被公安机关行政拘留 10 天？"

张某认为：

日常生活中不拔充电器插头是常见行为，自己未拔插线板插头与涉案火灾没有直接因果关系，涉案火灾系由电气故障引起，不应承担相应责任。

法院认为：

张某因疏忽大意没有预见到未拔插线板插头可能会引起火灾，外出未拔插线板插头，在主观上存在过失，客观上发生了引起火灾的后果，构成过失引起火灾。

如果平时加强安全用电意识，外出拔掉插线板插头，是能够避免因插线板处电线短路引起火灾的。过失引起火灾，尚未构成犯罪，依法应当受到行政处罚。

法院驳回了张某的诉求，

认为10天行政拘留的行政处罚并无不当。

过失引发火灾要接受行政处罚。《中华人民共和国消防法》规定，"过失引起火灾的，尚不构成犯罪的，处十日以上十五日以下拘留，可以并处五百元以下罚款；情节较轻的，处警告或者五百元以下罚款"。

本法规定的行政处罚，除应当由公安机关依照《中华人民共和国治安管理处罚法》的有关规定决定的外，由住房和城乡建设主管部门、消防救援机构按照各自职权决定。

5. 大厦消防管理规定

(1)消防管理要贯彻"预防为主，防消结合"的方针，本着自防自救的原则，实行科学的严格管理。

(2)搞好消防工作是所有员工应尽的责任，因此，所有员工都有宣传教育宾客执行和维护大厦消防管理规定的责任和义务。

(3)由安保部制定《大厦防火应急方案》，组建大厦消防队开展经常性训练，定期考核，各部门应积极配合，确保各班次岗位有义务消防队员参加。

(4)凡新建、扩建、改建工程，必须符合有关消防法规的要求，经公安消防部门审核批准，并报安保部备案，方可交付施工。

(5)消防工作实行逐级防火责任制，总经理对大厦消防工作负全责，并授权安保部与各部门签订《消防安全责任书》，把消防火灾作为整个管理工作的一个重要组成部分，层层落实，使防火工作做到经常化、制度化。

(6)安保部是指导防火的职能机构，分管消防的经理具体负责实施监督检查消防措施的落实。

(7)严禁储存易燃易爆等化学物品，必须存放的，应事先经安保部批准，选择适当地点，指定专人负责，制定安全措施，限量保存，严禁宾客携带上述物品进入大厦。

(8)严禁焚烧可燃物品、燃放烟花爆竹，严格对吸烟场所、用火用电场所进行管理，防止引起火灾。

(9)工程部应定期检查各种线路和管道系统的仪表、阀门和电线接头等处，对不符合安全要求的要及时维修或更换。

(10)全体员工必须掌握消防器材的使用方法，熟悉疏散路线，遇有火灾时，应采取"先宾客、后自己"的疏散原则。

(11)要经常保持走道、楼梯、出入口畅通，严禁堆放物品。疏散标志和指示灯、应急灯、防火门要经常检查，保证完整好用。

(12)工程部和长驻公司要按照有关电力技术规范的规定，定期检查电气设备、开关、线路和照明灯具，凡不符合安全要求的要及时维修或更换。

(13)不准使用电炉、电熨斗、电烙铁等电加热器具，未经允许不得安装复印机、传真机、打字机等办公设备，若确因工作需要，要求增加电加热等电器设备时，须经服务部经理审批，在安保部备案。

(14)员工一旦发现火情，必须及时报警，并迅速采取扑救措施，其他部门的人员应坚守岗位，随时听候指令，需要时应尽快引导宾客安全转移，做好疏散工作。

（15）起火部位所在领导、保安主管和消防领班在接到火警报告后，应立即带领义务消防队员和组织起来的员工及时直赴火场扑救火灾。

（16）不得任意改装消防水泵、消防给水管道、消防水箱和消火栓等设施，更不得挪作他用。

（17）消防给水系统需大规模停水维修时，必须经公安消防部门批准。

（18）大厦内除应设有自动报警和自动灭火系统外，还应设置轻便灭火器材和救生器具。

（19）由安保部统一管理、检查、更换各类防火器材，包括供宾客和服务人员自救用的安全绳、缓降器、防毒面具等避难救生器具，任何部门及个人不得损坏或擅自变更设备安放位置。

（20）工程部要随时检查自动报警和自动灭火系统，发现问题及时维修或更换，确保设备完整好用。

三、物业消防火灾的应急管理

1. 火灾预防

预防火灾除了要按照制度要求进行各种检查之外，还必须做好万一发生火灾的前期准备工作，主要从以下这些方面进行准备：

（1）定期检查及保养消防设备，特别是检查灭火器、消防栓、消防水箱等设施是否存在问题，必须要确保设备正常。如设备有问题应及时维修或更新。

（2）消防通道必须保持畅通无阻，防火门不能上锁。

（3）防火门必须保持关闭及没有损坏。

（4）要定期举办物业管理人员的培训班，培训物业管理人员熟悉灭火设备的使用，包括各类水枪、灭火器的种类及使用范围和使用方法。

（5）对楼宇及一些复杂地形的公共场所，应根据建筑的实际情况制定逃生路线，并指导业主和客户熟悉相关的地形及处置设施的使用。

2. 火灾扑救的应急程序

火灾扑救应急程序就是物业管理区域内受到火灾侵害时所采取的应急方法。在发生火灾的初期，按照火灾扑救的应急程序迅速组织应急扑救，是及时扑灭火灾，减少损失的重要手段。通过应急扑救可以减轻火灾给建筑物和人员带来的伤害，将人身和财产损失降到最低点。消防应急程序包括：

（1）及时报警，争取时间。物业管理区域内的人员在发现火灾险情后，应立即向值班室报警。

（2）迅速确认，上报领导。消防值班人员接到报警后，应立即予以核实和确认，并立即上报安保部领导，及时报告分管领导直到总经理。

（3）立即求援，组织疏散。在火灾确认发生后，应立即拨打119电话，请求消防专业部门的支援，同时，要尽公司全部力量组织群众疏散，避免造成人员伤亡。

（4）积极抢救，杜绝伤亡。如果在火灾事故中发生人员伤亡，物业公司应组织积极抢救，必要时要请求120医疗救援。对火灾善后要做好处理，要防止死灰复燃发生。

（5）善后运作，保留证据。火灾完全处理完后，物业公司应组织人员对现场进行拍照留证，并形成火灾事件报告。

3. 火场疏散及逃生

火灾发生时，秩序维护员、义务消防队员等应当镇定自若，稳定被困人员情绪，迅速组织群众疏散，并积极抢救被烟火围困的人员。

(1) 商场火灾的逃生方法。

1) 利用疏散通道逃生。每个商场都按规定设有室内楼梯、室外楼梯，有的还设有自动扶梯、消防电梯等，发生火灾后（尤其是在初期火灾阶段），这都是逃生的良好通道。在下楼梯时应抓住扶手，以免被人群撞倒。不要乘坐普通电梯逃生，因为发生火灾时，停电也时有发生，无法保证电梯的正常运行。

2) 利用建筑物逃生。发生火灾时，如上述两种方法都无法逃生，可利用落水管、房屋内外的突出部分和各种门、窗以及建筑物的避雷网（线）进行逃生，或转移到安全区域再寻找机会逃生。利用这种逃生方法时，既要大胆又要细心，特别是老、弱、病、妇、幼等人员，切不可盲目行事，否则容易发生伤亡。

3) 自制器材逃生。大型商场是物资高度集中的场所，商品种类繁多，发生火灾后，可利用逃生的物资是比较多的，如毛巾、口罩浸湿后可制成防烟工具捂住口、鼻；利用绳索、布匹、床单、地毯、窗帘来开辟逃生通道。如果大型商场还经营五金等商品，还可以利用各种机用皮带、消防水带、电缆线来开辟逃生通道；穿戴商场经营的各种劳动保护用品，如安全帽、摩托车头盔、工作服等可以避免烧伤和坠落物体的砸伤。

寻找避难处所。在无路可逃的情况下应积极寻找避难处所，如到室外阳台、楼房屋顶等待救援；选择进入火势、烟雾难以蔓延的房间，关好门窗、堵塞间隙，房间如有水源，要立刻将门、窗和各种可燃物浇湿，以阻止或减缓火势和烟雾的蔓延。无论白天或晚上，被困者都应大声呼救，不断发出各种呼救信号，以引起救援人员的注意，帮助自己脱离困境。

(2) 住宅火灾的逃生方法。

1) 利用门窗逃生。大多数人在火场受困都采用这个办法。利用门窗逃生的前提条件是火势不大，还没有蔓延到整个单元住宅，同时，受困者较熟悉燃烧区内的通道。具体方法为：将被子、毛毯或褥子用水淋湿裹住身体，低身冲出受困区，或者将绳索一端系于窗户中横框（或室内其他固定构件上，无绳索，可用床单和窗帘撕成布条代替），另一端系于小孩或老人的两腋和腹部，将其沿窗放至地面或下层窗口，然后破窗入室从通道疏散，其他人可沿绳索滑下。

2) 利用空间逃生。在室内空间较大而火灾占地不大时可利用这个方法。其具体做法是：将室内（卫生间、厨房都可以，室内有水源最佳）的可燃物清除干净，同时清除与此室相连室内的部分可燃物，清除明火对门窗的威胁，然后紧闭与燃烧区相通的门窗，防止烟和有毒气体的进入，等待火势熄灭或消防部队的救援。

3) 利用阳台逃生。在火场中由于火势较大无法利用门窗逃生时，可利用阳台逃生。高层单元住宅建筑从第七层开始每层相邻单元的阳台相互连通，在此类楼层中受困，可拆破阳台间的分隔物，从阳台进入另一单元，再进入疏散通道逃生。建筑中无连通阳台而阳台相距较近时，可将室内的床板或门板置于阳台之间搭桥通过。如果楼道走廊已为浓烟所充满无法通过时，可紧闭与阳台相通的门窗，站在阳台上避难。

4) 利用管道逃生。房间外墙壁上有落水或供水管道时，有能力的人，可以利用管道逃生。这种方法一般不适用于妇女、老人和小孩。

5) 利用时间差逃生。在火势封闭了通道时，可利用时间差逃生。由于一般单元式住宅楼为一、二级防火建筑，耐火极限为 $2\sim2.5\ \mathrm{h}$，只要不是建筑整体受火势的威胁，局部火势一般很难使住房倒塌。利用时间差的具体逃生方法是：人员先疏散至离火势最远的房间内，在室内准备被子、毛毯等，将其淋湿，采取利用门窗逃生的方法，逃出起火房间。

4. 火场救人

火场救人是一项艰巨复杂、周密细致的工作。除救护人员英勇顽强的精神之外，还须有行之有效的救人方法和措施，否则，不仅不能完成火场救人任务，而且还会造成不必要的伤亡。因此，必须抓好以下几个环节：

(1)要组织一支精悍的救人小组。其成员要具有一定的火场经验，业务素质好，且身强力壮。

(2)对火场救护器材要认真细致地行检查。在火场救人实践中，由于缺乏对救护器材的检查，在进入火场救人时，各种事故时有发生。因此，在救人之前，要对面罩是否密封，氧气是否充足稳定，戴面具后呼吸是否正常等情况进行严格检查，确保万无一失。

(3)要掌握在高温和浓烟区域救人的方法。火场救人往往是在烈焰高温、浓烟翻腾、伸手不见五指的情况下进行的。因此，进入能见度较高的烟区或毒气较小的地方时，可戴过滤式面具或用湿毛巾捂嘴鼻，向深处匍匐行进；进入浓烟大、毒烟大、能见度极低的区域时，要佩带隔绝式防毒面具，顺承重墙壁向前慢慢地摸索行走；在进入高温区救人时，要穿戴阻燃性能好的防护服，并由水枪跟随掩护。

(4)要尽可能地掌握被救人员的情况。只有情况明了，才能做到心中有数。担任火场救人任务的人员，在未进火场救人之前，要通过火情侦察和知情人，尽可能地掌握被困人员的基本情况、人数和燃烧物、建筑结构及火场环境等情况。迅速确定救人的进退路线、救护器材及安全保护措施。

(5)要事先进行演练，确定联络信号。火场救人工作，需要多方力量的支持配合。所以，要事先演练，确定各种联络信号(如发现火场被困人员的信号、火场出现险情的信号等)，以保持火场内外及火场内部救人小组之间的联络，遇有意外情况，也便于采取应急措施。

(6)火场救人，还要掌握救人的措施。如必须带上阻燃包裹布，对烟熏中毒昏迷的人员，先用阻燃布将其包裹好，然后用抬、背、抱的方法，将他们救出。对中毒轻、还能行走的人员，可用湿毛巾或衣服将他们的嘴、鼻捂住，然后披上阻燃布，由救护人员挽着他们的手，顺承重墙壁或绳索逃出。

单元三　消防设施设备管理

一、灭火器

灭火器是一种比较方便，容易操作的灭火器材。灭火器结构简单、操作方便、使用面广，对扑灭初起火灾效果明显。火灾初起时，完全有可能用灭火器控制火势，因此楼宇适当部位都要安置灭火器。

1. 灭火器的分类

(1)空气泡沫灭火器。空气泡沫灭火器中填装的是空气泡沫液灭火剂。根据空气泡沫灭火剂种类的不同，又可分为蛋白泡沫灭火器、氟蛋白泡沫灭火器、水成膜泡沫灭火器和抗溶泡沫灭火器等。

(2)干粉灭火器。干粉灭火器内填充的灭火剂是干粉。根据所填装的干粉灭火剂种类的不同，又分为碳酸氢钠干粉灭火器、钾盐干粉灭火器、氨基干粉灭火器和磷酸氨盐干粉灭火器等。

我国主要生产和使用碳酸氢钠干粉灭火器和磷酸铵盐干粉灭火器。

（3）水型灭火器。水型灭火器中主要填装的是水，另外还有少量的添加剂。其有清水灭火器、强化液灭火器等。

（4）二氧化碳灭火器。二氧化碳灭火器中填充的灭火剂是加压液化的二氧化碳。

2. 灭火器的使用

（1）泡沫灭火器的使用。手提灭火器提柄迅速赶到火场，在距燃烧物 6 m 左右处，先拔出保险锁，一手握住开启压把，另一手握住喷枪，紧握开启压把，将灭火器密封开启，空气泡沫即从喷枪喷出。泡沫喷出后应对准燃烧最猛烈处喷射。如果扑救的是可燃液体火灾，当可燃液体呈流淌状燃烧时，喷射的泡沫应由远而近地覆盖在燃烧液体上；当可燃液体在容器中燃烧时，应将泡沫喷射在容器的内壁上，使泡沫沿壁淌入可燃液体表面而加以覆盖。应避免将泡沫直接喷射在可燃液表面上，以防止射流的冲击力将可燃液体冲出容器而扩大燃烧范围，增大灭火难度。灭火时，应随着喷射距离的减缩，使用者逐渐向燃烧处靠近，并始终让泡沫喷射在燃烧物上，直到将火扑灭。在使用过程中，应一直紧握开启压把，不能松开，也不能将灭火器倒置或横卧使用，否则会中断喷射。

（2）干粉灭火器的使用。手提式干粉灭火器使用时，应手提灭火器的提柄，迅速赶到火场，在距离起火点 5 m 左右处，放下灭火器。在室外使用时注意占据上风方向。使用前先把灭火器上下颠倒几次，使筒内干粉松动。如果使用的是内装式或贮压式干粉灭火器，应先拔下保险销，一只手握住喷嘴，另一只手握住提柄，干粉便会从喷嘴喷射出来。干粉灭火器在喷粉灭火过程中应始终保持直立状态，不能横卧或颠倒使用，否则不能喷粉。

（3）水型灭火器的使用。将清水灭火器提至火灾现场，在距离燃烧物 10 m 处，将灭火器直立放稳，摘下保险帽，用手掌拍击开启杆顶端的凸头，这时储气瓶的密膜片被刺破，二氧化碳气体进入筒体内，迫使清水从喷嘴喷出。应将喷射的水流对准燃烧最猛烈处喷射。随着喷射距离的缩短，操作者应逐渐向燃烧物靠近，使水流始终喷射在燃烧物处，直到将火扑灭。

（4）二氧化碳灭火器的使用。手提式灭火器使用时，可手提灭火器的提柄，或把灭火器扛在肩上，迅速赶到火场。在距起火点 5 m 左右处，放下灭火器。一只手握住喇叭形喷筒根部的手柄，把喷筒对准火焰，另一只手按下压把，二氧化碳就喷射出来。当扑救流散流体火灾时，应使二氧化碳射流由近而远向火焰喷射，如果燃烧面积较大，操作者可左右摆动喷筒，直到把火扑灭。当扑救容器内火灾时，操作者应从容器上部的一侧向容器内喷射，但不要使二氧化碳直接冲击到液面上，以免将可燃物冲出容器而扩大火灾。

3. 灭火器的检查

（1）灭火器的外观检查。

1）铅封是否完好。灭火器一经开启即使喷射不多，也必须按规定要求再充装，充装后应作密封试验，并重新铅封。

2）可见部位防腐层的完好程度，必要时刷漆防止锈坏。

3）检查灭火器可见零部件是否完整，有无松动、变形、锈蚀损坏，装配是否合格。

4）检查贮压式灭火器的压力表指针是否在绿色区域，如指针在红色区域，应查明原因，检修后重新灌装。

5）检查喷嘴是否畅通，如有堵塞应及时疏通，检查干粉灭火器喷嘴的防潮堵塞是否完好，喷枪零件是否完备。

6）检查灭火器放置是否便于取用，环境温度是否适宜，各种技术性能是否达到标准。

(2)检修、灭火剂再充装。灭火器的检修和再充装应由物业公司消防管理部门培训的具有专业技术职称的消防技术人员进行。灭火器经检修后,其技术性能应符合有关标准规定,并在灭火器的明显部位贴上(或附上)不易掉落的检查标识,标明维修或再充装的日期,维修单位名称和地址。

(3)常规检查。灭火器的常规检查包括日常巡检,定期检查和性能测试,并对有问题的灭火器及时进行更换和重新配置。

4. 灭火器的管理

(1)空气泡沫灭火器。灭火器安放位置应保持干燥、通风,防止筒体受潮,避免日光暴晒及强辐射热,以免影响灭火器的正常使用。应按制造厂规定的要求和检查周期定期检查;灭火器每次再充装前,其主要受压部件应按规定进行水压试验,合格者方可继续使用。水压不合格,不准用焊接等方法修复使用;经维修部门修复的灭火器,应有消防监督部门认可标记,并注明维修单位的名称和维修日期。

(2)干粉灭火器。干粉灭火器应放置在保护物体附近干燥通风和取用方便的地方。注意防止受潮和日晒,灭火器各连接件不得松动,喷嘴塞盖不得脱落,保证密封性能。灭火器应按制造厂规定的要求和检查周期定期检查,如发现灭火器储气量不足,应更换灭火器和补充气量。灭火器满5年或每次再充装前,应进行1.5倍设计压力的水压试验,合格的方可使用,经修复的灭火器,应有消防监督部门认可标记,并注明维修单位的名称和维修日期。

二、消火栓

消火栓是供灭火设备从消防管网取水的基本保证设施。它分为室外消火栓和室内消火栓。

1. 室外消火栓

室外消火栓与城镇自来水管网相连接,它既可供消防车取水,又可连接水龙带、水枪,直接出水灭火。室外消火栓有地上消火栓和地下消火栓。地上消火栓适用于气候温暖地区,而地下消火栓则适用于气候寒冷地区。

(1)地上消火栓。地上消火栓主要由弯座、阀座、排水阀、法兰接管启闭杆、本体和接口等组成。在使用地上消火栓时,用消火栓钥匙扳头套在启闭杆上端的轴心头上之后,按逆时针方向转动消火栓钥匙时,阀门即可开启,水由出水口流出。按顺时针方向转动消火栓钥匙时,阀门便关闭,水就不再从出水口流出。

维护保养地上消火栓时应做到以下几点:
1)每月对消火栓进行一次检查。
2)清除启闭杆端部周围杂物。
3)将专用消火栓钥匙套于杆头,检查是否合适,并转动启闭杆,加注润滑油。
4)用纱布擦除出水口螺纹上的积锈,检查闷盖内橡胶垫圈是否完好。
5)打开消火栓,检查供水情况,要把锈水放完后再关闭,并观察有无漏水现象,发现问题及时检修。

(2)地下消火栓。地下消火栓和地上消火栓的作用相同,都是为消防车及水枪提供压力水,所不同的是地下消火栓安装在地面下。由于地下消火栓是安装在地面下,所以不易冻结,也不易被破坏。但由于地下消火栓目标不明显,故应在地下消火栓附近设立明显标志。使用时,打开消防栓井盖,拧开闷盖,接上消防栓与吸水管的连接口或接上水龙带,用专用扳手打开阀塞即可出水,用毕后要恢复原状。

2. 室内消火栓

室内消火栓是建筑物内的一种固定灭火供水设备，它包括消火栓及消火栓箱。消火栓箱通常设于楼梯间、走廊和室内的墙壁上，箱内有水龙带、水枪并与消火栓出口相连，消火栓则与建筑物内消防给水管连接。室内消火栓由水枪、手轮、阀盖、阀杆、本体、阀座和接口组成。使用室内消火栓时，应先打开消火栓箱，取出水龙带和水枪，把消火栓阀门手轮按开启方向旋转，即可出水灭火。维护保养消火栓应注意：

（1）定期检查室内消火栓是否完好，有无生锈、漏水现象。
（2）检查接口垫圈是否完整无缺。
（3）消火栓阀杆上应加注润滑油。
（4）定期进行放水检查，以确保火灾发生时能及时打开放水。

需要使用室内消火栓箱时，根据箱门的开启方式，用钥匙开启箱门或击碎门玻璃后扭动锁头打开。如消火栓没有"紧急按钮"，应将其下的拉环向外拉出，再按顺时针方向转动旋钮，打开箱门后取下水枪，按动水泵启动按钮，旋转消火栓手轮，即开启消火栓，铺设水龙带进行射水。灭火后，要把水龙带洗净晾干，按盘卷或折叠方式放入箱内，再把水枪卡在枪夹内，装好箱锁，换好玻璃，关好箱门。

三、火灾自动报警系统

火灾自动报警系统是于探测初期火灾时发出警报，以使采取相应措施，如疏散人员、呼叫消防队、启动灭火系统、操作防火门、防火卷帘、防烟排烟机等系统，自动报警系统有以下三种形式：

（1）区域报警系统，由火灾探测器、手动火灾报警按钮及区域火灾报警控制器组成，适用于小范围的保护。
（2）集中报警系统，由火灾探测器、手动火灾报警按钮、区域火灾报警控制器和集中火灾报警控制器组成，适用于较大范围内多个区域的保护。
（3）控制中心报警系统，由火灾探测器，手动火灾报警按钮，区域火灾报警控制器和消防控制设备等组成，适用于大型建筑的保护，系统容量大，能完成较复杂的输出控制程序，消防设施控制功能较全。

四、火灾自动喷水灭火系统

发生火灾时，火灾自动警报系统将信号传输到消防控制室，在消防控制室设置灭火控制装置，集中控制物业管理区域内的自动喷水灭火系统和消防栓系统。

火灾自动灭火设备分为喷雾水冷却设备、喷雾水灭火设备和喷洒水灭火设备（俗称自动喷水灭火设备）。喷雾水冷却设备和喷雾水灭火设备的射流水滴较小，而喷洒水灭火设备的射流水滴较大。

自动喷洒水灭火设备主要用于扑救一般固体物质火灾和对设备进行冷却，不适用于扑救易燃、可燃液体火灾和气体火灾。

自动喷雾水灭火设备可以有效地扑救固体物质火灾，对于汽车库、汽车修理车间、电力变压器、配电室等，都有良好的灭火效果。自动喷雾水灭火设备还可以保护高层建筑屋顶的钢构件。由于喷雾水的粒径小，能在燃烧区内迅速汽化，具有良好的冷却和窒息作用，因而能迅速扑灭各种物质（除遇水燃烧、爆炸物质）的火灾。此外，由于喷雾水的电气绝缘性强，因而能较好地扑救电气设备的火灾。

五、火灾事故照明和疏散指示标志

火灾发生时，为了防止触电和通过电气设备、线路扩大火势，往往需要及时切断起火部位及其所在防火分区整个建筑的电源，在夜晚或烟火较浓时容易造成混乱，将给疏散和灭火带来极大的困难。因此，应当设置火灾事故照明和疏散指示标志。对事故照明和疏散指示标志有如下一些要求：

(1) 除了在疏散楼梯、走道和消防电梯及其前室以及人员密集的场所等部位需设事故照明外，对火灾时不能停电、必须坚持工作的场所，如配电室、消防控制室、消防水泵房、自备发电机房等也应设事故照明。

(2) 疏散指示标志应设于走道的墙面及转角处、楼梯间的门口上方以及环形走道中，其间距不宜大于 20 m，距地 1.5~1.8 m，应写有"EXIT"（出口）的字样，且为红色，此色易透过烟火而被识别。

(3) 供人员疏散使用的事故照明，主要保证通道上的必要照度。消防控制室、消防水泵房、配电室和自备发电机房等部位的事故照明的最低照度，应与该部位工作时正常照明的最低照度相同。

(4) 为防止火灾时迅速烧毁事故照明灯和疏散指示标志，影响安全疏散，在其外表面应加设保护措施。

(5) 平时要经常检查维护保养上述灯具，灯泡不亮或损坏的要及时修理更换，使之时刻保持良好状态。

六、消防器材管理

消防措施、器材最大的特点是平时不使用，只有在发生火险时才使用，必须确保其随时处于完好状态，随时可以启用。为此，政府部门和物业服务企业都必须强化对消防设施、器材的管理。

政府管理部门通过制定严格的消防法规，制定了消防合格证制度。对新建房屋，必须经过对消防设施、设备的检查，符合消防要求和安全规定后，颁发消防合格证。任何建筑，只有取得消防合格证后，才可投入使用。与此同时，建立消防工作的检查监督制度，在重大节假日、火灾易发季节及每年都要进行消防工作检查，重点是查制度落实、查设施完好、查火灾隐患。

物业服务企业则主要负责消防设施、器材的日常管理、保养和维修。通过专人定期的巡视、检查、保养和发现问题的及时解决，确保各类消防设施、器材随时处于完好状态。消防设施的维修需要专门的技术，特别是一些关键设备，应聘请持有合格消防牌照的专业公司。

知识链接

应急管理部发布《高层民用建筑消防安全管理规定》，该规定自 2021 年 8 月 1 日起施行。

第三章 消防安全管理（节选）

第三十二条 不具备自主维护保养检测能力的高层民用建筑业主、使用人或者物业服务企业应当聘请具备从业条件的消防技术服务机构或者消防设施施工安装企业对建筑消防设施进行维护保养和检测；存在故障、缺损的，应当立即组织维修、更换，确保完好有效。

模块八　物业消防管理与服务

模块小结

本模块主要介绍了火灾概述、物业消防管理与服务工作、消防设施设备管理三部分内容。

一、火灾概述

火灾概述的内容有火灾的基础知识、火灾的蔓延方式、灭火方式等。

二、物业消防管理与服务工作

1. 消防队伍的建设是消防工作的组织保证。它包括部门及岗位设置及部门与岗位职责。

2. 物业消防制度建设包括物业消防检查制度、物业消防值班制度、消防档案管理制度、住宅小区消防管理规定、大厦消防管理规定等。

三、消防设施设备管理

1. 灭火器的种类有空气泡沫灭火器、干粉灭火器、水型灭火器、二氧化碳灭火器。

2. 消火栓是供灭火设备从消防管网取水的基本保证设施。它分为室外消火栓和室内消火栓。

3. 火灾自动报警系统是用于探测初起火灾时发出，以便采取相应措施，如疏散人员、呼叫消防队、启动灭火系统、操作防火门、防火卷帘、防烟排烟机等系统。

4. 火灾事故照明和疏散指示标志以及消防器材的管理。

复习与思考

一、填空题

1. 燃烧必须同时具备＿＿＿＿、＿＿＿＿、＿＿＿＿三个基本条件。
2. 地上消火栓适用于气候温暖地区，而＿＿＿＿消火栓则适用于气候寒冷地区。
3. 自动报警系统有＿＿＿＿、＿＿＿＿、＿＿＿＿三种形式。
4. 任何建筑，只有取得＿＿＿＿后，才可投入使用。

二、简答题

1. 简述灭火方法有哪些。
2. 简述消防安全员岗位职责。
3. 简述物业消防检查的分级制度。
4. 简述物业消防值班制度要求。
5. 简述住宅小区消防管理规定。
6. 简述泡沫灭火器的使用方法。
7. 事故照明和疏散指示标志的要求有哪些？

模块九 物业社区文化环境建设与管理

学习目标

通过本模块的学习，了解社区文化环境建设的含义、功能和意义，掌握文化环境设施建设的原则、内容和途径，社区文化活动组织与管理，社区精神文明社区建设的内容、形式和标准等。

能力目标

提高参与社区、居住区文化环境配套设施建设工作的能力，具备开展社区文化活动和精神文明建设活动的组织与管理工作的能力。

案例引入

百岁母亲批评七旬儿子，背后真相令人感动

江苏南京发生了一件有趣的事儿。100岁高龄的一位老太太多次责备数落自己70多岁的儿子，儿子无奈之下只能报警求助，民警在上门了解情况后，竟然还为这位老太太竖起了大拇指。原来，黄奶奶最近经常看到高空坠物伤人的新闻，想到自己住在四楼，就担心自家厨房外面的旧雨棚是个安全隐患。

一个月前，黄奶奶就给儿子田某下了命令，赶紧找人把雨棚给拆了。田老先生住得也不近，为这事专程跑过来好几次，可是问遍了母亲小区周边的五金店和门窗店，却没有一家经营户愿意接下这个活。黄奶奶坐在家里等了好多天，儿子却一直没找到工人来拆雨棚。就数落责备说"这孩子真不懂事"。70多岁的田先生哭笑不得，只能打110求助，希望警方能帮忙找人拆下雨棚。

百岁老人的安全意识和公德心让民警们敬佩不已，他们决定帮助黄奶奶解决难题，于是立即来到附近的一家门窗店协商。专程上门两次请来了专业人士。看到拆雨棚的人来了，黄奶奶十分高兴，坐在厨房里一步也不肯离开，反复叮嘱着要注意安全，她一直看着自家的旧雨棚被拆下才放心。

黄奶奶100岁了，还有着这么强的安全防范意识，还能如此为别人着想，我们真的是要为她点赞。黄奶奶是一位退休教师，但她仍然担得起"行为世范"这四个字。问题解决之后，黄奶

模块九 物业社区文化环境建设与管理

奶还特意给儿子道了个歉,她知道儿子很孝顺,为这事也没少跑,但雨棚没拆下来之前,就是着急的不得了。当然,我们也要为认真负责的民警点个赞,帮老人解决了问题,也为更多人解除了一个高空坠物的隐患。

最近,新华社微信公众号推送了一条抵制高空抛物的漫画,引发广泛关注。建设良好的小区文化环境,抵制高空抛物从来不应只是一个人或一群人的战斗,也需要法律制度保障,需要全社会共同努力。

问题与思考:

小区文化环境建设由谁管理?物业服务企业文化环境建设工作内容有哪些?

单元一 社区文化环境建设概述

一、社区文化环境的概念

文化,就词的释意来说,文就是"记录,表达和评述",化就是"分析、理解和包容"。文化的特点是:有历史,有内容,有故事。人类传统的观念认为,文化是一种社会现象,它是由人类长期创造形成的产物,同时又是一种历史现象,是人类社会与历史的积淀物。确切地说,文化是凝结在物质之中又游离于物质之外的,能够被传承的国家或民族的历史、地理、风土人情、传统习俗、生活方式、文学艺术、行为规范、思维方式、价值观念等,它是人类相互之间进行交流的普遍认可的一种能够传承的意识形态,是对客观世界感性上的知识与经验的升华。文化大致可以表述为:广泛的知识并能将之活学活用;内心的精神和修养。

传统的观念认为:文化是人类在社会历史发展过程中所创造的物质财富和精神财富的总和。它包括物质文化、制度文化和心理文化三个方面。物质文化是指人类创造的物质文明,包括交通工具、服饰、日常用品等,它是一种可见的显性文化;制度文化和心理文化分别指生活制度、家庭制度、社会制度以及思维方式、宗教信仰、审美情趣,它们属于不可见的隐性文化。包括文学、哲学、政治等方面的内容。

人类所创造的精神财富,包括宗教、信仰、风俗习惯、道德情操、学术思想、文学艺术、科学技术、各种制度等。

社区文化是指一定区域、一定条件下社区成员共同创造的精神财富及其物质形态,它包括文化观念、价值观念、社区精神、道德规范、行为准则、公众制度、文化环境等,其中,价值观是社区文化的核心。社区文化不可能离开一定的形态而存在,这种形态既可以是物质的、精神的,也可以是物质与精神的结合。

社区文化环境是社区文化赖以生存的自然和各种社会因素的综合体。它是由许多彼此相互联系、相互制约、相互作用的因素所构成的有机统一体。其中任何一种环境因素的变化,都会引起其他一种或者数种环境因素的变化。这种内部因素之间的互相作用主要表现在两方面:一方面,社区文化环境为社区文化提供了物质条件和能源,环境状况的优劣直接影响社区文化的生成和发展;另一方面,社区文化的兴衰能够积极地影响环境的改善。

社区文化环境主要包括社区文化的自然环境和社会文化环境。自然环境是人类赖以生活的地理和生物方面的周围境况。一般由天然地势、地貌、资源以及气候等因素组成,被人类改造利用,为人类提供文化生活的物质基础。自然环境对于社区文化的影响可以表述为:自然环境决定了生产劳动方式,生产方式决定了生活方式,生活方式决定了社区文化的形式与内容。例如,水乡地区的"泼水节""赛龙舟",草原地区的"赛马""摔跤",山区的"狩猎""登山""赛山歌"等,都与其生产方式和生活方式分不开。社会文化环境,指人类的创造性活动影响着人类群体或个体行为的所有外部因素的总和。它包括文化传统、历史背景、经济环境和社会制度环境等。与自然环境相比,它对社区文化的形成和发展具有更强大的作用力。如社会组织、经济体制、文化传统、科学技术以及道德、宗教、哲学等社会因素都对社区文化产生深刻影响,不同的社会文化环境产生不同特色的社区文化。

二、社区文化的内容

社区文化可以包括环境文化、行为文化、制度文化和精神文化四个方面的内容。

1. 环境文化

社区环境是社区文化的第一个层面。它是由社区成员共同创造、维护的自然环境与人文环境的结合,是社区精神物质化、对象化的具体体现。它主要包括社区容貌、休闲娱乐环境、文化设施、生活环境等。通过社区环境,可以感知社区成员理想、价值观、精神面貌等外在形象。如残疾人无障碍通道设施可以充分体现社区关怀、尊重生命、以人为本的社区理念。当然,怡人的绿化园林、舒心的休闲布局、写意的小品园艺等都可以营造出理想的环境文化氛围。现在很多社区积极导入环境识别系统(CIS),用意也基于此。

2. 行为文化

行为文化也被称为活动文化,是社区成员在交往、娱乐、生活、学习、经营等过程中产生的活动文化。通常所说的社区文化都是指这一类的社区文化活动。这些活动实际上反映出社区的社区风尚、精神面貌、人际关系方式等文化特征,它如社区之"手",动态地勾勒出社区精神、社区理想等。

3. 制度文化

制度文化是社区成员在生活、娱乐、交往、学习等活动过程中形成的,与社区精神、社区价值观、社区理想等相适应的规章制度、组织机构等。它们对保障社区文化持久、健康地开展具有一定的约束力和控制力。制度文化可以粗略地分为两大类:一类是物业服务企业的各种规章制度,另一类是社区的公共制度。企业的规章制度和社区的公共制度都可以反映出社区价值观、社区道德准则、生活准则等。如奖罚分明可以体现出社区的严谨风格,规劝有加可以体现出社区的人性感悟,条分缕析可以反映出社区的细腻规矩等。为保障社区文化活动深入持久地开展下去,现在很多小区物业管理部门都成立了专门社区文化部,负责社区文化活动建设工作。社区文化部在引导、扶持的基础上成立各种类型的社区文化活动组织,如艺术团、协会、表演队等,同时还对社区文化活动开展的时间、地点、内容、方式、程序等予以规范。

4. 精神文化

精神文化是社区文化的核心,是社区独具特征的意识形态和文化观念,包括社区精神、社区道德、价值观念、社区理想、行为准则等,是社区成员价值观、道德观生成的主要途径。环境文化、行为文化、制度文化都属于精神文化的外在体现。这里,特别将那些指向性强烈、精神性突出的活动等也算作精神文化建设的范畴,如社区升旗仪式、评选文明户、学雷锋演讲等。由于精神文化具有明显的社区特点,所以往往要多年积累,逐步形成。

三、社区文化的特点

社区文化作为一种亚文化，除了具有社会文化的所有共同点外，其主要还有以下特点：

1. 地域性

社区文化是特定地域内生成和发展起来的文化，它受地域环境内社会制度、经济环境、意识形态、物业服务方式等因素的制约。随着社区文化的积累、传承和创新，形成了鲜明的地域性。不同性质的社区，表现出各具特色的社区文化。例如，工业社区文化蕴涵企业生产管理形成的团队精神，商业社区的文化则散发着各种商业经营理念的气息，科教社区的文化则融合了科学技术和教书育人的内容，不同社区文化都烙有不同的行业文化的特征。社区文化的区域性是自然形成的，不是依行政区划分界线的，其界线具有一定的模糊性。社区文化的区域性还表现为由社区中心向其边缘文化特性逐渐减弱的趋势。

2. 开放性

随着我国经济体制改革的深入与对外开放、社会经济的发展等社会文化环境以及社区文化价值取向和思想观念等文化现象的变迁，社区文化的开放性不断扩大。在一个开放的动态系统中，居民的流动性比较强，社区居民的不同文化背景促进和丰富着社区文化的成长，社区文化必然融合各种类型的文化——本土文化和外来文化、传统文化和现代文化、高雅文化和通俗文化、公益文化和消费文化等。

3. 多元性

社区文化的多元性是社区文化的一个重要特征。它表现在两个方面：一方面，由于居民在职业、收入、教育水平和文化背景的差异以及社区间文化的传播与渗透，同一社区内并存着不同的生活方式、价值观念、宗教信仰和风俗习惯等文化现象。另一方面，为满足社区内不同群体的需要，文化基础设施应比较齐全，为社区居民文化生活的多样性提供物质基础。

4. 群众性

社区文化的群众性是社区文化的主要特征。首先，社区居民是社区文化的创造者和建设者，社区居民的文化素质决定了社区文化的水平，社区文化工作的出发点和归宿点在于社区居民。社区文化越贴近居民生活，就越能扩大居民参与的广度和深度。其次，社区居民是社区文化的服务对象。社区文化只有面向基层群众，服务基层群众，才具有实际效果和应用价值。最后，社区居民的社会实践是检验社区文化优劣的客观标准。

5. 包容性

社区文化的包容性表现在社区文化开放性前提下，由于具有文化开放性的社区传统观念和行为规范对于居民约束相对较小，同一社区对于各种不同文化如生活方式、风俗习惯、行为方式和价值观念等可以认可和整合。社区文化的包容性不是表现在不同文化要素的排斥、冲突和杂乱无章的堆集拼凑，而是有机互动与并存。

6. 理性化

理性化即以效率和效能作为衡量与评价日常生活的标准，凡事对事不对人，对事件的处理不讲究个人感情，而以效率为基本原则。

四、社区文化环境建设的意义

社区文化环境建设是社区环境建设的重要内容，是带动社区其他环境建设的枢纽，也是评

模块九　物业社区文化环境建设与管理

价社区文明程度的标准之一。社区文化环境建设通过不断完善公益性群众文化设施，促进社区文化事业，加强思想文化阵地建设。要充分利用街道文化站、社区服务活动室、社区广场等现有文化活动设施，组织开展丰富多彩、健康有益的文化、体育、科普、教育、娱乐等活动；利用社区内的各种专栏、板报宣传社会主义核心价值观，倡导科学、文明、健康的生活方式；加强对社区成员的社会主义教育、政治思想教育和科学文化教育，形成健康向上、文明和谐的社区文化氛围。从我国基本国情出发，改革城市基层管理体制，强化社区功能，巩固党在城市工作的组织基础和群众基础，加强城市基层政权和群众性自治组织建设，提高人民群众的生活质量和文明程度，扩大基层民主，维护社会政治稳定，促进城市经济和社会的协调发展。

　　社区文化环境建设有利于实现社区社会教化的功能，建立和完善居民终身受教育体系。大力开展社区教育，引导居民爱祖国、爱城市、爱社区，以形成崇尚先进、团结互助、扶正祛邪、积极向上的社区道德风尚；经常组织具有社区特色的群众性文体活动，丰富居民精神文化生活，增强社区凝聚力，形成科学文明健康的生活方式；紧紧抓住社区居民关心的热点、难点问题，有针对性地开展思想政治工作，并坚持把解决思想问题同解决实际问题结合起来，加强社区服务与管理，进一步密切党同人民群众的联系，广泛调动社区居民"讲文明树新风、共建美好家园"的积极性。

单元二　社区文化环境配套设施建设

一、社区文化环境配套设施建设的原则

　　社区文化环境配套设施建设是社区文化建设的重要组成部分，是形成和发展社区文化的前提，因此社区文化环境配套设施建设既要遵循社区建设的基本原则，又要依照社区文化的特点。社区文化配套设施建设不仅需要党和政府给予更多的关心和投入，需要社会各方面力量的支持，还需要注意遵循社区群众文化设施建设的原则。

1. 系统性原则

　　现代化的社区建设具有极强的系统性。作为社区精神文明基础建设的社区文化配套设施建设，要与社会政治发展相适应，与社区业主的经济、文化水平相适应。社区文化配套设施建设要与社区的其他建设一起，作到合理规划，统一建设。

2. 独特性原则

　　社区文化配套设施建设，在建筑风格上要有民族特色、地区特色和时代特色，应能反映当地的文化风貌、文明进步的程度和文化艺术的特点。因此，社区文化配套设施建设，使社区居民观之赏心悦目，流连忘返，并为社区景观增添光彩。但也不能脱离实际，好高骛远，要因地制宜，从实际出发。

3. 先进性原则

　　社区是一个有生命的机体，永远处于建设、维修、更新、淘汰和保留的动态之中。强调先进性原则，就是要求社区文化配套设施建设应有群众观点和长远观点，使设施具有较强的生命力。社区文化设施应当保持超越家庭的先进性，只有这样，才能对群众保持吸引力，从而巩固文化阵地和持续发挥作用。保持社区文化配套设施建设的先进性，也是提高群众文化科学水平和思想觉悟的需要。普及文化科学知识，开展宣传教育，是社区文化建设的主要内容。随着社

区居民科学文化水平的提高和有关设施设备发明，社区文化机构应注意更新配套设施设备，这样才能继续发挥其作用，实现其设置的目的。

4. 目的性原则

坚持"以人为本、服务社区"。社区文化环境配套设施建设是以满足人们对美好生活向往为前提，居民是社区的核心要素，改善居民文化生活环境，提高居民的生活质量，应该是社区文化配套设施建设的根本目标。简而言之，这一原则就是要坚持以不断满足社区居民的社会需求，提高居民生活质量和文明程度为宗旨，把服务社区居民作为社区建设的根本出发点和归宿。

5. "资源共享共建"原则

共享和共建的实质就是社区内的单位和居民在财力、物力、人力等各方面形成合力，共同建设社区。随着单位人向社会人的转化，社区作为一个相对稳定的人的聚居地，成为一个大家共有的家园。所以，要充分调动社区内机关、团体、部队、企事业组织等一切力量广泛参与社区建设，最大限度地实现资源共享、共建，营造和谐的社区氛围。

二、社区文化环境配套设施建设的内容

社区文化环境配套设施是社区文化活动的物质基础和硬件，它包括开展社区文化活动所必需的成套建筑和器物，包括房屋、办公装备和活动器材等。由于社区文化功能主要体现在几个方面的作用：娱乐休息、宣泄情感、艺术审美等精神调节作用，规范行为、陶冶情操等宣传教化作用，传授交流、社会教育等普及知识作用，沟通、激励与吸引等团结凝聚作用。因此，文化环境配套设施的主要内容包括：社区文体设施、社区休闲场地、社区文娱设施、社区宣传教育设施等。

社区文体设施主要包括足球场、篮球场、排球场、羽毛球场、网球场、溜冰场、游泳池、健身房、棋牌室、乒乓球室、保龄球馆等训练比赛、健身休闲场地与设施。

社区休闲设施主要包括社区广场、绿地、雕塑造型等。社区广场和社区绿地的布局应以达到环境与景观共享、自然与人工共融为目标，充分考虑社区的生态建设方面的要求，充分考虑保持和利用自然的地貌和地形，发挥其最大效益。绿地布局系统应贯穿整个社区的各个具有公共性质的户外空间，并尽可能地通达至住宅。

社区文娱设施主要包括文娱活动中心、文化活动站，社区图书馆、科普知识宣传与市民文明学校、社区会馆、青少年活动站、音乐茶座和咖啡屋、游戏机中心、社区影剧院、舞厅、游艺厅、网吧等。

社区教育设施主要包括托儿所、幼儿园和中小学。各类教育设施应安排在住宅区内部，与住宅区的步行和绿地系统相连，宜接近社区中心位置。中小学的位置应考虑噪声影响、服务范围以及出入口位置等因素，避免对住宅区内居民的日常生活和正常交通带来干扰。托儿所和幼儿园宜设置在阳光充足，接近绿地，便于家长接送的地段。

三、社区文化活动组织机构

社区文化活动组织机构一般包括街道文化活动中心和文化站。社区文化活动组织机构是社区居民公益性的群众文化业务机构。它不仅是文化行政管理机关的业务助手和参谋机构，而且是执行领导机关提出的社区群众文化任务的实施机构。社区文化活动组织机构的一般特点是通过其业务手段体现其职能。第一，它以组织、辅导、研究和指导社区群众文化活动为工作内容；第二，它不是用行政、指令等手段去实现工作目的，而是通过多种多样的文化艺术活动去吸引

群众自愿参加,从而在活动中达到工作目的;第三,其业务活动主要是在社区区域范围内横向延伸,运用社会化的方式进行。

我国处于社会主义初级阶段,是以公有制为主体的多种经济成分并存的社会经济结构,它促进和形成了社区群众文化事业国家办、集体办和个人办的多种形式的结构。在整个群众文化活动和文化事业中,国家办的群众文化事业机构处于主导地位。社区文化活动组织机构在社区的群众文化生活中起着导向作用。在社区文化活动中,表现了群众文化意识形态的多方面倾向性,对于明显违反社会制度和违背社会利益的活动,可以用行政和法律手段进行控制。但是对于一般个人情趣爱好、风俗习惯、宗教信仰等因素而表现在活动中的一些庸俗、粗劣、迷信、消极的现象,却不必靠行政、法律手段解决。社区文化活动组织机构必须发挥主导作用,通过示范性文化活动去提高人们的审美能力,通过占领文化阵地来吸引、引导人们接受健康向上的文化活动,通过发掘、弘扬优秀的传统文化和引进世界各国群众文化精华,向居民提供丰富的精神食粮。社区文化活动组织机构要明确工作目标,按照机构的性质、宗旨把握好工作方向;要充分发挥自身地位以及人才、设施的优势,广泛动员社会力量参与群众文化工作。

社区文化活动组织机构必须体现其在群众文化事业的服务性。这种服务特征不仅反映在活动的各个方面,而且贯穿在各种活动的全过程。社区文化活动组织机构的文化活动必须考虑社区居民正当需求和参加活动的可能性。因此,社区文化活动组织机构要实现对于国家和群众两个服务性的高度统一。

四、社区文化环境配套设施与社区文化建设

社区文化环境配套设施是社区文化环境的重要组成部分,是社区文化活动的载体。社区内一定的文化配套设施是社区文化活动组织机构存在和开展工作的基本条件,随文化活动而发展的配套设施,对于社区文化活动的开展和社会精神文明建设有着重要的作用。

1. 社区文化环境配套设施作为社区群众文化体系的构成要素,是群众文化建设的先决条件

社区文化环境配套设施是社区文化活动组织机构开展文化工作和文化活动所不可缺少的物质条件和物质载体。社区文化组织活动机构的工作方式、活动方式和有关措施,主要通过文艺的形象化手段来吸引和教化群众,以丰富多彩的文化活动服务群众,以自身示范的榜样作用开展组织、辅导工作和指导居民参与文化活动。因此,它必须有与社区居民的文化需要相适应的学习、训练、娱乐活动场所,必须有与之相适应的各种器材。配套设施条件直接关系到社区居民文化机构开展工作的状况,它是社区文化活动组织机构职能作用发挥的物质保证。具备配套设施能够有力地推动社区文化的发展。它可以在公众中树立社区文化活动组织机构的好形象,提高其社会地位和知名度,有利于其进一步发展,也有利于其工作达到满意的效果。它可以促进社区居民文化活动的多样化和现代化,有利于活动水平的提高。

2. 社区文化环境配套设施有益于社会文明

一个社会不仅应当具有发达的物质生产能力,还必须具备与之相适应的精神文化环境和条件。以一定配套设施为物质条件的社区,通过自身的文化活动,对于人的现代化具有重要的作用,使居民具有现代的意识和科学文化素质,其实质就是发掘人的精神生产力。因此配套设施是一种间接的长效的有特殊作用的智力性生产投资活动。以一定配套设施作为物质条件的社区文化活动组织机构,其宗旨在于服务于居民的文化需求,达到提高国民素质的目的。这也是精神文明建设的核心内容和根本宗旨。"人先塑造建筑,而后建筑也在塑造人"深刻概括了文化环

境配套设施对于精神文明建设的意义。社区文化配套设施的状况是城市化的主要表现方面。它体现了一个区域城市化的水平，城市化水平又是社会文明程度的主要标志。

单元三 社区文化活动的组织与管理

一、社区文化活动的类型

社区文化活动从其形式上可以分为四个层次：活动式样、活动类型、活动总类和活动总体。社区文化活动类型是指以共同的活动形态特征所形成的群众文化活动的类别，从包含文化艺术门类的意义上讲，它是比活动样式更高层次的社区文化活动形态。按照通常的分类方法，可以划分为下列主要的社区文化活动类型：

1. 文艺创作活动

社区文艺创作活动，是从满足自身精神需要出发而进行的社区文化行为，是自我实现性的活动。从创作的文艺门类讲，社区文艺的创作门类范围包含了专业性文艺家所从事的文学、音乐、美术、舞蹈、戏曲、曲艺等和一些民间文艺门类。

2. 表演活动

表演活动是一种自娱性与自我表现性的相融合的活动类型，是对戏曲、曲艺、音乐、舞蹈等动态性文艺作品的创造性表达，是一种在公开场合进行的娱乐活动。

3. 展览活动

展览活动是一种展示自己的创造才能的活动类型，是对绘画、摄影、书法、雕塑等静态的文艺作品在观赏者中间的立体性表现。

4. 观赏活动

在观赏性活动中，作为活动的主体的人都是在欣赏他人所展示的文化艺术活动或作品，也是一种对他人提供的社区文化产品的消费活动。这类的活动有观看电影、电视、录像、幻灯、展览和文艺演出等。

5. 阅读活动

阅读活动同观赏性活动的相同之处，是活动主题对他人文艺产品的一种接受，不同之处在于阅读的客体对象是图书报刊，以及橱窗、画廊、板报等载体所提供的阅读物。这种类型的活动客体物除了文就是图。活动方式可以个体在各种时空下进行，也可以集体性的在一定时空进行。

6. 培训活动

培训活动是指社区居民为了提高自身思想文化素质和业务技能而自愿参加社区举办的各类讲座、培训、补习等形式的活动。其中也包括文化艺术歌舞类的培训学习活动。

7. 健身活动

健身活动包括社区业余体育活动、游艺活动等以益智壮体为主要目的的文化活动。这一类型活动具有在智力上、技艺上的竞技性。

以上类型的划分，也是社区文化活动类型从其外部形态的共性上区别的一种分类方法，也可以从其包含的活动量划分为大型活动、中型活动和小型活动。各种活动类型之间存在着相互作用、相互依赖的内在联系。

二、社区文化活动群体

在社区文化爱好者中涌现出的佼佼者，就是他们中自然形成的文化骨干，在骨干周围集聚的一批志同道合的热心于社区文化活动的积极分子，往往形成社区文化活动的群体。因此，社区文化群体是指同一社区内，由于趣缘、志缘等关系结成的群体，是社区文化爱好者通过一定的社会关系自愿结合进行文化活动的集合体。社区文化群体定义的内涵体现了其属性：首先，它是由社区文化爱好者组成的，其成员是群众中的一部分，并非所有人都具有组合为文化群体的条件。凡是参加社区文化群体的人，都处于自身文化生活需求而对文化活动有比较浓厚的兴趣，在一定程度上热心于文化活动。其次，它是通过一定的社会关系组合的。无论是何种形态的文艺性群体、娱乐性群体或体育性群体，其成员是自然地暂时地聚集在一起的人群。群体成员无稳定的心理联系，更无固定的联系方式。再次，它是自愿的结合体。群体组合中没有强制参加的因素，个体成员失去保持群体成员身份兴趣时，可以自由地脱离群体。最后，社区文化群体是进行文化活动的集合体，其具有明确的目的性，是一种相对松散的文化活动群体。社区文化活动群体主要由中老年组成，特别是离开生产工作岗位的老年人组成的群体，他们以各种娱乐休息的内容充实晚年。因此，社区文化群体主要属于康乐型文化活动群体。

社区文化活动群体作为一种非正式组织，其主要特点在于：第一，自发性、自主性、自愿性和易散性；第二，内聚性以及心理相容性、自觉性，从众性。社区文化活动群体的产生不排除企业和政府文化部门的扶持、帮助与辅导、管理，但它一般没有隶属关系，都是以相同兴趣、爱好、追求等精神需要为引力，以感情共鸣为纽带，自发、自主、自愿地组成。由于社区文化活动群体是自发和自愿的，从而使得它具有易散性。维系社区文化活动群体存在的力量，是群体内部成员间的情趣、爱好、心理、情感等因素。从需求方面看，群体为满足精神文化需要而产生，在需要得以满足之后，便可能按新的需要与兴趣，寻找新的活动群体，离开旧的活动群体。社区文化活动群体中自然形成的群体领袖人物，由于素质高，善于团结人，主持公道，协调能力强等原因，在群体中拥有一种自然影响力。这种影响力可以形成比较显著的内聚力。群体成员间有较多的共同语言，有较强的相互信任感和归属感。因此，其群体的形态呈现出明显的内聚性。内聚性决定了社区文化群体成员行为的自觉性，群体成员自觉不自觉地产生比较强烈的集体意识，愿意遵守群体的成文或不成文的行为规范，自觉地维护群体的利益。

由于社区文化活动群体在社区和社会文化建设的作用，同时文化群体活动可能存在负效应，因此应当有相应的社会管理机制来督促群体行为朝着积极的方向发展。现代社会，人们通过自己的意愿选择群体文化活动的方式来满足自身的精神需求，只要不违反国家的政策法令，社会就应予以保护和支持，就应当通过有关职能部门对之进行合法管理，遵循社区群众文化发展的内部规律制定管理方针，社区文化活动群体管理应坚持大力倡导、积极引导、培养向导和热情辅导的科学方针。社区文化活动群体推进群众文化发展和有益于社会文明建设的客观存在的社会功能，决定了社会必须提倡、鼓励、宣传、支持一切积极的社区文化群体，促进其发展。积极引导社区文化活动群体的目的就是克服社区文化群体可能出现的消极面，引导它走高雅和健康的文化生活道路。实践证明，对于文化活动群体不能靠行政命令的方法来管理，引导式管理就是通过因势利导的宣传教育和组织同群体相关的文化活动来实现。培养群体中的核心人物，使其在社区文化活动中起到决定性的向导作用。此外，文化事业机构的职能任务之一，就是帮助和指导群体文化活动、专门知识技能、方法等。

三、社区文化管理原则

社区文化管理是社区组织为了使社区文化事业机构、设施、工作和社区文化活动合理有效地运行，运用思想、政治、经济、法律和教育等手段，对社区的文化事业进行规划、组织、控制、协调、检查的过程。文化管理与经济管理相比的不同之处在于：第一，文化管理具有明显的非经济因素。社区文化以精神文明建设为最高目标，在追求社会效益的基础上，相应获得经济效益。第二，文化管理的动力主要借助于信仰、兴趣、爱好、荣誉及事业心等精神因素。社区文化管理的根本任务是围绕社区文化生产力这一核心，充分掌握和运用文化发展的规律，逐步发展社区文化事业，提高社区居民的综合素质和社区文明程度，树立良好的社区形象。因此社区文化管理应遵循以下基本原则。

1. 社区文化与社区经济水平相协调的原则

无论物质文化、制度性文化和精神文化的产生与发展都依赖于一定的经济基础。因此，社区文化管理必须依据社区的经济水平、自然条件、人口素质等基本要素的承受能力和接受能力，做到"积极发展，量力而行；因地制宜，讲究实效"。若社区文化建设与发展受到社区的经济承受能力，人口数量和人口素质等实际因素的限制，文化管理和建设目标难以实现，并由于供给大于需求造成浪费。若文化管理滞后于经济发展水平，落后的文化挫伤群众参与文化建设的积极性，抑制居民的科学文化水平和社区整体水平的发展，甚至给不良文化滋生提供了机会。只有与经济发展水平、人口素质等相适应的文化管理，才能促进财富和文化的发展。

2. 社区文化以满足居民精神生活需要为根本目的的原则

社区文化管理应体现"以人为本"管理思想，不断满足居民精神文化生活需要。社区文化要向社区居民提供丰富多彩、积极向上、健康有益的精神食粮，也是社区文明程度的重要标志。在居民的工作闲暇，社区文化为其提供休息、娱乐、社交、学习和创造精神生活的场所和条件，并使居民的文化创造能力得到满足和提高。2021年10月重阳节，杭州西溪明珠、锦绣之城物业针对老年人的实际需求，为老人开展爱心义诊，医生为老人把脉，预防疾病，为他们过好寒冷天气做准备，深受老人的欢迎；锦绣之城物业还请社区民警走进园区为老人讲解防诈骗知识，帮助老人为自己筑起一道安全防线。

3. 实行统一领导、全面系统管理的原则

社区文化系统的复杂性表现在两方面：一方面，它同社区之外的各种社会因素有着复杂的关系；另一方面，其自身内部又是一个普遍联系的网络体系。因此，社区文化管理应坚持统一领导，全面系统管理的原则。统一领导就是要对社区文化系统各个部分提出发展的重点，扶持的重点以及防治的主要隐患等，实行统一规划，统一目标，统一政策，保证社区文化的发展与经济、政治等社会发展相适应。全面系统管理，就是制定出社区文化的近期、中期和长期的发展战略规划，保证文化系统内部要素之间有序运行，与外界系统之间的协调一致。

4. 坚持"政府办文化"与"全社会办文化"相结合的原则

从社区居民文化需求和社会效益出发，社区文化建设与管理应坚持"政府办文化"和"全社会办文化"的工作思路。一方面，在社会和社区文化建设中，政府文化事业机构办文化起着示范、主导的作用；另一方面，社区组织主要依靠社会筹资组办社区文化，也成为政府文化的补充，满足社区居民不同层次的需求。

5. 坚持社会效益和经济效益、长期效益和短期效益相统一的原则

社区文化以为社区发展服务，提升居民的整体素质为目的。应坚持在一定社会效益的基础上，适当考虑经济效益；而经济效益的最终目的也是为文化建设服务。同时，要处理好长期效益和短期效益的关系，处理好文化建设和文化消费的关系，并通过文化消费和建设的协调发展，取得长远效益和短期效益的统一。

四、社区文化管理方法

社区文化管理的方法主要有行政方法、经济方法、业务方法、法律方法和思想教育方法等。在管理实践中，应结合具体实际将其有机结合才能提高管理效果。

1. 社区文化管理的行政方法

行政管理方法是指依靠行政组织，运用行政手段，按照行政方式来组织、指挥、监督群众文化生活。社区文化受当地文化行政机构和最高领导的授权、指令，对社区文化事业统一管理。

2. 社区文化管理的经济方法

经济方法管理社区文化的实质是通过物质利益的手段，调动文化工作者的积极性，促进文化事业的发展；通过经济手段，协调文化生产者和消费者以及社区、企业、政府在文化活动中的关系。通过经济手段，加强社区文化市场管理，逐步实现社区文化经营形式的多元化，文化市场消费种类的多样化，文化市场参与主体的社会化。

3. 社区文化管理的业务方法

社区文化管理的业务方法，是依照文化活动的规律，通过业务辅导、专业培训、业务登记考核以及会演、评比形式，从业务上对于社区文化进行管理。如组织戏剧小组、合唱队、时装表演队、书画社、老年体育协会以及各种球队、棋队等，通过具体的业务扩大参与者范围，通过具体的文化活动加强对于社区文化管理和建设。

4. 社区文化管理的法律方法

法律管理方法的内涵是政府权力机关根据社会的文化需求，通过颁布法律、法规、规章、条例等调整和规范文化单位、群体、个人在文化生活中所发生的文化交往关系，保证人民文化生活的正常顺利进行。其主要特点体现在：第一，法律管理的倾向性。在社会主义制度下，运用法律方法进行文化管理，为了维护人民利益，为社会主义的政治服务，限制一切反动腐败文化的滋生。第二，法律管理的强制性。法律管理具有很强的约束力和权威性，法律颁布就必须遵守执行。

5. 社区文化管理的思想教育方法

社区文化管理的思想教育方法，是通过教育与感化、批评和自我批评的方式处理文化工作中的矛盾，制止文化生活中不健康因素的蔓延。积极开展科普教育，普及科学知识，有利于培养居民的科学精神，提高科学素养，形成尊重科学、实事求是的社会风尚，有利于教育广大社区居民掌握科学的方法，破除迷信，提高认识世界、改造世界的能力。社区教育要体现教育社会化、社会教育化的发展趋势。

五、物业服务和社区文化建设

物业服务在小区文化建设中占有的重要地位，是社区文化的一个重要组成部分。首先从其工作的特点来看，物业服务不仅维持小区的物业运行状况，而且还给业主提供了优美的环境。小区物业的良好运行、环境整洁、安全舒适，就是小区的表层文化，也是社区文化的基石。良好的环境可以促进居民文化、道德水平的提高。恶劣的环境不仅降低人体素质，而且对居民的文化修养、伦理道德产生不良的影响。物业服务提供的优美的环境，有利于建立一种人与人之间友爱的社区文化。而且，物业公司是社区文化的重要组织者。小区各项活动离不开物业公司的组织和管理，物业行业的这一特点，使物业公司必须组织这类活动，并且物业公司也方便组织这类活动。

社区文化建设应适应社区文化的三个层次——表层社区文化、中层社区文化和深层社区文化。第一，表层社区文化建设。表层社区文化是通过物质形态表现出来的，社区内建设一定的文化设施和文化建设活动场所，改善文化环境，如社区阅报栏、黑板报等。第二，中层社区文化建设。中层社区文化建设是通过行为表现出来的文化，因此社区文化建设要制定完善的规章制度和明确的行为规范，要开展健康的社区文化活动。第三，深层社区文化建设。深层社区文化建设是通过观念表现出来的文化，是在一定行为基础上升华出的社区文化精神。

在物业服务工作的过程中，要从社会学的角度采用整合功能推动物业服务工作的展开。物业服务应执行部分社会管理的功能，加强物业公司与政府、住户的交流和沟通。物业行业要走规范化、秩序化、科学化、法制化的道路，逐步实现规范整合。

单元四　社区精神文明建设

一、社区精神文明建设的含义

社区精神文明是生活在同一社区的居民，在改造自然、社会和人自身的过程中所共同创造的行为方式、组织结构、道德规范以及由此形成的具有地域性的规章制度、观念形态、知识体系、心理习惯等，是思想文化与经济、业务工作的结合，具有很强的生命力和广泛的群众基础。社区精神文明建设是一种地域性、群众性精神文明建设，也是社会主义精神文明建设的重要组成部分，是我国社会主义精神文明建设的具体化。

社区精神文明基本目标、运行机制和主要内容体现了社会主义精神文明建设的要求和社区群众性的特点，有助于理解社区精神文明建设的具体内涵。社区精神文明建设的基本目标，是提高居民素质和城市社区的文明程度，逐步建设环境优美、秩序优良、服务优质的文明城区和文明小区。党的十四届六中全会决议要求社区精神文明建设运行机制必须建立起"党委统一领导、党政主要领导亲自抓、各方面分工负责"的精神文明建设的领导体制和工作机制，并且要求在党委统一领导下，党政各部门和工会、共青团、妇联等人民团体齐抓共管，形成合力。社区精神文明建设的基本内容，是以思想道德建设为核心，通过提高居民群众的思想道德素质和科学文化素质来促进社区文明程度的提高，主要包括：社区治安、社区教育、社区体育、社区文化、社区科普等等。因此，社区精神文明建设是在基层党委领导、党政各部门齐抓共管下，以提高居民素质和城市社区的文明程度，建设文明城区和文明小区为目标，以居民思想道德建设为核心的一系列社区居民教育、社区文化建设的精神文明建设。

二、社区精神文明建设的内容

加强居民思想道德建设是社区精神文明建设的核心内容。它主要包括：习近平新时代中国特色社会主义思想教育；中国特色社会主义教育；国情和形势政策教育；党史、国史、改革开放史教育；中华优秀传统文化教育；祖国统一和民族团结进步教育；社会公德和家庭伦理及法

模块九　物业社区文化环境建设与管理

制教育。

(1)习近平新时代中国特色社会主义思想教育。要紧密结合人们生产生活实际，推动习近平新时代中国特色社会主义思想进社区，真正使党的创新理论落地生根、开花结果。要引导社区群众坚持以习近平新时代中国特色社会主义思想为指导，展现新气象、激发新作为，把学习教育成果转化为爱国报国的实际行动。

(2)中国特色社会主义教育。中国特色社会主义集中体现着国家、民族、人民根本利益。用党领导人民进行伟大社会革命的成果说话，用改革开放以来社会主义现代化建设的伟大成就说话，用新时代坚持和发展中国特色社会主义的生动实践说话，用中国特色社会主义制度的优势说话，在历史与现实、国际与国内的对比中，引导人们深刻认识中国共产党为什么"能"、马克思主义为什么"行"、中国特色社会主义为什么"好"，牢记红色政权是从哪里来的、新中国是怎么建立起来的，倍加珍惜党开创的中国特色社会主义，不断增强道路自信、理论自信、制度自信、文化自信。

(3)国情和形势政策教育。要深入开展国情教育，帮助人们了解我国发展新的历史方位、社会主要矛盾的变化，引导人们深刻认识到，我国仍处于并将长期处于社会主义初级阶段的基本国情没有变，我国是世界上最大发展中国家的国际地位没有变，始终准确把握基本国情，既不落后于时代，也不脱离实际、超越阶段。引导人们清醒认识国际国内形势发展变化，做好我们自己的事情。要发扬斗争精神，增强斗争本领，引导人们充分认识伟大斗争的长期性、复杂性、艰巨性，敢于直面风险挑战，以坚忍不拔的意志和无私无畏的勇气战胜前进道路上的一切艰难险阻，在进行伟大斗争中更好弘扬爱国主义精神。

(4)党史、国史、改革开放史教育。历史是最好的教科书，也是最好的清醒剂。要结合中华民族从站起来、富起来到强起来的伟大飞跃，引导人们深刻认识历史和人民选择中国共产党、选择马克思主义、选择社会主义道路、选择改革开放的历史必然性，深刻认识我们国家和民族从哪里来、到哪里去，坚决反对历史虚无主义。要继承革命传统，弘扬革命精神，传承红色基因，结合新的时代特点赋予新的内涵，使之转化为激励人民群众进行伟大斗争的强大动力。要加强改革开放教育，引导人们深刻认识改革开放是党和人民大踏步赶上时代的重要法宝，是坚持和发展中国特色社会主义的必由之路，是决定当代中国命运的关键一招，也是决定实现"两个一百年"奋斗目标、实现中华民族伟大复兴的关键一招，凝聚起将改革开放进行到底的强大力量。

(5)中华优秀传统文化教育。对祖国悠久历史、深厚文化的理解和接受，是爱国主义情感培育和发展的重要条件。要引导人们了解中华民族的悠久历史和灿烂文化，增强民族自尊心、自信心和自豪感；引导人们树立和坚持正确的历史观、民族观、国家观、文化观，不断增强中华民族的归属感、认同感、尊严感、荣誉感。

(6)祖国统一和民族团结进步教育。实现祖国统一、维护民族团结，是中华民族的不懈追求。要加强祖国统一教育，深刻揭示维护国家主权和领土完整、实现祖国完全统一是大势所趋、大义所在、民心所向，增进广大同胞心灵契合、互信认同，与分裂祖国的言行开展坚决斗争。深化民族团结进步教育，铸牢中华民族共同体意识，加强各民族交往交流交融，引导各族群众牢固树立"三个离不开"(汉族离不开少数民族，少数民族离不开汉族，各少数民族之间也相互离不开)思想，不断增强"五个认同"(增强各族人民对伟大祖国、中华民族、中华文化、中国共产党、中国特色社会主义的认同)。使各民族同呼吸、共命运、心连心的光荣传统代代相传。

(7)社会公德教育。社会公德是全体公民在社会交往和公共生活中应该遵循的行为准则，涵盖了人与人、人与社会、人与自然之间的关系。社会公德具有三个方面的含义：第一，它是社

· 218 ·

会整体利益的反映,是社会大众普遍认可的公共生活准则;第二,它涉及人的社会生活的各个层面;第三,它是社会公共生活的规范体系,居民承担着不同的社会角色,必须适应社会公共生活中的角色变换,遵循各种角色要求,实现社会对角色的期待。社会公德是社会道德体系的最低层次,它应具体明确、一目了然,使所有社会成员都很容易识别、理解并遵循。在人与人之间关系层面上,社会公德主要包括:第一,个体举止文明。这是对于个体仪表风度的要求,是社会公共生活中人际关系方面应遵循的准则。如仪表整洁、举止端庄、语言文明、讲究卫生。第二,人际交往中一种健康的人格态度。尊重他人,指尊重他人的尊严与个性,容忍不同意见,平等地对待交往中的任何人,主动维护、尊重陌生人的权益。尊老爱幼、尊重妇女、善待残疾人、主动谦让、勇于认错。第三,社会行为中的诚实守信。遵守契约、言而有信。社会公共生活领域不断扩大,人们交往日益频繁,社会公德在维持公众利益、公共秩序,保持社会稳定方面的作用更加突出,成为公民个人道德修养和社会文明程度的重要体现。要大力倡导以文明礼貌、助人为乐、爱护公物、保护环境、遵纪守法为主要内容的社会公德。

(8)家庭伦理道德教育。家庭伦理道德包括爱情中的道德、婚姻中的道德、家庭中的道德三部分组成。家庭伦理道德建设一方面要消除在恋爱、婚姻、家庭问题上的不道德现象。比如,享乐主义、第三者插足、结婚索要彩礼、大操大办等等。另一方面,引导人们树立健康的婚姻家庭观,追求高尚的爱情情操,建立以爱情为基础的婚姻,正确行使家庭中的权利,努力履行自己的义务,建设美满家庭。要大力倡导以尊老爱幼、男女平等、夫妻和睦、勤俭持家、邻里团结为主要内容的家庭美德。

(9)法制教育。法律意识和法制观念,是人们关于法和法律现象的思想观点、知识和心理的总和。法制宣传教育要着力增强公民的法制观念和法律意识,努力使每一居民都能懂得公民的基本权利和义务,懂得与自己工作和生活相关的法律纪律,养成遵纪守法的良好习惯。

三、社区精神文明建设的形式

开展社区居民群众性精神文明建设活动是吸引社区居民参与社区精神文明建设的有效形式,也是社区精神文明建设的重要组成部分,是社区居民在实践中的一种创造。社区居民群众性精神文明建设活动主要包括"文明城市""文明家庭""文明市民""文明楼院""文明小区"的评比与创建活动,军民共建、警民共建等的共建活动;移风易俗、改变社会风气的树新风活动;社区文化建设;倡导科学文明健康的生活方式;运用各种节日、纪念日开展群众文化生活,开展丰富多彩的文化娱乐、体育健身等活动。社区居民群众性精神文明建设活动,通过各种形式的群众性思想教育和文化教育活动,为群众排忧解难,办实事,做好事,吸引广大群众参加,使人们在参与各种活动中直接或潜移默化地形成正确的思想道德观念,养成遵纪守法、维护大局和社会正常秩序的行为规范。创建优美环境和创建文明社区等活动,弘扬正气,表彰先进,针砭陋习,激励后进;使群众自我教育、自我管理,逐步形成扶正祛邪、惩恶扬善的社会舆论环境。开展寓教于乐、寓教于文、多层次、多样化的社区群众文化娱乐活动,开展普及科技知识、保健知识和生活知识等教育,开展社区服务活动,既创造了一种安定、向上、愉悦、融洽的文化氛围和生活环境、休息环境、生产环境、投资环境,又利于为人们的生活、工作、学习、交往和发展,同时增强人们的自我约束、自我控制能力。

社区精神文明建设的主要形式如下:

1. 社区教育活动

加强居民理论学习,深入开展爱国主义教育,切实抓好社会公德、职业道德、家庭美德教育，办好家长学校，提高教育效果等。一是加强教育示范，抓好示范学校。二是深化教育活动。深入开展社会主义道德教育和思想观念、伦理道德、科普知识、法律知识、文化艺术、家庭美德、婚育新风等进家庭的宣传教育和评比活动，使社区文明小区、文明家庭比率有较大程度提高。三是抓好教育层次。对不同层次的社会群体有针对性地进行教育。四是搞活教育形式，充分利用各种条件，开展多种形式的教育活动。

2. 社区文化建设

在街道和居民小区建立文化站和文化活动室，社区文化主要是通过开展多形式、多层次的群众性文化娱乐、体育健身等活动，营造一个有利于提高人的文化素养和精神境界的氛围。一是要抓好节庆文化活动；二是要抓好以广场文化和家庭文化为重点的文化娱乐活动；三是要抓好以群众体育和竞技体育协调发展为基础的全民健身活动。

3. 社区治安建设

社区治安一是强化社区治安防控网络建设，建立健全以社区组织为治安责任主体、公安派出所为主力军、社区大单位为骨干的地区综合治理委员会。二是加强社区治安基层组织建设。试行警务室、社区管委会（居委会）合署办公和户籍民警兼任社区管委会副主任的做法；建立隶属于社区管委会的社区安全服务队；在住宅小区或楼院设立安全服务站。

4. 基层民主政治建设

加强基层党组织建设，密切联系群众，率领广大基层群众为社会主义建设事业奋斗，切实维护基层民众的权利。建立健全街道（住宅小区）居民代表会议制度和居委会居民会议制度，提高社区事务的民主化管理程度，普遍推行政务公开、事务公开、财务公开、工作规范和民主监督制度等等。同时加强法制建设，制定街规民约等等。

四、文明社区建设标准

（一）全国社区建设示范城基本标准

1. 组织领导坚定有力

党委和政府高度重视，把社区建设纳入经济和社会发展总体规划，制定社区建设发展规划和年度实施计划。建立以党政领导挂帅的社区建设工作领导机构，民政部门切实发挥参谋助手、组织协调和监督检查的作用，各有关部门和单位各司其职，各负其责，形成合力。

2. 社区体制改革创新

认真按照中办发〔2000〕23号文件精神，明确定位，统一规划，科学合理划分社区；全面贯彻执行《城市居民委员会组织法》，社区内实行民主选举、民主决策、民主管理、民主监督；政府转变职能，工作重心下移，强化社区功能；政府和社区的职责明确，社区各种关系理顺。

3. 社区组织机构健全

社区党组织和社区居民自治组织机构健全，职责明确，发挥作用。社区党组织在社区建设中的领导核心作用发挥得好，社区居民委员会依法自治。社区居民代表会议和居民委员会能有效实行自我管理、自我教育、自我服务和自我监督。

4. 社区服务功能完备

社区服务设施完备，社区志愿者和各类民间服务组织发育良好，积极开展活动，服务形成体系和网络。城区、街道均建有综合性、多功能的社区服务中心，社区建有社区服务站。社区内老年人服务形成网络，达到小型、就近、便利；残疾人合法权益得到保障；城市居民的最低生活保障得到落实；优抚对象的生活得到妥善安排；面向社区居民的婚丧服务、便民利民服务和面向社区单位的社会化服务及时方便；下岗职工的再就业服务成效显著。社区服务功能完善、程序规范、质量优良、居民普遍满意。

5. 社区卫生不断发展

社区卫生服务站点健全，形成服务网络，方便群众就医。从业人员具有法定执业资格。根据群众需求，积极开展健康教育、预防、保健、生育技术指导，提供一般常见病、多发病及诊断明确的慢性病的治疗、护理和伤残康复，执业行为规范，服务质量优良。社区居民家庭健康档案规范。

6. 社区文化活跃繁荣

社区各类文化活动设施齐全，经常组织具有社区特色、群众喜闻乐见、健康向上的群众性文体活动。充分利用社区教育资源，广泛开展青少年校外教育，在职和下岗职工培训，老年教育，社会公德、家庭美德教育等各类教育培训活动，宣传普及科学知识，形成团结互助、平等友爱的新型人际关系和崇尚科学、破除迷信、抵制邪教的良好氛围。

7. 社区治安状况良好

按照"一区（社区）一警"模式建立民警责任区，健全社区治安防范体系，形成群防群治。坚持经常开展群众性的法制教育和法律咨询，社区内民事纠纷调解、刑满释放和解除劳教人员的帮教转化、流动人口的管理等项工作取得明显成效。社区治安管理规范，社会秩序稳定，群众安居乐业。

8. 社区环境整治优美

社区内净化、绿化、美化、生态环境保持良好。路、街、巷等公共场所管理井然有序，居民出行无障碍。社区环境综合整治工作成效明显，主要考核指标达到全国或全省（自治区、直辖市）先进水平。

9. 社区共建富有成效

社区内"倡导文明新风，共建美好家园"活动持之以恒，文明家庭、文明楼院、文明单位、文明社区等创建工作取得明显成效。社区居民的整体素质较高，对社区的认同感强，积极参与社区建设。志愿者活动形成制度。社区成员单位资源共享、事务共办、文明共建的机制初步形成。

10. 基础建设完善规范

社区党组织和社区居委会有必要的办公用房、电话、微机等办公设备，办公经费和社区工作者补贴有保障。社区内各项规章制度健全，经济账目公开，财务管理规范。

（二）文明社区建设的主要标准

文明社区建设的标准主要包括：组织建设、硬件设施、社区服务、社区卫生和优生优育、社区文化、社区环境、社区治安和经费投入等八个方面。

1. 组织建设

社区能够建立以社区党组织为核心的基层组织，在制度、班子、队伍建设等方面健全、规范，运转协调；社区党组织能够发挥领导核心作用，能够严格按照党章及有关条例、规定开展工作；社区居民代表大会运作规范，能够有效行使管理权、决策权、监督权；社区工作委员会职能发挥充分，班子成员职责明确，下设各工作部门各司其职；社区议事委员会健全，能较好发挥民主议事职能和民主监督职能。

2. 硬件设施

社区党组织、社区工作委员会有一定面积的办公用房,并配备电话、电脑等必需的办公设施;社区医疗服务站拥有固定用房、电话和必备的医疗器械和一定的床位;有固定的文化娱乐场所和文化宣传设施,包括文化活动室、室外文体活动场地、科普画廊;有社区生育指导服务站,并配备必要的设备;有社区治安室,并配备通讯、监控设备;有社区政务、财务、事务公开栏。

3. 社区服务

能够经常提供市民求助、健康教育、婚育培训、托老托幼、法律援助、康复娱乐等各项服务;辖区单位现有公益设施有计划地向社区转移,对居民开放,提供服务;服务重点突出,面向老年人、儿童、残疾人、贫困户、优抚户的社会救助和福利服务,面向社区居民的便民利民服务经营化、规范化,实行承诺制,面向辖区单位提供力所能及的社会化服务,提高下岗职工的再就业率,扩大社会保障覆盖面;建立产业化服务队伍,为居民和辖区单位提供低偿服务;建立社区志愿者队伍,提供志愿服务。

4. 社区卫生和优生优育

充分利用、调配、开发社会卫生资源,健全医疗服务和生育指导服务网络;社区居民卫生保健率达到100%,健全医疗、康复、防疫、保健及卫生咨询机构;送医上门,并开办家庭病床;生育指导站为居民提供优生优育、避孕节育、生殖保健等方面的服务。

5. 社区文化

充分利用、调配、开发社会文化资源,形成文化工作网络;组织有文艺专长的居民,组建文化娱乐团队,利用节假日,开展活动;科普画廊和科普宣传版面内容要贴近居民思想、工作、生活实际,并定期更换;经常组织开展健康有益的文化活动和全民健身活动;开办文明市民学校,有计划地对社区居民进行教育;组织开展文明社区、文明楼院、文明家庭和优秀志愿者争创活动。

6. 社区环境

社区单位参与率达100%;有计划组织居民参与社区绿化、净化、美化义务劳动,社区居民参与率高;每个社区有一定面积的绿地,有小花园,有小广场;实行垃圾袋装化,生活污水暗管排放。

7. 社区治安

按照"一区一警两员一队"标准,建立健全社区治安队伍;经常组织开展法制教育和法律咨询;建立居民楼院治安联防巡逻制度,健全民调组织,化解不安定因素,不发生越级上访和恶性刑事案件;对流动人口实行规范化、制度化动态管理,各种档卡齐全,管理到位,加强对刑满释放、解除劳教人员的安置帮教工作。

8. 经费投入

社区工作人员工资待遇要落实;社区办公经费要落实,有效协调辖区内的共享共建,建立合理的经费投入机制。

模块小结

以社区文化环境建设与管理为中心,主要介绍了社区文化环境的含义;社区文化环境具有地域性、开放性、多元性、群众性的特点;社区文化环境建设的意义。社区文化环境配套设施建设应遵循的五项原则；社区文化环境配套设施建设的主要内容；开展社区文化活动的组织机构；加强社区文化环境配套设施建设在社区文化活动开展和精神文明建设中的作用。社区文化活动包括文艺创作活动、表演活动、展览活动、观赏活动、阅读活动、培训活动、健身活动等类型；加强社区文化管理应遵循的原则；社区文化管理的方法；物业服务在社区文化建设中的地位。社区精神文明建设的含义；开展社区精神文明建设的八项内容与具体形式；文明社区建设的主要标准等。

复习与思考

一、填空题

1. 社区文化环境主要包括社区文化的_____和_____。
2. 社区文化活动组织机构一般包括_____和_____。
3. 社区文化建设与管理应坚持_____和_____的工作思路。
4. 社区文化的三个层次：_____、_____、_____。
5. 文明社区建设需要从_____、_____、_____、_____、_____、_____、_____、_____8个方面开展建设。

二、简答题

1. 社区文化环境建设的意义有哪些？
2. 社区文化环境配套设施建设的主要内容是什么？社区文化活动的类型有哪些？
3. 社区精神文明建设的主要内容是什么？
4. 社区精神文明建设的主要形式包括哪些？
5. 社区文化环境配套设施建设的原则有哪些？
6. 全国社区建设示范城基本标准包括哪些内容？

参 考 文 献

[1] 王锡耀. 物业管理法规[M]. 北京：中国人民大学出版社，2018.
[2] 许宁. 环境管理[M]. 北京：化学工业出版社，2021.
[3] 鲁捷，于军峰. 物业管理实务[M]. 北京：机械工业出版社，2021.
[4] 张天琪. 物业环境管理[M]. 北京：中国人民大学出版社，2018.
[5] 潘莉莉. 物业环境管理[M]. 济南：山东科学技术出版社，2017.
[6] 张雪玉. 物业管理概论[M]. 大连：东北财经大学出版社，2020.
[7] 刘燕. 物业管理法规[M]. 武汉：武汉科技大学出版社，2020.
[8] 张作祥. 物业管理实务[M]. 北京：清华大学出版社，2006.
[9] 藤永健，黄志洁. 物业管理实务[M]. 北京：中国建筑工业出版社，2006.
[10] 张秀萍. 物业环境管理与服务[M]. 北京：中国建筑工业出版社，2004.
[11] 滕宝红，邵小云. 物业环境管理作业手册[M]. 北京：中国时代经济出版社，2010.
[12] 罗王明. 环境绿化[M]. 广州：广东科技出版社，2002.
[13] 于秀娟. 环境管理[M]. 哈尔滨：哈尔滨工业大学出版社，2002.
[14] 宫学栋. 环境管理学[M]. 北京：中国环境科学出版社，2001.
[15] 郑芷青，宋建阳. 物业环境管理[M]. 广州：华南理工大学出版社，2005.
[16] 潘莉莉. 物业环境管理[M]. 济南：山东科学技术出版社，2017.
[17] 张天琪. 物业环境管理[M]. 北京：中国人民大学出版社，2018.
[18] 余源鹏. 物业环境管理·绿化保洁培训与管理手册[M]. 北京：机械工业出版社，2014.
[19] 董傅年. 社区环境建设与管理[M]. 北京：高等教育出版社，2003.